In Portugal gehen die Uhren anders

Für meine Frau und meine Söhne, mit denen ich die meisten Reisen nach Portugal unternommen habe.

Ben Keissup

In Portugal gehen die Uhren anders

Meine Abenteuer mit meiner portugiesischen Familie

Herstellung und Verlag:
BoD - Books on Demand, Norderstedt
ISBN 978-3-7431-6486-4

Vorwort

1990 - Meine erste Portugal-Reise wäre fast meine letzte gewesen

1991 - Die liebe Verwandtschaft

1993 - Eine Hochzeit mit kleinen Hindernissen

1995 - Eine portugiesische Reise

1997 - Vergebliches Warten

1999 - *„Aqui nasceu Portugal"*

2000 - Ein Junge überlebt

2002 - Taufen oder nicht taufen, das ist hier die Frage

2004 - Portugal - Land des Weines

2006 - Wo ist der Ball geblieben?

2008 - Wo ist der Strand geblieben?

2010 - Essen und Trinken hält Leib und Seele zusammen

2012 - Noch eine Hochzeit mit kleinen Hindernissen

2013/2014 - Sechs Männer und ein Hund

2014 - Eine Geduldsprobe

Vorwort

Mein erstes Buch wollte ich bereits im Alter von 13 Jahren schreiben. Zwei Jahre zuvor hatte ich bei meinen Eltern in einem Polyglott-Reiseführer von Thorshavn, der Hauptstadt der Färöer, gelesen und war neugierig, mehr über diesen Ort zu erfahren. Also schrieb ich eine Postkarte an die im Buch angegebene Adresse des dortigen deutschen Konsulats. Einige Wochen später erhielt ich einen Brief vom Konsul persönlich, der mir einige Prospekte zusandte und gleichzeitig mich und meine Eltern einlud, ihm einen Besuch abzustatten, sollten wir vorhaben, zu den Färöern zu reisen. Er reise auch mehrmals im Jahr nach Deutschland, schrieb er, und vielleicht ergäbe sich auch einmal die Gelegenheit sich in Deutschland zu treffen.

Nach einigen weiteren Briefen trafen wir den Konsul tatsächlich. Nachdem er geschäftlich in Hamburg zu tun gehabt hatte, war er in meine Heimat im westlichen Münsterland gereist, um uns zu besuchen. Er rief uns eines Nachmittags an und wir holten ihn vom örtlichen Bahnhofshotel ab und gingen zusammen essen. Beim nächsten Mal übernachtete er dann bei uns zu Hause und ein halbes Jahr später machte ich mich mit meinen Eltern auf die Reise nach Dänemark und von dort mit dem Schiff zu den Färöern. Wir hatten den Konsul mittlerweile so gut kennengelernt, dass er uns anbot, 10 Tage bei ihm zu Hause zu übernachten und von dort aus Thorshavn und den Rest der Inselgruppe zu erkunden. Manchmal war ich mit meinen Eltern allein auf den 18 Inseln im Nordatlantik unterwegs, manchmal begleitete er uns auf unseren Ausflügen. Gute Reisetipps bekamen wir von der örtlichen Tourist-Information, einen Reiseführer hatten wir jedoch zuvor in Deutschland vergeblich gesucht.

Zwei Jahre später war ich dann noch einmal allein zu Besuch bei den Wikingern und wieder konnte ich mich nicht mit einem Reiseführer auf meinen Besuch vorbereiten. Also beschloss ich, vor Ort ein Reisetagebuch zu führen und viele Informationen zu sammeln. Zurück in Deutschland begann ich dann, alles zu sortieren und ein Manuskript zu schreiben. Nach einiger Zeit merkte ich jedoch, dass ich mir zu viel vorgenommen hatte und es blieb bei einigen Skizzen.

Einige Jahre später, ich war inzwischen zum Experte in Sachen Pop-Musik geworden, hatte ich die Idee, ein Pop-Musik-Lexikon zu veröffentlichen. Ich bat Plattenfirmen, mir Bilder und Informationen von Sängern und Gruppen zuzusenden, musste dann aber beim Gang in die Stadtbibliothek feststellen, dass mir andere Autoren schon zuvorgekommen waren. Immerhin konnte ich später als Student einige Jahre lang als freier Mitarbeiter für die Jugendseiten einiger Tageszeitungen und Magazine arbeiten, die regelmäßig Artikel von mir abdruckten.

Jetzt ist mein erstes Buch endlich fertig. Die Idee zu diesem Buch kam mir, als ich vor einiger Zeit wieder einmal von einer Reise nach Portugal zurückgekehrt war. Ich saß mit meiner Familie bei meinen Eltern und immer wenn ich von einer interessanten Begebenheit erzählte, wurde ich entweder von meiner Frau oder von einem unserer beiden Söhne unterbrochen. Das Gleiche passierte mir, wenn wir uns mit Freunden unterhielten. Daraufhin beschloss ich, mich an meinen Schreibtisch zu setzen und ungestört die spannendsten Geschichten aufzuschreiben, damit sie jeder in Ruhe nachlesen kann. Das Ergebnis ist dieses Buch, mit dem ich von meinen Abenteuern am südwestlichen Rand Europas berichte.

1990 - Die erste Portugal-Reise wäre fast meine letzte gewesen

„Meine Damen und Herren, hier meldet sich noch einmal ihr Kapitän aus dem Cockpit. Wir haben unsere Reiseflughöhe bereits verlassen und befinden uns nun auf dem Anflug auf Porto. Das Wetter in Porto ist sonnig, die Temperatur beträgt 25°C. Wir werden in etwa 20 Minuten landen, also um 16.40 Uhr." Mit diesen Worten informiert uns der Pilot über die bevorstehende Ankunft in Portugal.
Es ist meine 15. Reise in das Land im Südwesten Europas. Ein Blick auf die Armbanduhr zeigt, dass es spätestens jetzt Zeit ist, die Uhr eine Stunde zurückzustellen, denn in Portugal gehen die Uhren anders. Bis auf Großbritannien und Irland ist Portugal das einzige EU-Land, in dem die westeuropäische Zeit gilt, d.h. hier ist es immer eine Stunde früher als in Deutschland. Aber auch viele andere Erlebnisse in den vergangenen 25 Jahren haben mir gezeigt, dass man in Portugal oft andere Maßstäbe anlegen muss als in Mitteleuropa.
Aber ich will von Anfang an erzählen. Die Geschichte beginnt im Sommer 1989 in einem kleinen Dorf an der Grenze zwischen Münsterland und Niederrhein. Boris Becker und Steffi Graf haben gerade die Einzeltitel bei den Offenen Englischen Tennis-Meisterschaften in Wimbledon gewonnen, Tausende Bürger der DDR versuchen über Ungarn nach Westdeutschland zu gelangen und ich bin gerade dabei, mich auf die Abschlussprüfungen meines Studiums an der Universität Osnabrück vorzubereiten. Während meines Studiums habe ich mich entschieden, den Wehrdienst zu verweigern und muss mir nun eine Zivildienststelle suchen. Willi, mein Volleyball-Trainer beim TV Phönix hat seinen Dienst bei einer Heimvolkshoch-

schule fast beendet und berichtet, dass man es dort ganz gut aushalten könne. Man habe nicht zu viel zu tun und die Arbeitsatmosphäre sei okay.

Ich sitze also im Büro des Personalchefs der Heimvolkshochschule und erkläre, dass ich meinen Zivildienst gern dort ableisten würde. „Sie haben Glück, denn bald wird hier ein Platz frei, sie könnten also im Dezember anfangen." Nach kurzer Bedenkzeit erkläre ich mich einverstanden und begebe mich wieder auf den Weg nach Hause, um mich auf meine letzten Prüfungen vorzubereiten.

Am 2. Dezember ist es dann soweit: mein Zivildienst beginnt. Ich treffe die Hausmeister sowie meine Zivi-Kollegen, mit denen ich in den kommenden 18 Monaten zusammenarbeiten soll.

Die Heimvolkshochschule bietet vor allem Deutsch-Kurse für angehende ausländische Studenten sowie Kurse zur Verbesserung der Integration ausländischer Jugendlicher in Deutschland an. Sie gehen ein Jahr lang zur Schule und wohnen meist in Zwei-Bett-Zimmern im Internat auf dem Gelände der Akademie. Meine Aufgabe als Zivi ist es, bei der Pflege der Grünanlagen zu helfen, Fahrdienste zu übernehmen, in den Zimmern der Kursteilnehmer defekte Glühlampen auszuwechseln oder verstopfte Abflüsse zu reinigen oder dafür zu sorgen, dass in den Kursräumen Tische und Stühle in ausreichender Zahl vorhanden sind.

Schon an meinem zweiten Diensttag treffe ich in einem dieser Räume eine Gruppe von ausländischen Jugendlichen, die hier ihren deutschen Haupt- oder Realschulabschluss nachholen wollen. Sie haben mich als neuen Zivi identifiziert und wollen sofort wissen, wie ich heiße, wo ich wohne und wie alt ich bin. Die Jugendlichen erzählen mir, dass sie aus Italien, Griechenland, der Türkei, Spanien und Portugal stammen. Eine von ihnen heißt Linda - sie ist eine der Portugiesinnen, ungefähr 1,65m groß und etwas mollig, hat lange, wellige, dunkelbraune

Haare und wunderschöne braune Augen. Als wir uns das erste Mal treffen trägt sie eine lilafarbene Daunenjacke, farblich dazu passende Handschuhe, Jeans und Sportschuhe.

Die Arbeit die ich zu verrichten habe ist meist nicht so besonders interessant, daher freue ich mich immer besonders, wenn ich ihr über den Weg laufe, wenn sie von der Schule zur Cafeteria oder zu ihrem Zimmer unterwegs ist. Oft lacht sie mich fröhlich an, wenn wir uns sehen und dann reden wir ein bisschen miteinander.

Nachdem ich nun ein halbes Jahr als Zivi gearbeitet habe, erzähle ich ihr irgendwann im Frühling 1990, dass mein Freund Gerd bei Siemens in Évora im Süden Portugals eine Stelle bekommen habe und ich ihn mit ein paar Freunden in den Sommerferien besuchen wolle. Sie hat vor, im Sommer mit ihrer Freundin Ingeborg zu ihren Eltern nach Arouca in Nordportugal zu fahren.

„Vielleicht treffen wir uns irgendwo in Portugal und wenn nicht, dann können wir uns nach den Ferien gegenseitig erzählen, was wir gesehen und erlebt haben", sage ich.

Im Juni 1990 beginnen die konkreten Reisevorbereitungen. Ich habe überprüft, ob mein Personalausweis noch gültig ist, etwas portugiesisches Geld besorgt, zusammen mit meinen Freunden Ludger, Klaus und Rainer einen Flug nach Lissabon gebucht und ein transportables Volleyball-Set, bestehend aus Netz und schraubbaren Stangen, gekauft.

In Lissabon angekommen nehmen wir am Flughafen unser Gepäck in Empfang und werden in der Ankunftshalle schon von Gerd erwartet. Wir zwängen uns zu fünft in Gerds Fiesta (ein relativ schwieriges Unterfangen für fünf Erwachsene, die alle so etwa 1,90m lang sind) und ich ergattere den Platz hinten rechts. Das ist mein Glück, denn hinten rechts ist immer noch besser als hinten in der Mitte. Unsere Reisetaschen passen gerade eben in den Kofferraum, nur das Volleyball-Set müssen wir auf den Schoß nehmen.

Es geht zunächst auf der A1 in Richtung Norden. Kurz hinter Vila Franca de Xira endet die Autobahn und wir fahren auf der Nationalstraße 1 weiter, vorbei an Rio Major und Batalha nach Leiria. Gerd hat sich in den Jahren, in denen er in Portugal wohnt, den portugiesisch-sportlichen Fahrstil angewöhnt und so sind es nur noch ein paar Minuten rasante Fahrt auf engen Straßen und Ortsdurchfahrten meist ohne Bürgersteige nach Praia da Vieira. Mir wird schnell klar, warum Portugal eine der höchsten Verkehrsunfallraten in Europa hat. 1990 starben dort bei Verkehrsunfällen 2646 Menschen. Diese Zahl hat sich seither zwar auf weniger als ein Drittel verringert, trotzdem lag die Unfallrate mit 73 Verkehrstoten auf 1 Million Einwohner auch im Jahr 2009 noch deutlich über der von Deutschland (51 pro 1 Million Einwohner).

In Praia da Viera hat Gerd für uns für zwei Wochen eine Ferienwohnung gemietet. Nachdem wir unsere Sachen ins Haus gebracht und die Zimmerverteilung geklärt haben, bleibt gerade noch Zeit für einen kleinen Bummel durch den Ort und einen Snack in einem der kleinen Cafés. Praia da Viera ist einer von vielen kleinen Ferienorten an der portugiesischen Westküste. Von Caminha im Norden bis zum Cabo Sao Vicente im Süden reiht sich hier ein Badeort an den nächsten.

Tock! Tock! Tock! Am nächsten Morgen werde ich gegen sieben Uhr durch merkwürdige Klopfgeräusche geweckt. Ich frage mich, ob sich irgendjemand an unserem Haus zu schaffen macht; ein Blick aus dem Fenster offenbart jedoch, dass draußen die Stände für den örtlichen Markt aufgebaut werden, auf dem vor allem Fisch, Fleisch, Obst und Gemüse angeboten werden. Kurze Zeit später herrscht dort hektische Betriebsamkeit mit portugiesischem Flair. Wir kaufen aber erst einmal frische Brötchen in einer nahe gelegenen Bäckerei ein. Butter, Käse und Konfitüre gibt es in einem kleinen Laden, in Portugal „*Mini-Mercado*" genannt. So gestärkt wollen wir uns auf den Weg zum Strand machen, der nur etwa 100 m entfernt ist.

Aber es ist noch sehr dunstig und wir warten lieber noch eine Stunde ab, bis sich die Sonne durch den Morgendunst gekämpft hat.

An der Strandpromenade wird Fisch in der Sonne getrocknet; am Strand haben sich schon die ersten Familien mit Handtüchern, Sonnenschirm und Windschutz ein Plätzchen gesucht. Ein Volleyball-Feld gibt es jedoch nicht. Gut, dass wir unsere eigene Anlage mitgebracht haben. Da wir für das Feld etwas mehr Platz brauchen, gehen wir ein Stück den Strand entlang, bis wir eine geeignete Stelle finden. Die Stangen sind schnell zusammengeschraubt, das Netz montiert. Für die Begrenzung des Feldes haben wir rot-weiß gestreiftes Flatterband dabei, mit dem wir, ganz nach deutscher perfektionistischer Manier, die beiden 9 mal 9 m großen Feldhälften markieren. Nachdem wir uns ein wenig eingespielt haben, ist es Zeit für einen ersten Test. Aufschlag, Annahme, Zuspiel, der erste Angriff landet im Netz und die ganze Anlage bricht zusammen! OK, das war dann wohl weniger erfolgreich. Wir müssen die Haken an den beiden Leinen, die jeweils eine Netzstange stabilisieren sollen, tiefer im Sand eingraben. Nach wenigen Minuten landet das Netz aber schon wieder im Sand. Eine effektivere Lösung muss gefunden werden! Da hat Klaus, seines Zeichens angehender Ingenieur, glücklicherweise eine glänzende Idee. Er befestigt Stöcke an die Haken, die dafür sorgen, dass die Netzstangenseile fest im Boden verankert werden. Jetzt kann unser Volleyball-Turnier endlich beginnen: Es spielt jeder mit jedem gegen jeden, wir stellen einen Spielplan auf und verteilen die Spiele gleichmäßig auf die nächsten 10 Tage.

In den Spielpausen baden wir im Atlantik, der mit ca. 17°C fast schon zu erfrischend ist. Zur Stärkung haben wir immer Obst, Joghurt und Wasser in einer Kühlbox dabei und, damit wir es mit den Vitaminen nicht zu sehr übertreiben, gibt es ab und zu auch mal ein portugiesisches Bier der Brauerei *„Super Bock"*, mit Zitronenlimonade gemischt oder pur. Die nahe liegende Vermutung, es handele sich dabei um ein Starkbier, bestätigt sich nicht. Der Alkoholgehalt liegt bei ungefähr 5% und entspricht damit in etwa dem von in Deutschland gebrautem Pils. (Wir haben den Volleyball also nicht doppelt gesehen.) *Super Bock* ist allerdings weniger stark gehopft und wird daher als Lagerbier bezeichnet.

Nach einigen Tagen kommt eine Gruppe von Portugiesen vorbei und fordert uns zu einem internationalen Vergleich heraus. Die Portugiesen halten einigermaßen mit, aber nachdem wir schon seit einigen Tagen im Sand gespielt haben und entsprechend gut in Form sind, gewinnen wir das Spiel am Ende doch recht klar. Weniger klar war uns am Anfang, dass der Kanarenstrom, der an der portugiesischen Küste von Nord nach Süd vorbeizieht, nicht nur für die ziemlich kühlen Wassertemperaturen verantwortlich ist, sondern insbesondere bei Ebbe auch für geübte Schwimmer gefährlich werden kann. Gerd und ich haben eine Spielpause genutzt, um uns im Meer etwas abzukühlen. Nachdem wir einige Minuten geschwommen sind, blicken wir zum Strand und stellen fest: „Guck mal, wir sind ganz schön weit weg vom Strand."

Wahrscheinlich sind wir durch die Meeresströmung etwas abgetrieben worden.

„Komm, wir schwimmen besser zurück."

Nach einigen weiteren Minuten haben wir den Eindruck, dass wir immer noch genauso weit vom Strand entfernt sind wie zuvor. Gleichzeitig beginnen unsere Kräfte langsam zu schwinden. Rainer und Klaus können wir am Ufer gerade noch erkennen.

„Ich bin schon ziemlich erschöpft, ich weiß nicht ob wir das alleine schaffen", stöhne ich. „Ich winke mal Rainer und Klaus zu. Dann können die Hilfe holen."

Wir winken und unsere Freunde begreifen, dass wir in Not sind. Rainer läuft los, um die Rettungsschwimmer zu alarmieren. Wir schwimmen mit letzter Kraft weiter und weiter und ganz allmählich kommen wir dem Strand doch näher und schließlich haben wir wieder festen Boden unter den Füßen und schleppen uns die letzten Meter mit letzter Kraft zurück zum Strand.

„Rainer ist losgelaufen, um Hilfe zu holen", begrüßt uns Klaus, holt eine Flasche Wasser und Kekse aus der Kühlbox. Jetzt hätten die Portugiesen eine bessere Chance gehabt, uns im Volleyball zu besiegen.

Wir setzen uns, essen und trinken etwas und versuchen uns von dem Schreck zu erholen. Eine Minute später kommt Rainer mit einem Rettungsschwimmer angelaufen. Ganz außer Atem fragen sie: „*Tudo bem*? - Alles in Ordnung?"

„Ja, danke, wir haben es doch noch alleine geschafft."

"Wir haben uns richtig Sorgen um euch gemacht und jetzt sitzt ihr hier gemütlich rum", meint er dann etwas vorwurfsvoll.

„Wir wussten ja nicht wie stark die Strömung ist und wie lange wir durchhalten würden", antwortet Gerd. Und vor allem sind wir froh, dass wir nicht zu den schätzungsweise 20000 Menschen gehören, die in Europa jedes Jahr bei Badeunfällen ums Leben kommen.

Am Nachmittag gehen wir zurück zu unserer Ferienwohnung. Unterwegs kommen wir wieder an unserer Bäckerei vorbei und kaufen ein paar „*pasteis*" (Gebäckstücke), die wir zusammen mit einer Tasse „*café com leite*" (Milchkaffee) genießen. Nachdem wir uns geduscht und umgezogen haben, ist es Zeit an das Abendessen zu denken. Am Abend zuvor hatten wir ein nettes Restaurant an der Strandpromenade, das „*Flor do Liz*" gesehen, das gut besucht war und so begeben wir uns wieder dorthin. Als wir gegen 19 Uhr eintreffen, sind alle Tische leer. „Komisch, gestern waren hier doch viele Leute zum Essen", wundert sich Rainer.

„Warte mal ab", antwortet Gerd, „das wird sich gleich ändern."

Wir bekommen einen schönen Tisch mit Meerblick im ersten Stock und erhalten die Speisekarte. Gut, dass Gerd seit ein paar Jahren in Portugal lebt, denn so kann er uns erklären welche Köstlichkeiten hier angeboten werden.

„Also zunächst mal müsst ihr wissen, dass es immer eine Seite mit Fleischgerichten und eine Seite mit Fischgerichten gibt. Hier an der Küste isst man am besten Fisch, der ist in der Regel ganz frisch, im Landesinneren ziehe ich Fleisch vor."

Gerd ist nicht nur ein halber Portugiese geworden; da sein Bruder Koch ist, kennt er sich auch in kulinarischen Dingen bestens aus. So erläutert er uns die Unterschiede zwischen „*Robalo*" (Seebarsch) und „*Linguado*" (Seezunge), „*Sardinha*" und „*Carapau*".

„Thunfisch gibt es nicht nur aus der Dose, sondern auch als Steak. Und es gibt auch noch die ‚*Caldeirada*'. Das ist ein lecke-

rer Fischeintopf, mit verschiedenen Fischsorten, Kartoffeln, Tomaten und Zwiebeln."
Bei den Fleischgerichten haben wir die Auswahl zwischen „*Bifé*" (Rindersteak), „*Costeleta*" (Koteletts) und „*Entrecosto*" (Rumpsteak). „Dazu gibt es Reis, Pommes frites und Salat. Wenn ihr euer Fleisch gut durchgebraten wollt, bestelle ich es euch ,*bem passado*'".
Nachdem wir unsere Auswahl getroffen haben, stellt uns der Kellner Brötchen, Butter, Oliven, Käse und eine Thunfischpastete auf den Tisch. „Wir haben das doch gar nicht bestellt", beschwert sich Ludger.
„Das ist in portugiesischen Restaurants so üblich", erläutert Gerd.
„Wenn wir die Sachen stehen lassen, müssen wir sie auch nicht bezahlen. Es wird nur das berechnet, was gegessen wurde."
Nach und nach kommen weitere Gäste und dann auch unser Essen. Alles schmeckt vorzüglich, was sicherlich auch daran liegt, dass wir den ganzen Tag Beach-Volleyball gespielt und ein unfreiwillig ausgedehntes Bad genommen haben. Zum Abschluss bestellen wir noch alle einen Nachtisch: Gerd empfiehlt „*Arroz doce*" (süßen Reis mit Zimt), Klaus bestellt „*Pudim flan*" (Vanillepudding mit Karamellsauce) und Rainer und ich entscheiden uns für „*Mousse de chocolate*".
„Was sagt man, wenn man bezahlen will?", erkundige ich mich, denn es stört mich schon ein bisschen, dass ich seit unserer Ankunft in Portugal nichts von dem verstanden habe, was ich gehört oder gelesen habe.
„*A conta, se faz favor*", antwortet Gerd. Wenn ich schon nicht das Essen bestellen konnte, kann ich dann wenigstens um die Rechnung bitten. Als wir das Restaurant gegen 21.00 Uhr verlassen, sind nicht nur alle Tische voll, es hat sich sogar eine Schlange von Menschen gebildet, die darauf warten, vom Kellner einen Tisch am Fenster zugewiesen zu bekommen.

Gut, dass wir es aus Deutschland gewohnt sind, etwas früher zu Abend zu essen.

Die folgenden Tage gestalten sich ähnlich wie der erste: Das Wetter und die Volleyball-Anlage halten sich, unser Turnier macht riesigen Spaß (lediglich Ludger muss wegen einer Rückenverletzung passen und bleibt an den letzten Turniertagen entweder in der Ferienwohnung, um sich auf eine Mathematik-Klausur vorzubereiten oder steht nur noch als Schiedsrichter zur Verfügung) und bald haben wir viele Leckereien im Café und im Restaurant probiert.

An einem anderen Abend fahren wir zum Abendessen ins nahe gelegene Sao Pedro de Moel.

„Hier gibt's ein Restaurant das heißt ‚*Pai do frango*' (Vater des Hähnchens)", erklärt Gerd. „Die Spezialität hier ist ‚*Arroz de Marisco*' (Reis mit Meeresfrüchten)."

Wir bestellen also eine Portion für fünf Personen und während wir warten, geht es am Nebentisch, wo eine vielköpfige portugiesische Familie sitzt, immer lauter zu. Insbesondere das Familienoberhaupt erzählt mit einer solch kräftigen Stimme, dass wir uns kaum noch unterhalten können. Wir machen unter uns einige Kommentare, nicht ahnend, dass jemand von der Familie Deutsch verstehen könnte. Nach einer Weile steht am Nebentisch eine junge Frau auf und entschuldigt sich in lupenreinem Deutsch für ihren Vater. Sie studiere in Deutschland Germanistik und verbringe mit ihrer Familie die Sommerferien an der Küste. Wir entschuldigen uns für unsere Kommentare und wünschen uns gegenseitig noch einen schönen Abend. Danach geht es an beiden Tischen etwas ruhiger zu.

Am vorletzten Tag unseres Aufenthalts hat sich das Wetter geändert. Es ist so windig, dass an Volleyball-Spielen nicht zu denken ist. Wir nutzen den Tag aus, um einige Sehenswürdigkeiten in der Umgebung zu besuchen. Wir besichtigen die Ruinen der Römerstadt „Conimbriga" und die Universitätsstadt Coimbra am Rio Mondego. Mein Reiseführer empfiehlt einen Abstecher in den Wald von Bucaco, in dem sich das *Palace Hotel* befindet. Im Wald versetzen uns 70 Meter hohe Eukalyptus-Riesen aus Australien, mächtige Douglasien aus Amerika und Zedern aus Goa in ungläubiges Staunen. Dem vermeintlichen Wunder der Natur haben im 17. Jahrhundert Mönche auf die Sprünge geholfen. Sie nutzten das feuchtwarme Klima und pflanzten exotische Bäume aus den Kolonien. Rund 700 Arten bilden heute die grüne Kulisse für das bombastische *Palace Hotel*, das Ende des 19. Jahrhunderts im neomanuelinischen Stil anstelle des einstigen Klosters errichtet wurde. Auch Anfang des 19. Jahrhunderts spielte sich unweit des Hotels ein wichtiges Ereignis ab: 1810 wurde hier ein napoleonisches Heer von einer portugiesisch-englischen Streitmacht unter Wellington geschlagen.

Von Bucaco aus geht es in südlicher Richtung wieder nach Leiria. Bevor wir nach Praia da Vieira zurückkehren, besuchen wir aber noch Batalha mit seinem Kloster *Santa Maria da Vitoria*, das schon aus einiger Entfernung am Horizont aufragt. Die Klosterkirche mit dem Kreuzgang und den unvollendeten Kapellen ist sehr beeindruckend. Fast genauso hübsch finde ich jedoch die Obststände in unmittelbarer Nähe, wo es von Pfirsichen über Bananen, Äpfel, Pflaumen und Melonen bis hin zu Nüssen und „*tremocos*" (in Salzwasser eingelegte Lupinensamen) alles gibt, was mein Fast-Vegetarier-Herz höher schlagen lässt.

„Bevor wir hier wegfahren müssen wir unbedingt noch in ein Restaurant, das sich an der Straße von Vieira nach Marinha Grande befindet", meint Gerd am Abend. Und tatsächlich werden wir nicht enttäuscht. Die Vorspeisen werden auf einem Buffet präsentiert, wo man sich das passende aussuchen kann. Die Karte mit den Hauptgerichten ist noch etwas umfangreicher als in Praia da Vieira, aber die Krönung ist das Nachtisch-Buffet. Der Kellner kommt mit einem Wagen zu unserem Tisch, auf dem sich verschiedene Puddings, Kuchen,

Aufläufe und Cremes türmen; alles verdammt süß aber auch alles verdammt lecker. Ich bestelle „*Queijo do paraiso*", eine Mischung aus Zucker, gemahlenen Mandeln, Eiern und Butter, gewürzt mit Zimt und Zitronenschale, die im Ofen kurz gebacken wird; Rainer bleibt wie gewohnt bei seiner „*Mousse de chocolate*". Bestens gesättigt geht es danach zum letzten Mal zurück zu unserem Ferienquartier.

Am nächsten Tag fahren wir über Nazaré wieder nach Lissabon. Als wir vor knapp zwei Wochen angekommen waren, hatten wir von der Stadt noch nichts gesehen. Gegen Mittag parkt Gerd seinen Wagen in der Nähe der *Praca da Figueira*.

„Was ist das für eine Burg?" will Ludger wissen.

„Das *Castelo São Jorge*", sagt Gerd.

„Von dort soll man einen tollen Blick auf die Altstadt haben. Lasst uns mal testen, ob das stimmt", schlage ich vor und so beginnen wir in der Mittagshitze den Weg nach oben. Und tatsächlich bietet sich uns von dem 120 m hohen Burgberg ein perfekter Panoramablick über die Kathedrale, die Unterstadt bis hinunter zur Mündung des Rio Tejo in den Atlantik wo die *Ponte 25 Abril* hinüber nach Almada führt, wo seit 1959 die „*Cristo-Rei*"-Statue auf den Rio Tejo und Lissabon blickt. Wir wandern zurück zur *Praca da Figueira* und schlendern durch die *Rua da Prata* zur *Praca do Comercio* bis zum Rio Tejo.

„Jetzt müssen wir aber mal was essen", bemerkt Klaus und wir bestellen fünf „*finos*" (kleines Bier vom Faß) und *tostas mistas* (Toastbrot mit Schinken und Käse) in einem Café an der *Rua Augusta*. Danach zeigt uns Gerd noch wie nah Vergangenheit und Zukunft in Portugal beieinander liegen. Wir kommen mit dem Auto an dem römischen „*Aqueduto dos Àguas Livres*" vorbei und kurz darauf sehen wir die drei Türme des nagelneuen Amoreiras-Komplexes, die von dem portugiesischen Architekten Tomas Tavira geplant und 1985 fertiggestellt wurden. Unter den drei Türmen befindet sich das erste Einkaufszentrum

Portugals, über das 1986 sogar die „New York Times" berichtete:

"The Amoreiras shopping mall is said to be the largest one on the Iberian Peninsula and the fourth largest in Europe. There are 325 shops with the best Portuguese clothing, leather goods, jewelry, crystal, herbs and chocolates. There are gift shops, bookstores, a supermarket, health center and a wide variety of restaurants and snack bars. (…) The two-level shopping center, which forms a broad base for the towers, was opened at the end of September and has attracted an average of 120,000 people daily - shoppers and tourists as well as the curious."
(MARVINE HOWE: "SHOPPER'S WORLD; LISBON GETS A MALL, AND MORE", NEW YORK TIMES, 4.5.1986)

Auch wir bummeln freiwillig noch etwas durch die Läden (kaum zu glauben, bei männlichen Deutschen), bevor wir wieder ins Auto steigen um nach Évora weiter zu fahren. Am nächsten Morgen bewundern wir zunächst den Diana-Tempel in der Altstadt. Danach wollen wir die Umgebung erkunden. Gerd kennt einen kleinen Stausee in der Nähe.
„Bei der ‚*Barragem do Divor*' gehe ich manchmal Wind-Surfen", erzählt er. Nun, zum Wind-Surfen ist es heute nicht windig genug, aber bei 36°C im Schatten kommt eine Erfrischung in Form einer Badepause gerade recht. Ich habe Zeit meine Portugal-Karte zu studieren und etwas im Reiseführer zu blättern.
„Hier ganz in der Nähe gibt es einen riesigen Menhir, also einen Hinkelstein, und an der Straße von Montemor-O-Novo nach Évora soll es den bedeutendsten Steinkreis der iberischen Halbinsel geben. Den könnten wir uns doch auf dem Rückweg mal anschauen!" Die Begeisterung meiner Mitreisenden hält sich in Grenzen, aber schließlich willigen sie ein bei der Suche mitzumachen. Den Menhir entdecken wir nach dem Schwimmen sofort; die Steinkreise sind etwas schwieriger zu finden. Wir fahren zunächst zur Hauptstraße zurück und biegen Richtung Évora ab.

„Der Steinkreis muss jetzt gleich auf der rechten Seite auftauchen", erkläre ich mit einem Blick auf die Straßenkarte, doch außer vertrockneten Feldern und einigen Korkeichen taucht nichts Besonderes auf. Als wir schon wieder die Silhouette Évoras vor uns erblicken, wissen wir, dass wir irgendwo hätten abbiegen müssen.

„Vor ein paar Minuten habe ich da eine kleine Straße gesehen; vielleicht sollten wir es da mal versuchen", schlage ich vor.

Allgemeines Stöhnen ist die Antwort. Dann aber meint Rainer: „Na gut, wir können es ja mal versuchen."

Gerd dreht also und nach etwa zwei Kilometern geht es halblinks Richtung Guadalupe. Am Ende des Ortes verwandelt sich die Straße in eine Sandpiste. Wir werden ganz schön durchgeschüttelt und wir fühlen uns wie bei der Rallye Portugal. Nach einigen Minuten ruft Klaus: „Ich glaube, ich habe da hinten einen großen Stein gesehen."

Gerd parkt das Auto und wir gehen zu Fuß weiter. Nach etwa 200 m taucht nicht nur ein Stein sondern es tauchen etwa 50 riesige Steine auf, die sich kreisförmig um einen größeren Felsen gruppieren. Wir haben doch den *„Cromeleque dos Almendres"* gefunden, der sich hier bereits seit etwa 5000 Jahren befindet. Ich bin begeistert und mache noch schnell ein paar Fotos bevor die Sonne untergeht; die anderen sind vor allem froh, dass wir nicht vergeblich gesucht haben. Müde fahren wir in der Abenddämmerung wieder nach Évora.

Für den letzten Tag hat Gerd noch ein besonderes Highlight für uns in Petto. Wir gehen noch einmal ganz schick essen in einem kleinen Restaurant in der Nähe der *Praca do Giraldo*, wo er auch schon mal bei einem Geschäftsessen war.

„Bevor ihr abreist solltet ihr unbedingt noch ‚*Carne de Porco a Alentejana*' probieren", rät uns Gerd.

„Das ist die Spezialität des Hauses." Obwohl ich fast kein Fleisch esse, mache ich eine Ausnahme und probiere auch einmal. Es handelt sich dabei um Schweinefleisch mit Muscheln, die in einer Marinade aus Wein, Zwiebeln, Knoblauch, Petersilie, Tomatenmark, Paprika, Olivenöl, Lorbeer, Salz und Pfeffer eingelegt und gebraten werden. Dazu gibt es Bratkartoffeln und einen trockenen Rotwein aus dem Alentejo. Wenn es kein Fleischgericht wäre, könnte es auch meine persönliche Spezialität werden. Zum Glück sind alle Zutaten frisch und wir können nach dem Abendessen gut schlafen. Am nächsten Morgen bringt uns Gerd in gewohnt sportlichem Tempo wieder zurück nach Lissabon, von wo aus uns unser Flieger wieder nach Deutschland bringt.

Als ich wieder bei meiner Zivildienststelle ankomme, sind die Sommerferien der Schülerinnen und Schüler noch nicht zu Ende. Aber eine Woche später kommen die Schüler wieder und auch Linda ist zum Glück wieder da. Sie bleibt noch ein weiteres Jahr, um ihren Kurs abzuschließen. Natürlich unterhalten wir uns als erstes über unsere Reisen nach Portugal.

„Wie hat es dir gefallen?" will sie wissen.

„Es war toll", antworte ich, „das Wetter war super und das Essen und der Wein – unheimlich lecker und die Landschaft ist sehr schön und die Menschen sind unheimlich freundlich. Nur leider habe ich nichts von dem verstanden was sie gesagt haben. Es war das erste Mal seit langer Zeit, dass ich im Ausland Urlaub gemacht habe und mich nicht verständigen konnte. Und wie war es bei dir?"

„Oh, schön, aber auch sehr anstrengend. Erst einmal die Fahrt: Wie du weißt, bin ich mit Ingeborg gefahren und sie musste natürlich ihren Hund mitnehmen. Wir haben in Frankreich und Spanien fast an jeder Raststätte angehalten, weil ihr Hund ständig Pipi machen musste. Und in Portugal war es auch nicht wirklich die Erholung: Ingeborg kann kein Portugiesisch und ich musste ständig für sie übersetzen. Bei meinen Eltern war das nicht so ein großes Problem, denn die können noch ein bisschen Deutsch, aus der Zeit, in der sie in Deutschland gelebt haben, aber wir waren ja auch noch bei

meinem Onkel in Porto und bei meiner Tante in Rio Tinto und bei meinem Onkel in Seia. Er hatte auch gerade Urlaub und ist mit uns in die ‚Serra da Estrela' gefahren. Das ist das höchste Gebirge in Portugal. Nachdem wir den ganzen Tag unterwegs waren, waren sie und ihr Hund schon ziemlich geschafft. Der Hund ist auch krank geworden hat nichts mehr gegessen und getrunken. Als wir dann wieder bei meinem Onkel zu Hause waren, hatte meine Tante schon für uns gekocht und auf dem Tisch standen Fleisch und dampfende Kartoffeln, da konnte Ingeborg bloß noch weinen, so fertig war sie. Sie machte sich Sorgen um den Hund. Danach haben wir es etwas ruhiger angehen lassen. Was habt ihr euch denn so in Portugal angesehen?" erkundigt sie sich dann.
„Oh, wir waren in Évora und Lissabon, Coimbra und Batalha", erzähle ich.
„Batalha – da waren wir auch! Da hätten wir uns ja doch fast getroffen! Na ja, vielleicht können wir ja irgendwann mal zusammen nach Portugal fahren."
„Sehr gerne, aber vorher muss ich etwas Portugiesisch lernen, damit ich mich dort auch etwas verständigen kann. Vielleicht könntest du …?" frage ich etwas zögerlich.
„… dir etwas Portugiesisch beibringen?" vollendet sie meine Frage. „Ich weiß nicht, aber ich kann es versuchen. Dann musst du mir aber auch helfen. Bei mir steht in diesem Schuljahr Englisch auf dem Stundenplan. Und du hast doch Englisch studiert!"
„OK, abgemacht", antworte ich.
Zwei Wochen später habe ich mir das Buch „30 Stunden Portugiesisch" besorgt und Linda und ich treffen uns nach der Schule bzw. meinem Dienst in ihrem Zimmer, das sie in diesem Schuljahr mit Klara aus Jugoslawien teilt. Wir treffen uns von nun an einmal in der Woche und reden miteinander: eine Stunde Portugiesisch und eine Stunde Englisch. Ich versuche jetzt immer, mir meine Arbeit so einzurichten, dass ich meist

in der Nähe der Schule oder in der Nähe des Wohngebäudes, in dem Linda ihr Zimmer hat, zu tun habe, wenn die Schule aus ist, so dass wir an den anderen Tagen Zeit haben, uns auf Deutsch zu unterhalten. Nach und nach bekomme ich immer stärkeres Herzklopfen wenn wir uns treffen.

Einmal erzählt sie, dass sie im Sportunterricht Volleyball gespielt haben. „Ich spiele in der Nachbarstadt Volleyball in einem Verein", erwidere ich. „Einmal in der Woche trainiere ich auch die Damen-Mannschaft. Wenn du Lust hast, kannst du ja mal mitkommen."

Von nun an treffen wir uns meistens an zwei Abenden in der Woche, zum Sprachen lernen und zum Volleyball-Spielen – und irgendwann gehen wir am Wochenende auch mal ins Kino oder auf die Kirmes, wo sie mich das erste Mal küsst.

1991 - Die liebe Verwandtschaft

Eigentlich sollte mein Zivildienst 18 Monate dauern. Im Winter 1990/91 entschied die Bundesregierung jedoch, die Dienstzeit auf 15 Monate zu verkürzen. Nun musste ich mich schnell um eine Stelle als Studienreferendar kümmern, denn ich konnte ja schon im Frühjahr mit meiner Ausbildung am Studienseminar beginnen. Ich hatte in Niedersachsen studiert und dort wurden zum 1. Mai neue Referendare eingestellt. Eine ehemalige Kommilitonin hatte bereits im November 1990 am Studienseminar Meppen angefangen und so entschied ich mich, meine Lehrerausbildung ebenfalls dort fortzusetzen. Ein weiteres Argument sprach für dieses Seminar: Es liegt wie meine Heimatstadt ganz in der Nähe der niederländischen Grenze und ist nur etwa 100 km von dort entfernt. Auf diese Weise hatte ich am Wochenende nicht eine so weite Fahrt zu meinen Freunden und zu Linda. Wir zwei hatten nach und nach immer mehr Zeit miteinander verbracht, uns ineinander verliebt und wollten uns daher möglichst jedes Wochenende sehen.

„Bevor wir uns verloben, muss ich dich aber erst meinen Eltern vorstellen", sagt sie eines Tages.

„Die wohnen aber 2300 km entfernt von hier", bemerke ich.

„Das stimmt, aber wir können sie ja im Sommer besuchen."

Ein Blick in meinen Lehrerkalender zeigt, dass sich die Sommerferien von Nordrhein-Westfalen, wo Linda zur Schule geht und Niedersachsen, wo ich mein Referendariat begonnen habe, um vier Wochen überschneiden.

„Das gibt uns genügend Zeit für eine Reise nach Portugal", meint Linda begeistert. Wie sich herausstellen wird, lerne ich auf dieser Fahrt nicht nur ihre Eltern kennen, sondern auch ihre drei Schwestern und die meisten der neun Geschwister ihres Vaters, also Lindas Onkel.

So brechen wir am 20. Juli in einem kleinen roten Fiat Ritmo, voll bepackt mit Taschen, Schlafsäcken, Iso-Matten und Zelt im Kofferraum, auf. Da Linda noch keinen Führerschein hat, habe ich die Aufgabe, uns wohlbehalten in ihr Heimatland zu chauffieren. Wir haben uns vorgenommen, die Strecke in drei Tagen zu absolvieren, damit auch noch etwas Zeit bleibt, um sich unterwegs etwas anzuschauen. Am ersten Tag durchqueren wir die Niederlande und Belgien und erreichen am frühen Nachmittag die Vororte von Paris. Linda kennt die französische Hauptstadt noch nicht und so wollen wir die Stadt gemeinsam erkunden. Wir parken in der Nähe einer Metro-Station und fahren bis zur *Place Charles de Gaulle*. Der Anblick des *Arc de Triomphe* überwältigt uns beide. Wir spazieren zum *Tour Eiffel* und von dort zu den *Tuileries*, wo ich sogar noch Zeit für ein paar „Model"-Fotos von Linda habe. Nachdem wir zu unserem Auto zurückgekehrt sind, fahren wir noch etwas weiter, bis mir um 22 Uhr fast die Augen zufallen und wir uns entscheiden, die Nacht auf einem Rastplatz im Auto zu verbringen.

Kurz nach Sonnenaufgang bin ich wieder bereit zur Weiterfahrt. Vorbei an schier endlosen Sonnenblumen- und Weizenfeldern erreichen wir am späten Nachmittag endlich die Pyrenäen und überqueren die französisch-spanische Grenze. In der Nähe von San Sebastian verlassen wir die Autobahn und finden einen kleinen Campingplatz direkt am Golf von Biskaya. In einem Restaurant essen wir abends gebratenen Fisch mit Kartoffeln und Salat und bei einem Glas spanischen Rotwein und dem Blick aufs Meer träume ich von einer Kreuzfahrt rund um Europa. Das Abendlicht ist sehr schön und wir erblicken am Horizont tatsächlich ein Schiff in weiter Ferne. Wir haben uns lieb und uns fehlt nichts; wir spazieren noch ein bisschen den Strand entlang und genießen die einmalige Atmosphäre.

Am nächsten Morgen geht es weiter an der spanischen Küste entlang. Wir passieren Bilbao und Santander und bei Torrelavega ist die Autobahn zu Ende und wir fahren auf einer Landstraße weiter, auf der wir das kantabrische Gebirge überqueren wollen. Je höher die Straße die Berge hinaufführt, desto nebliger wird es. Dann geht erst einmal gar nichts mehr: eine Kuhherde, die plötzlich vor uns auf der Straße auftaucht, sorgt für eine ungeplante Pause. Kurze Zeit später erreichen wir den Pass und nach einigen weiteren Kilometern bricht die Sonne durch die Wolken und schnell wird es immer wärmer. Die Landschaft ist karg und braun. Wir machen unsere Mittagspause in Salamanca und bewundern das Rathaus an der Plaza Mayor. Es ist schon dunkel, als wir bei Elvas endlich Portugal erreichen. Wir machen uns schon Sorgen, dass wir erst gegen Mitternacht in Évora sein werden, aber wir müssen ja noch unsere Uhren um eine Stunde zurück stellen und gewinnen so unverhofft etwas Zeit. Um kurz vor 23 Uhr erreichen wir schließlich das Haus meines Freundes Gerd in Évora. Er hat uns eigentlich etwas früher erwartet, aber nach über einem Jahr in Portugal ist er an späten Besuch gewöhnt.

Zum Glück ist man in Portugal nie sehr weit vom Meer entfernt und so fahren wir am nächsten Tag nach einem, insbesondere für portugiesische Verhältnisse, ausgiebigen Frühstück in Richtung Küste. Später erlebe ich, dass viele Portugiesen entweder gar nicht frühstücken, oder nur schnell einen Kaffee und ein Croissant in einer Konditorei verdrücken.

Nach etwa einer Stunde Fahrzeit erreichen wir den Strand von Comporta, am Rand der *„Reserva Natural do Estuario do Sado"* gelegen. An dem endlosen Sandstrand können wir uns nach drei Tagen Autofahrt so richtig erholen. Abends gehen wir mit Gerd ins *„Restaurante O Fialho"* und lassen uns dort so richtig verwöhnen.

Als nächste Station für unsere Portugal-Reise haben wir uns Lissabon ausgesucht. Ein Onkel und eine Tante Lindas leben dort und Linda hat vor unserer Abfahrt Kontakt mit ihrer Tante Emília aufgenommen. Wir fahren also, nachdem wir die *„Ponte 25 Abril"* überquert haben vorbei an der *„Praca Marques Pombal"* in den Stadtteil Arroios und finden dort in einer ruhigen Seitenstraße das Haus ihres Onkels. Als wir eintreffen, ist Onkel Alfredo arbeiten, nur Tante Emília und Lindas Cousine Sara sind zu Hause.

„Kommt, ich zeige euch unser Stadtviertel", schlägt sie vor.

Wir spazieren also zur *„Praca do Chile"* mit dem Denkmal des Seefahrers Fernando Magellan, die *„Avenida Almirante Reis"* entlang zur *„Alameda Dom Afonso Henriques"* mit dem *„Fonte Luminosa"* (leuchtender Brunnen) an seinem östlichen Ende. Hier verzehren wir einige *„pasteis"*, die wir zuvor in einem Café gekauft haben und kehren zum Haus ihrer Eltern zurück. Mittlerweile ist auch Onkel Alfredo eingetroffen und Tante Emília bereitet das Abendessen zu.

„Ihr habt Glück gehabt, dass ihr einen Parkplatz für euer Auto gefunden habt", erklärt uns Onkel Alfredo bei einem Glas Whisky, dass den Abschluss eines opulenten Mahles bildet. Ein Blick aus dem Fenster zeigt uns, dass nicht nur alle Parkplätze entlang der Straße belegt sind. Fast überall wird außerdem in zweiter Reihe geparkt. Falls jemand von den regulär parkenden Fahrern sein Auto braucht, heißt es: in der Nachbarschaft klingeln, bis man den Fahrer des blockierenden Wagens gefunden hat.

Uns zieht es weiter in Richtung Norden und so brechen wir schon am nächsten Morgen wieder auf. Wir kommen zum Glück gut aus unserer Parklücke heraus und fahren in Richtung A1. Die Autobahn ist seit dem vorigen Jahr etwas weiter gebaut worden und wir kommen bis Torres Novas, fahren auf der IC 3 bis Condeixa und kehren dort wieder auf die A1 zurück, die nach Porto führt. Etwa 10 km nördlich von Porto liegt Maia. Hier ist in den vergangenen Jahren ein Wohnblock nach dem anderen gebaut worden, um Wohnraum für die wachsende Bevölkerung der Metropole Nordportugals zu schaffen. Während die Stadt Porto im Jahr 1991 nur 309.485 Einwohner zählte, lebten im gesamten Ballungsraum der Stadt 1,7 Millionen Menschen. Das ist fast ein Fünftel der gesamten Einwohnerzahl Portugals.

In einem dieser Wohnblöcke wohnt Lindas Schwester Paula. Sie hat vor einem halben Jahr ihren Freund João geheiratet und drei Monate später ist ihre Tochter Emilia geboren. Als wir eintreffen, ist Lindas jüngste Schwester Conceicão zu Besuch. Sie ist acht und hat gerade eine Woche ihrer Sommerferien bei Paula und João verbracht. Wie sich schnell herausstellt, ist João ein ziemlich durchgeknallter Typ: Er zeigt uns ganz stolz seine Wohnung inklusive Mini-Bar im Wohnzimmer, hört aber gar nicht richtig zu, wenn wir etwas von Deutschland erzählen. Gemeinsam wollen wir zum Ferienhaus von Joãos Eltern in Resende am Rio Douro fahren. Unterwegs machen wir aber noch Halt bei Lindas ältester Schwester Isabel, die gemeinsam mit ihrer Familie in einer kleinen Wohnung in Entre-os-Rios, das auf halber Strecke zwischen Porto und Resende etwa 30 km östlich von Porto am Zusammenfluss von Tamega und Douro liegt. Wir suchen uns ein schattiges Plätzchen und unterhalten uns ein wenig. Dank Lindas Portugiesisch-Stunden kann ich der Unterhaltung recht gut folgen und das eine oder andere zum Gespräch beitragen. Da die ganze Familie meiner Freundin Anfang der 70er Jahre für einige Zeit in Deutschland gelebt hat, können die beiden älteren Schwester noch ein paar Wörter Deutsch, aber ich erzähle dann doch auf Portugiesisch über mich.

Nachdem ich ein paar Fotos von den vier Schwestern gemacht habe, machen wir noch einen kleinen Bummel durch das Dorf. In einem Café gibt es ein Eis für die Kinder und einen „*bica*", einen kleinen, schwarzen Kaffee, vergleichbar mit dem italienischen Espresso, für die Erwachsenen. Der ist so stark und heiß, dass es einem beim Trinken fast die Kehle zerreißt, hat aber den Vorteil, dass er in etwa 15 Sekunden getrunken ist und man wieder weiter gehen kann.

Schließlich fahren wir weiter, zunächst zum Mittagessen in einem Restaurant an der Hauptstraße und dann sind wir am frühen Nachmittag in Resende. Paula zeigt uns stolz das Ferienhaus, das allerdings noch nicht ganz fertig und eingerichtet ist. Wir verbringen den Rest des Nachmittags am Fluss.

„Wir haben hier auch ein Motorboot", sagt João. „Kommt mit, wir fahren eine Runde auf dem Douro!"

Und wenige Minuten später geht es in rasanter Fahrt den Fluss hinab, Paula folgt uns auf einem Motorscooter.

„Hier in diesem Haus wurden neulich einige Folgen einer bekannten ‚*telenovela*' abgedreht", berichtet João und zeigt auf ein Haus, das direkt über uns an einem Steilhang steht.

Nach einer Viertelstunde ist unsere Fahrt beendet und ich bin ziemlich froh, dass wir die Fahrt heil überstanden haben. Danach setzt sich die nächste Gruppe der Familie ins Boot und João braust wieder davon. Linda und ich erkunden ein wenig das Ufer, dann hat sie eine Idee: „Meinst du, wir schaffen es, ans andere Ufer zu schwimmen?"

Ich hatte im vergangenen Jahr ja schon meine Erfahrungen mit dem Schwimmen im Meer gemacht, aber hier gab es keine Strömung und keine Wellen; größere Schiffe hatte ich auch nicht gesehen, also sage ich: „OK, ich bin dabei."

Wir ziehen also unsere T-Shirts und Jeans aus und schwimmen los. Das Wasser ist relativ warm und so gelangen wir ohne Probleme an das gegenüberliegende Ufer des Flusses, der hier etwa 100 m breit ist. Auf der anderen Seite ruhen wir uns etwas aus und schwimmen dann zurück nach Resende, wo wir schon von Paula und Conceicão erwartet werden. Das Abendessen nehmen wir an einer langen Tafel im Ferienhaus ein, dann suchen wir uns einen guten Platz, um in der Nähe des Hauses unser Zelt für die Nacht aufzubauen.

Am nächsten Tag fahren wir zusammen mit Paula und João über die *„Serra de Montemuro"* nach Alvarenga, wo ich endlich Lindas Eltern kennen lerne. Sie waren 1967 nach Deutschland gekommen, wo Lindas Vater Arménio zunächst Arbeit in der Textilfabrik Kettelhack und später eine Stelle in einer Tischlerei in Mesum bei Rheine gefunden hatte. Fünf Jahre später war die Sehnsucht nach ihrem Heimatland allerdings wieder so groß, dass sie nach Portugal zurückkehrten, so dass Linda dort mit ihren beiden älteren Schwestern Paula und Isabel aufwuchs.

Mittlerweile ist Arménio 51 Jahre alt und arbeitet in Portugal als Schreiner. Obwohl es Hochsommer ist, trägt er eine lange Hose, ein langärmeliges kariertes Hemd und eine braune Schiebermütze. Er begrüßt mich mit einem kräftigen Händedruck und einem freundlichen „Guten Tag!" Lindas Eltern wohnen eigentlich seit einigen Jahren im 20 km entfernten Arouca, aber hier stehen die beiden Elternhäuser von Lindas Eltern. Arménio hat hier in Alvarenga noch viel Land, wo Obstbäume, Weinreben und Esskastanien wachsen und so kommt er meist ein- oder zweimal in der Woche hierher, um nach dem Rechten zu schauen. Auch Mutter Laurinda ist dieses Mal mitgekommen, um Grünfutter für die heimische Kuh zu holen.

Für heute haben die beiden aber genug gearbeitet und so begleiten sie uns zu einem Badeausflug an den Paiva. Beim Douro hatte ich ja noch etwas Bedenken, ob die Wasserqualität des Flusses gut genug wäre, um dort zu schwimmen, denn schließlich hat der Douro bereits etwa 800 km Weg durch Spanien und Portugal hinter sich bevor er Resende erreicht, aber beim Paiva mache ich mir keine Sorgen. Das Wasser ist kristallklar und herrlich erfrischend. Der Fluss fließt durch ein Tal, dessen Hänge mit Pinien und Eukalyptusbäumen bewachsen sind und das macht den paradiesischen Eindruck dieses Ortes perfekt.

João hat eine aufblasbare Ente mitgebracht, so dass auch er und die Kinder ihren Spaß beim Plantschen haben. Am späten Nachmittag fahren wir gemeinsam nach Arouca, wo wir die nächsten Tage bei Lindas Eltern übernachten wollen. Arouca ist zwar nur eine „vila" (Kleinstadt) und hat im Ortskern nur etwa 3000 Einwohner, ist aber Sitz des „concelho" (in etwa vergleichbar mit der Stadtverwaltung in Deutschland) mit etwa 25.000 Einwohnern und Zentrum für ein relativ großes Umland. Daher gibt es hier alle wichtigen städtischen Einrichtungen, vom Rathaus bis zur Sekundarschule und vom Ärztezentrum und dem Gerichtsgebäude bis hin zu zahlreichen Banken und Geschäften. An der Hauptstraße, die mitten durch die Stadt führt, gibt es auch ein kleines Postamt.

„Wir haben nur noch wenig Bargeld", stelle ich fest. „Komm, wir gehen zur Post und heben etwas Geld von meinem Postsparbuch ab." Wir treten ein und stellen uns in die Schlange am Schalter. Nach etwa fünf Minuten sind wir an der Reihe.

„*Queria levantar 30000 escudos* - ich möchte 30000 Escudos abheben", sage ich auf Portugiesisch, was ich mir vorher zurechtgelegt habe. Die Frau am Schalter blickt misstrauisch auf mein Sparbuch, denn wahrscheinlich bin ich der erste Deutsche, der hier dieses Ansinnen vorträgt.

„*Um momento por favor*", antwortet sie und verschwindet in einem Hinterraum, aus dem sie wenig später mit einer Kollegin zurückkehrt. Gemeinsam blättern die beiden durch ein Heft, anscheinend eine Anleitung, wie man in einem solchen Fall vorzugehen habe. Diese wird nun Punkt für Punkt abgearbeitet: Kontrolle der Ausweiskarte, Kontrolle des Personalausweises, Umrechnung des Auszahlungsbetrages in Deutsche Mark, Eintrag des Auszahlungsbetrages in das Postsparbuch. Schließlich erhalte ich nach insgesamt rund 20 Minuten mein Sparbuch und das gewünschte Bargeld. Danach bummeln wir durch die kleinen, aber belebten Geschäftsstraßen des Ortes und stärken uns in einem Café mit leckeren Kuchenteilchen („*pasteis*"). Diesmal bestelle ich dazu aber einen „*galão*" (ein Milchkaffee in einem Glas serviert). Nachdem Linda beim Friseur war und eine schicke neue Frisur hat, gehen wir im Stadtpark spazieren und ich mache wieder einige „Model-Fotos". Sie trägt eine rote Jeans und eine rot weiß geringeltes T-Shirt und das passt prima zu den roten Blüten der Sträucher im Park.

Ein paar Tage später fahren wir noch einmal nach Alvarenga. Linda hat hier einige Jahre bei ihren Großeltern gelebt, die wir bei dieser Gelegenheit natürlich auch besuchen. Gleich nebenan wohnt Onkel Serafim mit seiner Familie. Als wir ankommen, treffen wir seine Frau Elsa im Garten. Sie erntet gerade Tomaten und Bohnen für das Mittagessen, zu dem wir sofort eingeladen werden. Vor dem Essen machen wir aber noch einen Spaziergang mit Lindas Oma und Elsas Sohn Pedro. Linda will mir unbedingt die 17 Wassermühlen zeigen, die wenige Kilometer entfernt an einem steilen Weg aufgereiht stehen. „Früher kamen alle Familien des Dorfes hierher, um ihren Mais oder ihren Weizen hier zu mahlen", erklärt Linda. „Die Familien wussten, an welchen Wochentagen sie ihr Getreide mahlen konnten, brachten es abends zum Mahlen her und konnten es dann am nächsten Morgen abholen."

Die Mühlen sind zum Teil schon verfallen, einige werden aber noch immer benutzt. Als wir wieder zurückkommen ist das Mittagessen schon fertig: Es gibt Salzkartoffeln mit Grünkohl. Dazu trinken wir „*vinho verde*", jungen („grünen") Rotwein, den Onkel Serafim selbst hergestellt hat. Nach so einem tollen Essen brauche ist erst einmal eine Siesta und schlafe eine Stunde. Danach bin ich wieder fit, um mit Linda Fotos von früher zu gucken. Abends treffe ich Onkel Serafim, der beim Straßenbau arbeitet und mich mit einem kräftigen Händedruck begrüßt. Er muss sich noch um die Bewässerung seiner Felder kümmern und geht zu einem kleinen Wasserbecken, das sich öffnen lässt um das Wasser zu einem der Grundstücke zu leiten.

Wir übernachten in Alvarenga und fahren am nächsten Morgen weiter in Richtung Südwesten. Nach etwa anderthalb Stunden Fahrzeit erreichen wir Seia am Fuße der „*Serra da Estrela*" (Sternengebirge), dem höchsten Gebirge Portugals. Hier wohnt Onkel Antonio mit seiner Familie. Da er der jüngste Bruder von Lindas Vater ist, wird er seit seiner Kindheit „Tonito" genannt. Onkel Tonito und seine Frau Regina erzählen uns von den schönsten Orten in den Bergen und empfehlen uns einen Campingplatz unweit des „Torre", der sich auf dem mit 1993 m höchsten Gipfels des Gebirges befindet.

Die Straße, die von Seia aus in die Berge führt, windet sich in unzähligen Serpentinen nach oben. Unterwegs treffen wir auf einige Schafherden, sehen am Straßenrand riesige Felsbrocken und passieren mehrere Stauseen, von denen der größte der *„Lagoa Comprida"* ist. Hier gibt es auch einen kleinen Laden, wo man Lederjacken, Pullover, oder *„queijo da serra"* (Bergkäse) kaufen kann. Kurze Zeit später erreichen wir den „Torre", einen kleinen Turm auf dem Gipfel, der eigentlich kein Gipfel ist, sondern ein ziemlich platter höchster Punkt des Gebirges. Trotzdem weht hier oben ein kühler Wind, der uns spüren lässt, dass es um uns herum keine höheren Berge gibt. Der Turm ist sieben Meter hoch, so dass man, wenn man sich oben auf dem Turm befindet, genau 2000m über dem Meeresspiegel befindet. Einige Kilometer weiter erreichen wir die Kreuzung: links geht es nach Manteigas, rechts nach Covilhã.
„Hier müssen wir links abbiegen", sage ich und nach zwei weiteren Serpentinen finden wir den Eingang zum Campingplatz, der sich auf 1420m ü. NN befindet. Es ist ein sehr natürlicher Platz mit Rasen, ein paar Bäumen und einem kleinen Waschhaus. Wir bauen unser Zelt auf und machen uns etwas frisch.
„Kann man hier in der Nähe etwas zu essen bekommen?" erkundigen wir uns am Empfang.
„Es gibt ein paar Geschäfte und Restaurants in Manteigas", antwortet der Platzwart.
„Und wie weit ist das von hier?"
„Etwa 7 km, einfach immer die Straße entlang. Bergab schafft man es zu Fuß in etwa einer Stunde, zurück bergauf dauert es wohl etwas länger." „Wir sind heute fast den ganzen Tag mit dem Auto gefahren, da sollten wir heute Abend lieber zu Fuß gehen", meint Linda. Also machen wir uns auf den Weg. Die Sonne steht schon ziemlich tief und wir erreichen zunächst Caldas de Manteigas, die bekannten Thermalquellen und

schließlich Manteigas. Die rund 3000 Einwohner sind ganz auf Tourismus eingestellt, es gibt eine „*pousada*", mehrere Hotels und eine große Auswahl an Restaurants.

Nach dem Essen müssen wir wieder zurück bergauf durch das Tal des Zézere. Das Tal wurde bei der letzten Eiszeit vor etwa 10.000 Jahren von einem Gletscher ausgeschürft, jetzt verliert sich der kleine Fluss fast in dem weiten Tal. Es ist jetzt dunkel und schon etwas unheimlich. Wir erahnen den Fluss einige 100 Meter rechts und unterhalb von uns und als wir in der Ferne einen Wolf heulen hören hält sich Linda noch etwas fester bei mir fest. Plötzlich sehen wir ein Licht in der Nähe des Flusses und als wir etwas näher kommen, erkennen wir, dass eine Gruppe von Portugiesen ein Lagerfeuer am Fluss gemacht hat und wenn man genau hinhört, kann man sogar ein Lied hören, das dort gesungen wird. Müde aber glücklich erreichen wir etwas später unseren Zeltplatz und schnell übermannt mich nach diesem ereignisreichen Tag der Schlaf. Als wir am nächsten Morgen aus dem Zelt schauen, begrüßt uns ein strahlend blauer Himmel, der gleich Lust auf neue Abenteuer weckt.

„Jetzt sind wir schon seit über einer Woche in Portugal und waren erst einmal am Strand", sage ich.

„Wir wollen doch noch nach Porto, da gibt es genug schöne Strände", beruhigt mich Linda. Wir fahren also über Viseu und Albergaria wieder Richtung Porto.

„Früher war ich mit meinen Onkeln oft in Miramar. Da könnten wir heute im Meer baden", schlägt Linda vor.

Ich finde den kleinen Ort auf unserer Karte und nachdem wir die Autobahn kurz vor Porto verlassen haben, sind es auch nur noch ein paar Kilometer bis zur Küste. Der Strand ist teils felsig, aber wir genießen ein paar sonnige Stunden bis der Abend anbricht. Zum Abendessen sind wir bei Tante Alice angemeldet, die mit ihrer Tochter Sandra ein paar Kilometer nordöstlich von Porto wohnt.

„Wir brauchen gar nicht zur Autobahn zurückzufahren", erkläre ich mit einem Blick auf die Straßenkarte.
„Es gibt eine kleine Küstenstraße, die bis nach Vila Nova de Gaia führt." Leider stellt sich heraus, dass die Nebenstraßen hier in einem noch schlechteren Zustand sind, als im Rest des Landes. Eine Zeit lang kann ich allen Schlaglöchern ausweichen, aber dann passiert es: wir fahren mit dem Auto durch ein riesiges Loch und mit einem lauten Zischen entweicht die Luft aus dem hinteren rechten Reifen. Jetzt ist guter Rat teuer. Reifen wechseln stand leider nicht auf meinem Vorbereitungsprogramm für diese Reise. Aber während wir noch etwas rätselnd mit dem Wagenheber in der Hand neben unserem Auto stehen, hält ein anderer Wagen und ein Mann fragt uns: „*Vocês precisam de ajuda?* - Braucht ihr Hilfe?"
Als wir bejahen steigt er aus, sucht das Reserverad im Kofferraum und macht unseren Wagen in einer Viertelstunde wieder flott. Mit so viel Hilfsbereitschaft hatten wir nicht gerechnet. Erleichtert und noch etwas vorsichtiger als zuvor setzen wir unsere Fahrt fort und kommen noch fast pünktlich zum Essen bei Tante Alice an.
Alice war das erste Mitglied der Familie, die Ende der 1960er Jahre von Portugal nach Deutschland gezogen war, da ihr Mann eine Arbeitsstelle in Deutschland gefunden hatte. Sie hat etwa 10 Jahre in Deutschland gelebt und kann noch immer sehr gut Deutsch sprechen, was unsere Gespräche beim Abendessen sehr erleichtert.
Für den nächsten Tag haben wir uns vorgenommen, die Innenstadt von Porto zu erkunden. Als wir unser Auto an der *Praca Humberto Delgado* abstellen ist es mindestens 28°C warm und im Auto sind es schon über 30°C. Die Fotos, die ich hier mache, so wird es sich später zu Hause herausstellen, sind alle überbelichtet, weil der Belichtungsmesser bei diesen Temperaturen nicht richtig funktioniert. Auf einem Foto lässt sich aber deutlich ein Wahlplakat der „CDU" erkennen. Zu Hause ver-

suche ich herauszubekommen, warum die CDU in Portugal Wahlplakate aufhängt und finde die einfache Erklärung: die CDU ist in Portugal nicht wie in Deutschland eine konservative Partei sondern die Abkürzung für „*Coligação Democrática Unitária*" (Demokratische Einheitskoalition), ein Wahlbündnis aus portugiesischen Kommunisten (PCP), Grünen (PEV) sowie der politischen Bewegung *Intervenção Democrática* (ID). Ich lese weiter, dass die Hochburgen der CDU vor allem um Lissabon und im Alentejo liegen. In diesem Jahr stehen im Oktober Parlamentswahlen an, für die die Parteien schon jetzt werben. Später sehe ich auch noch Plakate der PS (Sozialistische Partei) und PSD (Sozialdemokratische Partei), die die Wahl schließlich gewinnen und mit Cavaco Silva weiterhin den Premierminister stellen werden.

Wir spazieren zum nahe gelegenen „*Estacão de Sao Bento*", Portos Innenstadt-Bahnhof, der innen und außen mit wunderschönen blau-weißen „*azulejos*" (Fliesen) geschmückt ist und weiter über die obere Fahrbahn der Ponte Dom Luis nach Vila Nova de Gaia, wo wir vom „Mosteiro da Serra do Pilar" einen herrlichen Blick auf Porto und Gaia haben.

„Jetzt müssen wir auch noch zum '*Palácio Cristal*'. Da gibt es einen wunderschönen Park", schwärmt Linda.

Tatsächlich hat sie nicht zu viel versprochen. Und mit Hilfe des Selbstauslösers des Fotoapparates gelingt es uns sogar ein gemeinsames Foto zu machen. Es war die Zeit vor den Selfies. In der Nähe entdecken wir das „*Solar do Vinho do Porto*", wo wir den Nachmittag bei Oliven und Portwein ausklingen lassen. Bevor wir zu Tante Alice zurückfahren, legen wir noch einen kurzen Halt in Rio Tinto ein, wo Lindas Tante Aurora und ihr Onkel Almerindo eine kleine „*churrasqueria*" (Grill-Restaurant) betreiben. Natürlich dürfen wir nicht gehen, bevor wir dort zu Abend gegessen haben. Da wir am nächsten Tag nach Braga fahren wollen, nutze ich die Gelegenheit, um mir ein paar Reisetipps geben zu lassen.

„Gibt es dort in der Nähe einen schönen Strand?" erkundige ich mich. Onkel Almerindo hat sofort einen guten Vorschlag: „Fahrt doch nach Apúlia. Dort befindet sich der schönste Strand von Nord-Portugal."

Wir wollen aber noch etwas Kultur tanken und fahren zunächst nach Braga, das nur etwa eine halbe Autostunde nördlich von Porto gelegen ist. Hauptattraktion ist die *„Igreja de Bom Jesus do Monte"*. Eine barocke Treppe symbolisiert die 14 Leidensstationen Jesus und führt zu der Kirche aus dem 18. Jahrhundert. Es gibt zwar eine kleine Seilbahn, die zur Kirche führt, aber wir sind ja noch jung und klettern die Stufen der Treppe nach oben. Unterwegs überholen wir einige ältere portugiesische Frauen, die die Treppen sogar auf Knien nach oben rutschen.

„Warum machen die Frauen das?" frage ich Linda.

„Wahrscheinlich haben sie versprochen, dieses Opfer zu bringen, zum Beispiel wenn ein naher Verwandter nach einer schweren Krankheit wieder gesund geworden ist", antwortet Linda.

Am Nachmittag ist dann Zeit für den erholsamen Teil des Tages. Auch wenn Almerindo gern einmal einen Scherz macht, hat er bei Apúlia nicht übertrieben. Wir sind begeistert vom fast endlosen Sandstrand, an dem sich kaum Touristen befinden. Linda kann hier ungestört (auch oben ohne) in der Sonne liegen und wir spielen Beach-Ball ohne jemanden zu stören. Wir verbringen eine weitere Nacht bei Tante Alice, bevor wir wieder nach Arouca zurückkehren.

„Meine Mutter hat morgen Geburtstag. Was hältst du davon, wenn wir ihr einen Kuchen schenken?" fragt Linda während der Rückfahrt.

„Das ist eine gute Idee", antworte ich.

So halten wir in Arouca an einer Konditorei und Linda bestellt einen Kuchen, den wir am nächsten Tag abholen. Er ist, wie auch die meisten Kuchenteilchen, die wir zuvor probiert ha-

ben, mit Pudding gefüllt und mit reichlich Sahne, Zuckerguss und Schokolade verziert. Außer Lindas Schwester Conceicão sind auch noch Paula und João sowie Onkel Joaquim und Tante Manuela aus Matosinhos und deren Tochter Sandra zur Geburtstagsfeier am Nachmittag gekommen.
„Jetzt kannst Du meinen Vater endlich fragen", meint Linda.
Ich schaue sie etwas verwirrt an.
„Na, ob du mich heiraten darfst", hilft sie mir auf die Sprünge."
Also gut, denke ich und lege mir die passenden Wörter auf Portugiesisch zurecht.
Etwas aufgeregt frage ich: *„Posso casar com a sua filha?* - Darf ich ihre Tochter heiraten?"
„Ja, natürlich", lacht er und so feiern wir nicht nur den Geburtstag von Lindas Mama sondern auch noch unsere Verlobung.
Am nächsten Tag müssen wir wieder zurück nach Deutschland und diesmal überqueren wir die portugiesisch-spanische Grenze bei Vilar Formoso. Wir übernachten in der Nähe von Burgos und erreichen am nächsten Tag kurz vor Mittag Frankreich.
„An der nächsten Autobahnausfahrt geht es nach Biarritz", sage ich zu Linda, „das ist ein ganz bekannter Badeort; da könnten wir doch unsere Mittagspause machen."
Linda ist sofort einverstanden und so verspeisen wir an der Strandpromenade von Biarritz unsere letzten aus Portugal mitgebrachten *„sandes"* (belegte Brötchen) und Oliven. Die letzte Nacht verbringen wir irgendwo zwischen Tours und Orléans auf einem Autobahn-Parkplatz und nach drei Wochen erreichen wir wieder das Haus meiner Eltern.
Linda hat nun noch gut zwei Wochen Ferien, bevor das neue Schuljahr beginnt. Sie hat sich entschieden, noch ein Jahr in der Schule anzuhängen, um den FOS-Kurs zu besuchen. Für mich bleibt nur ein Abend um von unserer Reise zu erzählen

und um frische Sachen einzupacken, denn schon am nächsten Tag beginnt in Niedersachsen wieder die Schule, wo weitere 20 Monate Vorbereitungsdienst am Gymnasium auf mich warten.

1993 - Eine Hochzeit mit kleinen Hindernissen

Während meines Referendariats bekomme ich immer wieder mit, wie die Schülerinnen und Schüler auf das Berufsleben vorbereitet werden. Im Laufe des 9. Schuljahrs machen sie ein Praktikum, durch das sie einen kleinen Einblick in die Berufswelt bekommen. Manche verlassen dann mit der mittleren Reife die Schule, um eine Ausbildung zu beginnen. Andere besuchen die gymnasiale Oberstufe und werden dann auf Berufsinformationstagen über Ausbildungsberufe und Studiengänge informiert.
Linda hat nach Abschluss ihrer 10. Klasse noch keine genaue Vorstellung von ihrer beruflichen Zukunft.
„In Portugal habe ich mal für einige Zeit in einer Fabrik gearbeitet, das will ich hier in Deutschland aber auf keinen Fall tun. Ich würde gern als Erzieherin arbeiten, aber ich weiß nicht ob mein Deutsch dafür gut genug ist."
Sie hat sich mit ihren Lehrern und Paten beraten und überlegt, dass der Beruf der Krankenschwester vielleicht das Richtige für sie wäre. Sie will zunächst ein Praktikum machen, um festzustellen, ob dies zutrifft. Da ich bereits seit einigen Monaten an einem Gymnasium im Seminarbezirk Meppen als Referendar tätig bin, suchen wir gemeinsam einen Praktikumsplatz in der Nähe und werden am Marienkrankenhaus fündig. Hier soll sie erst einmal ein sechsmonatiges Praktikum und anschließend die Ausbildung zur Krankenpflegehelferin machen. Ich habe ein Zimmer gemietet, das aber für zwei Personen auf Dauer zu klein ist. Wir suchen also eine gemeinsame Wohnung und finden schon nach kurzer Zeit eine tolle Maisonette-Wohnung in der Innenstadt.
„Meinst du, wir können uns das leisten?", will Linda wissen.

„Na ja, ich verdiene als Referendar zwar nicht besonders viel, aber die Wohnung ist echt toll und ich glaube, es reicht gerade."

Zwei Wochen später ziehen wir ein; Möbel kaufen wir nach und nach, um unsere Haushaltskasse nicht überzustrapazieren. Die meisten Stationen und die Krankenpflegeschule des Marienkrankenhauses werden von Nonnen geleitet.

„Ich glaube, es wäre besser, wenn wir heiraten würden. Irgendwie habe ich kein gutes Gefühl, wenn wir so zusammenleben", eröffnet mir Linda eines Abends. Ich hatte es eigentlich nicht so eilig gehabt, aber wir hatten uns bei unserer letzten Portugal-Reise verlobt und somit war die Hochzeit ein logischer Schritt. Allerdings ist es für einen Deutschen nicht so einfach, eine Portugiesin zu heiraten. Und damit meine ich nicht deren südländisches Temperament.

„Sie benötigen ein Ehefähigkeitszeugnis. Das müssen sie im portugiesischen Konsulat in Osnabrück beantragen", erfahre ich im Einwohnermeldeamt. Nach einigen Wochen kommt es per Post mit dem Vermerk: Gültigkeit 3 Monate. Es ist Ende September und somit müssen wir sehen, dass wir noch vor Weihnachten einen Termin im Standesamt bekommen. Wir entscheiden uns, im Standesamt meiner Heimatstadt nachzufragen, da meine Eltern und die meisten meiner Schulfreunde dort wohnen.

„Also für dieses Jahr sind wir fast ganz ausgebucht, aber am 17.12.1992 um 16.00 Uhr ginge es noch", teilt uns die Sekretärin im Standesamt mit. Wir befragen unsere Terminkalender und beschließen, den Termin zu nehmen. Es wird eine schöne Trauung im Rathaus mit anschließender Party in einer Gaststätte, die nur etwa 200m entfernt vom Haus meiner Eltern liegt. Auch die Freunde haben es nicht weit und die meisten können mit dem Fahrrad zur Feier kommen. Und einige portugiesische Freunde, die Linda in der Schule kennengelernt hat, kommen zur Hochzeit im Rathaus und zur Party und übernachten danach bei meinen Eltern.

„Die kirchliche Hochzeit muss aber in Portugal stattfinden", hatte Linda schon vorher festgelegt.

„Das müssen dann aber deine Eltern organisieren", entgegne ich.

Einige Wochen später steht fest: Die Trauung ist für den 17. Juli in Arouca terminiert. Als Trauzeugen haben wir meine Mutter und Lindas Onkel Joaquim ausgesucht. Jetzt müssen wir überlegen, wann und wie wir nach Portugal kommen. Die Sommerferien beginnen bereits am 18. Juni, aber ich habe noch einige Termine im Gesundheitsamt, denn nach Beendigung des Referendariats habe ich für das kommende Schuljahr einen Vertrag an einem privaten Gymnasium, welches in der Nähe von Bremen liegt, unterschrieben und benötige dafür noch ein amtsärztliches Gesundheitszeugnis.

Anfang Juli fahren wir dann zunächst zu meinen Eltern. Am 8. Juli packen wir unsere Koffer in die große italienische Limousine meiner Eltern. Als letztes legt Linda ihr Hochzeitskleid, das sie in einer Geheimaktion mit meiner Mutter erworben hat, oben auf die Koffer, damit es die Reise nach Portugal gut übersteht. Wir fahren mit dem Auto zunächst durch die Niederlande, Belgien und Nordfrankreich, vorbei an Paris, nach Tours, wo wir zwei Zimmer in einem Motel an der Autobahn finden. Linda und ich sind ja schon zwei Jahre zuvor mit dem Auto nach Portugal gefahren und somit kennen wir die Strecke. Aber jetzt geht alles etwas komfortabler zu. Das Auto ist geräumiger und bequemer, ich kann mich mit meinem Vater mit dem Fahren ablösen, wir übernachten im Motel und am Abend genießen wir ein leckeres französisches Menü in der Abendsonne auf der Motel-Terrasse.

Am nächsten Tag durchqueren wir den Rest von Frankreich. Kurz hinter Bordeaux kaufen wir in einem Supermarkt in der Nähe der Autobahn ein und genießen Baguette aus der Gascogne, Camembert aus der Normandie und Mineralwasser aus den Pyrenäen bei einem Picknick auf einem Autobahn-Rastplatz. Am Nachmittag überqueren wir die französisch-spanische Grenze und verbringen schließlich die zweite Nacht im Hotel Villa Jimena in Burgos. Die Auswahl beim Frühstück am nächsten Morgen ist nicht besonders groß, aber immerhin schmecken die Croissants und der Kaffee ist hervorragend. Gut gestärkt geht es somit auf die dritte und letzte Etappe unserer Europa-Tour.

Diesmal fahren wir direkt nach Arouca, wo wir von Lindas Vater schon erwartet werden. Lindas Mutter ist noch mit der Arbeit auf dem Feld beschäftigt. Es muss noch Gras für das Abendessen der Kuh geschnitten werden. Eine halbe Stunde später können wir dann unsere Sachen ausladen. Linda und ich übernachten im Haus meiner Schwiegereltern, für meine Eltern gibt es ein Quartier im Zentrum. Dort haben Freunde von Lindas Eltern eine Wohnung, die aber zurzeit leer steht, da die Familie im Moment in Frankreich lebt und arbeitet. Als wir die Wohnung betreten, stellen wir fest, dass schon länger niemand da war. Die Sofas im Wohnzimmer sind von Bettlaken bedeckt und man merkt, dass schon lange niemand mehr gelüftet hat. Was wir zu diesem Zeitpunkt nicht wissen, ist, dass die Wohnungsbesitzer auch zwei Hunde in dieser Wohnung gehalten haben. Das wird meinem Vater später noch auf ziemlich schmerzliche Weise bewusst werden.

Am nächsten Tag mache ich mit Linda und Conceicão einen kleinen Bummel durch den Ort, wir erledigen ein paar Einkäufe und machen Erinnerungsfotos im Park. Abends, wir sind gerade dabei eine Honigmelone als Nachtisch nach dem Abendessen zu verspeisen, hören wir, dass ein Auto vor dem Gartentor hält. Linda geht zur Tür und ruft: „Es sind Joaquim, Manuela und Sandra!"

„Wir kommen gerade aus Alvarenga, wo wir das Wochenende in unserem Wochenendhaus verbracht haben und sind auf der

Rückfahrt nach Porto", berichtet uns Onkel Joaquim. Er ist wie immer braungebrannt und trägt wie meistens ein Polo-Hemd, kurze Hose und Sportschuhe, dazu eine goldene Halskette.
„Kommt doch noch herein auf ein Bier oder ein Glas Portwein", schlägt Lindas Vater vor.
„Nein, wir müssen gleich weiter", sagt Joaquim.
„Wir wollten nur kurz ‚hallo' sagen und fragen, ob ihr gut in Portugal angekommen seid."
Wir bejahen und erzählen, dass wir den Sonntag zur Erholung von der dreitätigen Fahrt genutzt hätten.
„Wir müssen noch einmal für ein paar Tage nach Porto, wir sehen uns dann am Samstag zur Hochzeit", sagt Manuela und wir verabschieden uns.
„Wir kümmern uns morgen um die restlichen Hochzeitsvorbereitungen", erklärt Linda. Und nach wenigen Minuten sind die drei schon wieder im Dunkel der Nacht verschwunden.
Am Montagmorgen beginnen wir dann damit, unsere Hochzeitsvorbereitungsliste abzuarbeiten. Lindas Eltern hatten mit dem örtlichen Pfarrer den Hochzeitstermin abgesprochen, aber natürlich müssen wir uns noch persönlich vorstellen. Er erklärt uns, wie die Hochzeitsmesse ablaufen wird, die er im Übrigen nicht selbst halten werde, sondern von einem Priester aus Porto, der gut deutsch spricht, da der Bräutigam Deutscher sei und auch viele Gäste aus Deutschland erwartet werden.
Danach gehen wir zum Fotografen. Er hat sein Geschäft an der Alameda, einem lang gezogenen Platz mit einem Parkplatz in der Mitte und etwa einem Dutzend Geschäfte und Banken rundherum. Er zeigt uns verschiedene Fotoalben, aus denen wir ein cremefarbenes aussuchen, in das dann unsere Fotos eingeklebt werden sollen.

„Und wie sieht es mit einem Film aus?", werden wir gefragt. Nun, darüber hatten wir noch gar nicht so genau nachgedacht, aber wir entscheiden uns hier, spontan „*sim*" zu sagen.

Neben dem Fotoladen befindet sich die beste Konditorei des Ortes, wo wir die dreistöckige Hochzeitstorte bestellen, die wir schon im Schaufenster gesehen hatten. Während Linda und Conceicão einen Termin beim Friseur vereinbaren wollen, soll ich den Brautstrauß beim Floristen aussuchen. Hier gibt es einen Katalog mit vielen tollen Bildern und ich brauche einige Minuten bis ich mich für einen Strauß mit 20 rosaroten Rosen entschieden habe.

Nach so viel Planung und Vorbereitung wollen wir am Nachmittag etwas entspannen und zum Rio Paiva fahren. Praktischerweise ist das Hochzeitsgeschenk von Onkel Tonito schon in Arouca eingetroffen. Er leiht uns für die Urlaubszeit eines der Autos aus seiner Oldtimer-Sammlung: einen schwarzen Opel Kapitän, der anscheinend ungefähr das gleiche Baujahr hat wie ich. Natürlich hat der Wagen weder Servolenkung noch Servobremsen und Klimaanlage, dafür aber eine Lenkradschaltung, was das Fahren auf den ersten Kilometern sehr gewöhnungsbedürftig macht. Trotzdem erreichen wir ohne Probleme die alte Brücke über die die Straße nach Alvarenga führt. Kurz hinter der Brücke parken wir und verbringen einen ruhigen Nachmittag am Fluss.

Am nächsten Tag kommen Paula, João und Emilia aus Maia nach Arouca. Wir beschließen, gemeinsam, dem Restaurant einen Besuch abzustatten, in dem die Feier nach der Hochzeitsmesse stattfinden soll. Es handelt sich um das „Manjar de Arouca", das sich direkt am Kreisverkehr mitten in der „vila" befindet. „Hier haben auch meine Schwester Isabel und Antonio ihre Hochzeit gefeiert", erklärt mir Linda kurz bevor wir ankommen. Zunächst besprechen wir mit Pedro, dem Küchenchef, die Speisenfolge. Wir müssen entscheiden, welche

Suppe es geben soll, welche Vorspeisen, welche Fleischgerichte, welche Fischgerichte, welche Desserts und welchen Wein. Zum Glück bin ich nicht das erste Mal in Portugal sowohl durch die erste Reise mit meinen deutschen Freunden als auch durch die zweite Fahrt mit meiner portugiesischen Fast-Ehefrau zu deren Verwandten habe ich schon einen ganz guten Einblick in die portugiesische Küche bekommen und kann bei der Auswahl der Gerichte mitreden. Nachdem wir die verschiedenen Vorschläge ausgiebig diskutiert haben, entscheiden wir uns für eine portugiesische Hochzeitssuppe, *„Gambas"* (Garnelen), *„Bolinhos de Bacalhau"* (Stockfischbällchen) und *„Rissois"* (gefüllte Teigtaschen) als Vorspeise. Als Hauptgericht gibt es *„Bacalhau com Natas"* (Stockfisch in Sahnesauce) und *„Assado"* (gebratenes Rindfleisch) mit verschiedenen Beilagen und Gemüse. Danach sollen Obst, Pudding und *„Mousse de Chocolate"* als Dessert serviert werden.
Zum Schluss wollen wir noch die Sitzordnung besprechen.
„Also wir stellen die Tische hier in einem großen U auf", erklärt Rui, der Oberkellner.
„Dort, am Fenster, sitzt das Brautpaar, daneben die Eltern und Trauzeugen. Und dann kommen hier noch zwei Reihen mit Tischen hin. Und auf der anderen Seite haben wir dann noch ein paar Tische für andere Gäste, die hier am Samstag zu Mittag essen wollen."
„Das verstehe ich nicht", sagt Linda. „Meine Eltern haben doch den Saal für unsere Feier reserviert. Das ist doch nicht schön, wenn auch noch andere Leute hier essen, die gar nicht zu unserer Hochzeitsgesellschaft gehören."
„Das machen wir aber immer so und es hat noch nie Probleme gegeben".
Jetzt schalten sich auch Paula und João in das Gespräch ein. Nach weiteren zehn Minuten steht fest, dass an der Planung des Restaurants nicht zu rütteln ist. Richtig zufrieden sind

Linda und Paula nicht damit, sie sehen aber ein, dass sie nichts weiter tun können.

Nach und nach treffen in Arouca weitere Gäste ein: Isabel und Antonio, die in Rio de Moinhos wohnen sowie Lilly und Carlos, Freunde aus Deutschland, die ihre Ferien ebenfalls in Portugal verbringen und für ein paar Tage in Arouca bleiben wollen. Sie helfen alle mit, Lindas Elternhaus mit Palmzweigen und weißen Papierrosen, die wir aus Deutschland mitgebracht haben, festlich zu schmücken.

Am Donnerstag kommen meine Freunde Gerd, Rainer und Ute sowie Georg und Anja nach Arouca. Die fünf haben für eine Woche eine Ferienwohnung in Ovar gemietet. Das liegt etwa eine Autostunde westlich von Arouca an der Küste. Weder in der Küche noch im Wohnzimmer ist genug Platz, damit alle beim Mittagessen zusammensitzen können und so stellen Linda und ihre Schwäger im Untergeschoss eine lange Tafel zusammen, an der wir alle sitzen können. Es gibt natürlich viel zu erzählen von den Tagen, die wir schon in Portugal verbracht haben und von der Feier, die jetzt nur noch zwei Tage entfernt ist. Am Ende des Besuchs erhalten alle Deutschen noch eine Flasche selbst angebauten Weins von meinem Schwiegervater, dem im letzten Jahr wieder ein guter Tropfen gelungen ist.

Am Freitag besorge ich noch ein kleines Geschenk für Linda und gehe zum Friseur. Das wird für mich zu einem besonderen Erlebnis, denn der Friseur ist ein Meister der alten Schule. Er hat seinen Salon in einem unscheinbaren Haus in einer Nebenstraße. Der Raum ist etwa 10 Quadratmeter groß und besteht aus zwei riesigen Sesseln für die Kunden und fünf oder sechs Stühlen für diejenigen die warten. Ich habe Glück, dass ich nur wenige Minuten warten muss, bis ich an der Reihe bin.

„*Um corto por favor* - ein Haarschnitt bitte", sage ich in meinem besten Portugiesisch und anscheinend hat mich der Friseur sofort verstanden. Er fragt noch nach, wie er denn schneiden solle und macht sich dann ans Werk.

„*Voces vou casar amanha?* - Sie werden morgen heiraten, nicht wahr?"

„*Sim*", antworte ich und wundere mich darüber, dass er davon weiß.

„Ich singe im Kirchenchor und werde auch bei der Messe dabei sein", schickt er eine Erklärung gleich hinterher.

Mit Haarschneidemaschine und Schere ist er in einer Viertelstunde fertig.

„E a barba? - Und was ist mit dem Bart?"

„Den Bart bitte auch."

„Soll ich ihn ganz abnehmen oder nur Stutzen?"

„Nur Stutzen bitte."

Auch hier macht er sich zunächst mit einer Maschine ans Werk. Danach werde ich am Hals und an den Wangen eingeseift und mit einem frisch geschärften Messer werden die Konturen nachgeschnitten. Ein Blick in den Spiegel zeigt, dass alles zu meiner Zufriedenheit ausgefallen ist. Jetzt folgt zum Abschluss aber noch etwas Balsam zu Beruhigung der Haut am Hals, Parfum für einen guten Duft und etwas Pomade in die Haare, damit sie auch gut liegen. So gut bin ich beim Friseur noch nie bedient worden und das zu einem Preis, der nur etwa die Hälfte dessen beträgt, was ich in Deutschland bezahlt hätte. Da ist natürlich auch noch ein Trinkgeld drin. Als ich Linda wiedertreffe, ist auch sie sehr zufrieden.

Am späten Nachmittag müssen wir uns dann voneinander verabschieden, denn ich darf meine Braut nach portugiesischer Sitte am Hochzeitstag erst in der Kirche sehen. Das bedeutet, dass wir die letzte Nacht vor der Hochzeit getrennt voneinander verbringen müssen. Linda schläft bei ihren Eltern; ich ziehe für eine Nacht in die Wohnung um, in der meine Eltern bereits seit einigen Tagen übernachten.

Als ich am nächsten Morgen aufwache, bemerke ich ein unangenehmes Jucken auf dem Rücken. Ich spreche meinen Vater darauf an und der zeigt mir, dass auch er rote Flecken an der Taille hat, die ziemlich stark jucken. Nach einigem Überlegen kommen wir darauf, dass es in der Wohnung wohl Flöhe gibt, die nachts zugeschlagen haben. Nach dem Frühstück im Café „*Rainha*", das sich gleich auf der anderen Straßenseite befindet, gehe ich noch schnell zur „*farmácia*" um eine Lotion zu besorgen, die gegen Juckreiz nach Flohbissen helfen soll. Danach ist es schon Zeit, den Brautstrauß abzuholen. Als ich wieder an der Ferienwohnung meiner Eltern eintreffe, sind die Freunde aus Deutschland schon da. Gemeinsam gehen wir die wenigen Schritte zum „*Mosteiro de Arouca*", wo um 11.30 Uhr die Hochzeitsmesse beginnen soll.

Linda hat die Nacht bei ihren Eltern verbracht und empfängt viele Gäste zu Hause. Es gibt ein paar Snacks und die Fotografin hat Gelegenheit, die ersten Fotos der Braut im Brautkleid zu machen.

„Wo ist denn eigentlich dein Brautstrauß?" fragt Lindas Schwester Paula, als sich nach und nach alle bereit machen zur Kirche zu fahren. „Ben wollte sich darum kümmern", entgegnet Linda.

„Hoffentlich hat er ihn nicht vergessen."

„Ich fahre schnell zur Kirche und sehe nach", sagt Paula und ist schon unterwegs. Ein paar Minuten später hält sie mit ihrem Wagen vor der Kirche, wo ich mit meinen Eltern, meinen deutschen Freunden sowie Onkel Serafim und Tante Elsa aus Alvarenga warte.

„Ben, Linda braucht noch den Brautstrauß", ruft Paula mir schon von weitem entgegen.

Ich übergebe ihn und wenige Sekunden später ist sie auch schon wieder mit quetschenden Reifen verschwunden.

Ich warte noch ein paar Minuten, dann beginnen die Glocken zu läuten und ich muss in die Kirche, wo ich am Altar auf Linda warten soll. Sie trifft pünktlich um halb zwölf vor der Kirche ein, chauffiert von Onkel Tonito, der ein weiteres Stück aus seiner Oldtimer-Sammlung auf Hochglanz poliert hat: ein schwarzer Mercedes-Benz, Baujahr 1962. Onkel Joaquim hilft Linda aus dem Wagen und gemeinsam betreten sie die Klosterkirche. Für diesen Tag hat sich natürlich auch Joaquim ganz schick gemacht. Er trägt einen grauen Anzug und eine rote Nelke in der Brusttasche. Zu den Klängen des Hochzeitsmarsches erreichen sie den Altar wo ich Linda endlich zum ersten Mal im Brautkleid sehen darf. Es ist ein weißes, bodenlanges Kleid mit Rüschen an den Schultern und am Rock. Dazu trägt sie einen weißen Schleier mit Tiara und lange weiße Handschuhe. Wir nehmen auf Stühlen neben dem Altar Platz, rechts von mir gibt es drei Plätze für meine Eltern und Tante Manuela, auf der anderen Seite sitzen Onkel Joaquim und meine Schwiegereltern.

Die Hochzeitsmesse wird nun zweisprachig gehalten, die Liturgie und die Lieder in Portugiesisch, der Pastor aus Porto predigt auf Deutsch und mein Vater betet das „Vater unser" auf Deutsch. Besonders ergreifend ist ein Lied, das vom Kirchenchor im Wechselgesang vorgetragen wird: Die Solistin steht am Lesepult neben dem Altar, der Chor singt von der Orgelempore. Es klingt so schön, dass sich meine Eltern ein paar Tränen der Rührung nicht verkneifen können.

Nach der Trauung tragen wir und die Trauzeugen uns in das Kirchenbuch ein und erhalten ein Kärtchen für das Familienstammbuch. Danach geht es endlich wieder nach draußen, wo unsere Hochzeitsgäste mit Reis auf uns warten. Nachdem uns alle beglückwünscht haben, steigen Linda und ich gemeinsam in die „Hochzeitskutsche" ein, die uns zum direkt neben dem Kloster liegenden Stadtpark bringt. Hier ist nun ausgiebig Zeit, um Fotos für das Hochzeits-Fotoalbum zu machen. Das Brautpaar mit Eltern, das Brautpaar mit Großeltern, das Brautpaar mit den Schwestern der Braut, das Brautpaar mit den Onkeln und Tanten der Braut, das Brautpaar mit den Freunden der Braut, das Brautpaar mit den Freunden des Bräutigams und natürlich auch das Brautpaar vor dem Brunnen, das Brautpaar vor dem Blumenbeet; das Foto-Shooting scheint kein Ende zu nehmen.

Endlich sind aber doch alle Hochzeitsgäste abgelichtet und die ganze Hochzeitsgesellschaft macht sich auf den Weg zum „*Manjar de Arouca*". Wir nehmen Platz und erfrischen uns erst einmal mit einem Glas „*Vinho Verde*". Dazu gibt es etwas Brot, Oliven und Butter. Bis das restliche Essen kommt, haben wir Zeit, die ersten Hochzeitsgeschenke zu begutachten. Die Freunde aus Deutschland haben praktischerweise einen Gutschein mitgebracht, den wir in Deutschland einlösen können. Von den Verwandten und Freunden aus Portugal gibt es Dinge, deren Transport eine größere Herausforderung darstellt: eine große Obstschale aus Glas und eine riesige Blumenvase.

Nach und nach werden nun die zuvor ausgesuchten kulinarischen Köstlichkeiten serviert. Plötzlich fangen einige Gäste an, mit ihren Messern und Gabeln auf die Teller zu klopfen und damit einen unüberhörbaren Lärm zu machen.

„Das bedeutet, dass ihr euch küssen sollt", klärt uns Tante Manuela auf. Nun, das machen wir natürlich gerne. Im Verlauf der Feier passiert dies nun immer wieder und nach und nach werden fast alle Paare aufgefordert, sich vor allen Gästen zu küssen. Manche kommen dieser Aufforderung ganz schnell nach, andere machen ein kleines Schauspiel daraus, bis es endlich soweit ist.

Die Suppe und die Vorspeisen werden in Schüsseln und auf Platten auf die Tische gestellt, bei den Hauptgerichten kommen immer wieder aufmerksame Kellner vorbei und bieten an, den gerade geleerten Teller wieder zu füllen. Ich versuche von allem etwas zu probieren und trotzdem noch ein Plätzchen im Magen für den Nachtisch frei zu halten. Besonders die *„Mousse"* haben die Köche exzellent hinbekommen. Schließlich dürfen Linda und ich auch noch die Hochzeitstorte anschneiden, probieren und unseren Gästen anbieten. Dazu gibt es natürlich eine *„Bica"* oder eine *„Meia de Leite"* (Milchkaffee).

Unsere deutschen Freunde haben inzwischen eine Pause nötig und entspannen sich nach so viel Essen, Trinken und Reden auf einer Bank, die im Schatten vor dem Restaurant steht. Ich hatte noch nicht erwähnt, dass es in Arouca Mitte Juli fast immer sonnig und warm ist und dieser Tag macht mit rund 30°C im Schatten keine Ausnahme. Im Restaurant ist es trotz Klimaanlage auch nicht viel kühler und so kommt es mir gar nicht so ungelegen, als mich mein Schwager João nach dem Essen auffordert doch endlich die Krawatte abzulegen.

„So, die wird jetzt stückchenweise unter den Gästen versteigert", eröffnet er mir dann und nimmt die Krawatte kurzerhand mit. Doch da hat er die Rechnung ohne meinen Vater gemacht. Er meint, die Krawatte müsse doch als Erinnerungsstück erhalten bleiben und ersteigert sie in einem Stück zurück. Auch Linda muss noch einen Hochzeitsbrauch über sich ergehen lassen, denn als ich sie für einige Minuten verlassen habe um mich mit einigen Gästen an einem anderen Tisch zu unterhalten, ist sie verschwunden. Erst nach gut einer halben Stunde taucht sie wieder auf und ich erfahre, dass sie nach Rossas, ein Dorf in der Nähe, entführt wurde, wo sie einige Bekannte aus der Schulzeit besuchen durfte.

So kommen wir doch noch zu unserem Hochzeitstanz, für den wir im vorderen Teil des Restaurants Platz finden. Da wir in Deutschland regelmäßig in der Tanzschule geübt haben, kommen wir weder beim Walzer noch beim Foxtrott aus dem Takt und können dann auch sowohl die portugiesischen wie die deutschen Gäste zum Mitmachen animieren.

Gegen 17 Uhr verabschieden sich die meisten Gäste; viele haben noch eine längere Fahrt nach Porto oder Lissabon vor sich und wollen deshalb nicht zu spät aufbrechen.

Mit den deutschen Freunden verabreden wir uns für den Abend noch in unserem Lieblingscafé, wo wir den Abend gemütlich ausklingen lassen wollen. Bis dahin bleibt noch Zeit, unsere Sachen von Lindas Elternhaus abzuholen, wo sich Linda ein bequemeres Kleid anziehen kann. Dort gibt es noch einmal Wein und ein paar „*petiscos*", bevor wir unsere Sachen zum Hotel bringen, wo wir die Hochzeitsnacht verbringen wollen. Als wir gegen 20 Uhr im Café eintreffen, habe ich bereits ein etwas komisches Gefühl im Magen. Ich schiebe das zunächst auf die Aufregung des Tages und das reichliche Essen, das es am Mittag gegeben hat. Kurze Zeit später muss ich zum ersten Mal an diesem Abend die Toilette des Cafés aufsuchen, wo ich ungefähr die Hälfte des Abends verbringe.

So verabschieden wir uns gegen 22 Uhr von unseren Freunden, die die Nacht in der Ferienwohnung mit meinen Eltern verbringen, während ich mit Linda zurück zum Hotel gehe.

Auch in der Nacht schlafe ich wegen des Rumorens in meinem Magen mehr schlecht als recht und als gegen fünf Uhr morgens der nächste Tag anbricht, kann ich zwar kurz den Sonnenaufgang bewundern, bin dann aber auch schon wieder auf dem Weg ins Badezimmer. Eine romantische Hochzeitsnacht hatte ich mir irgendwie anders vorgestellt. Später erfahre ich, dass auch einige der anderen deutschen Hochzeitsgäste am Tag nach der Hochzeit ähnliche Probleme im Verdauungstrakt bekommen hatten - es muss wohl beim Essen doch irgendetwas dabei gewesen sein, was deutsche Mägen nicht so gut vertragen können. Ob es die Vorspeisen waren oder ob einer der Nachtische nicht in Ordnung war, haben wir jedoch nie herausfinden können.

Am Vormittag geht es mir dann immerhin wieder so gut, dass wir zu unserer Hochzeitsreise aufbrechen können. Während Gerd, Rainer, Ute, Georg und Anja wieder nach Ovar fahren, nehmen wir Thomas und Folkert in „unserem" Opel Kapitän mit in Richtung Norden nach Viana do Castelo, wo die beiden ein Paar Tage verbringen wollen, bevor sie wieder den Heimflug antreten. Ich fahre mit Linda weiter ins Landesinnere, wo wir nach einer guten Stunde Fahrt den einzigen Nationalpark des Landes, den „*Parque Nacional da Peneda-Gerês*", erreichen. Wie so oft passiert es allerdings, dass ich die Schönheiten der Landschaft allein genieße, da Linda kurz vor Erreichen der Nationalparkgrenze eingenickt ist.

Ich entscheide mich dafür, wieder Richtung Süden zu fahren und nach gut einer Stunde erreichen wir die Wohnung meiner Schwägerin Paula in Maia. Sie ist noch damit beschäftigt, in der Wohnung aufzuräumen und so gehen wir mit unserer Nichte Emilia zum nahe gelegenen „*supermercado*", um noch ein paar Dinge für das Abendessen einzukaufen. Emilia ist inzwischen zwei und kann uns schon beim Tragen der Einkaufstüten helfen, aber auf ihren Schnuller kann sie noch nicht verzichten.

Am nächsten Tag treffen wir uns mit unserer Cousine Sandra aus Matosinhos, die uns einige schöne Ecken der Altstadt Portos zeigen möchte. Wir besichtigen die „*Igreja dos Carmelitas*" mit ihren herrlichen „*azulejos*" und stärken uns dann beim Mittagessen im „*Café Universidade*". Abends treffen wir dann auch noch Sandras Eltern, Onkel Joaquim, unseren Trauzeugen und seine Frau, Tante Manuela. Sie laden uns ein, ein paar Tage in Matosinhos zu verbringen. Also haben wir Gelegenheit, den Vorort von Porto genauer kennen zu lernen und machen uns auch noch einen schönen Tag am Strand von Mindelo, bevor wir uns wieder auf den Rückweg nach Arouca machen, wo wir uns noch einmal mit unseren deutschen Freunden verabredet haben.

„Um 12 Uhr am *Convento*" hatte ich mit Gerd abgesprochen, aber diesen Termin können wir leider nicht ganz einhalten. Bis zum Frühstück hat alles noch ganz gut ausgesehen. Da Joaquim und Manuela beide bei der Stadtverwaltung von Matosinhos arbeiten, kommen die Cornflakes und Brötchen rechtzeitig auf den Tisch. Aber dann müssen wir natürlich noch unsere Sachen einpacken. Und als alles schon verstaut ist, kommt Onkel Joaquim noch mit einer Überraschung.

„Ihr habt doch euer Hochzeitsgeschenk noch gar nicht erhalten", eröffnet er uns.

„Aber die Übernachtungen bei euch waren doch schon ein schönes Geschenk", erwidert Linda.

„Nein, nein, wir haben noch etwas für euer Wohnzimmer in Deutschland", und überreicht uns stolz ein Bild in einem vergoldeten Holzrahmen, im Format 120 x 70cm. Meine Bedenken hinsichtlich der künstlerischen Stilrichtung äußere ich zunächst einmal nicht, wohl aber die hinsichtlich der Transportierbarkeit des Bildes.

„Ihr habt doch einen großen Wagen", meint Joaquim nur. „Und das Auto deines Vaters ist auch recht geräumig."

Nun, in den Opel Kapitän passt das Geschenk problemlos, aber mittlerweile ist so viel Zeit verstrichen, dass es mit unserem Termin in Arouca knapp wird. Außerdem kommen wir mit dem großen Wagen auf den engen Straßen zwischen Sao João de Madeira und Arouca nicht so schnell voran wie erhofft, so dass es kurz vor 13 Uhr ist, als wir vor dem „*convento*" eintreffen. Zum Glück haben sich unsere Freunde nach zwei Wochen schon daran gewöhnt, dass es in Portugal nicht immer so ganz pünktlich zugeht und sich die Wartezeit im Café vor dem Kloster vertrieben.

Wir setzen uns zu ihnen und trinken gemeinsam einen *Galão* (Milchkaffee im Glas), bevor wir zur „*Serra da Freita*" aufbrechen, wo wir uns in den Fluten des Rio Paivo erfrischen. Am Abend verabschieden wir uns von unseren Freunden und auch für uns heißt es wieder Koffer packen, denn am nächsten Morgen starten wir wieder in Richtung Heimat. Auf der Rückfahrt übernachten wir in einem spanischen Motel unweit von Burgos und bei Orléans in Frankreich. Den Rest des Heimwegs kennen meine Eltern und ich noch aus einem gemeinsamen Frankreich-Urlaub aus den 80er Jahren.

Am Nachmittag erreichen wir das Haus meiner Eltern und nach einer kurzen Pause geht es mit unserem kleinen Fiat weiter zu unserer Wohnung. Hier haben uns Freunde aus dem Volleyball-Verein eine schöne Überraschung bereitet. Die Eingangstür unseres Hauses ist mit einem wunderschönen Kranz aus weißen Papierrosen geschmückt und neben der Tür hängt eine Heiratsurkunde. So gelingt uns der Start in unsere Ehe noch einmal so gut, obwohl uns schon klar ist, dass die nächsten 11 Monate nicht so einfach werden, denn vor uns liegt fürs erste eine Wochenendehe, denn am 2. August beginnt mein erstes Schuljahr als ausgebildeter Lehrer an einem Gymnasium, das rund 200 km von unserer Wohnung entfernt liegt.

1995 - Eine portugiesische Reise

Für den Sommerurlaub hatten wir uns diesmal vorgenommen, mehr von Portugal kennenzulernen. Linda und ich kannten ja schon Lissabon, Porto, Évora und die Gegend von Arouca, aber wir waren noch nie an der Algarve-Küste.

Im April 1994 hatte Linda ihre Ausbildung als Krankenschwester an den Universitätskliniken Münster begonnen. In ihrem Kurs war auch Alberto, dessen Familie in Odeceixe an der westlichen Algarve-Küste wohnt. Wir hatten vereinbart, ihn bei seinen Eltern zu besuchen und dann gemeinsam einige Zeit Portugal zu erkunden.

In diesem Jahr geht es zum ersten Mal mit Linda mit dem Flugzeug nach Portugal. Meine Eltern haben uns im Morgengrauen zum Flughafen von Düsseldorf gebracht, von wo aus unser Flug pünktlich um 6.45 Uhr abhebt um uns in zweieinhalb Stunden nach Lissabon zu bringen. Dort holen wir unseren Mietwagen ab und fahren zunächst zu Tante Emilia und Onkel Afonso.

Nachdem wir unsere Sachen in die Wohnung gebracht haben erklärt uns Lindas Cousine Sara: „Wir wollen heute Nachmittag an den Strand fahren. Ihr kommt doch mit?!"

Wir holen schnell Badesachen und Sonnenmilch aus dem Koffer und kurz darauf geht es mit dem Auto durch die Innenstadt zur *„Ponte de 25 Abril"*, über den Tejo in Richtung Süden. Nachdem wir die Brücke überquert haben, nehmen wir auch schon die erste Abfahrt in Richtung Küste. Nach und nach geht es immer langsamer voran. Tausende anderer *„Lisboetas"* hatten ebenfalls die Idee, den Samstagnachmittag am Strand zu verbringen. Aber Lindas Verwandte kennen sich aus und finden noch einen Parkplatz in Strandnähe.

Als wir aussteigen, bemerke ich erst, was sie alles mitgebracht haben: Es sind nicht nur Badesachen, sondern auch noch Federballschläger, Picknickdecke, Körbe mit Obst, belegten Brötchen, Kuchen und Limonade.

„Jetzt gehen wir erst einmal an den Strand und dann können wir uns stärken", schlägt Tante Emilia vor.

Und so liegen wir etwa sieben Stunden nachdem wir unsere Wohnung in Deutschland verlassen haben am Strand der *Costa da Caparica*, wo wir den Rest des Nachmittags verbringen.

Nach dem Frühstück am nächsten Morgen kommt Lindas Cousine Carla zu Besuch. Die beiden haben sich schon seit Jahren nicht mehr gesehen, denn zu unserer Hochzeit zwei Jahre zuvor hatte Carla leider nicht kommen können. Entsprechend begeistert sind die beiden sich wiederzusehen. „Lass uns zunächst zu meinen Eltern fahren und dann können wir zusammen einen Ausflug machen, OK?"

Schon wenige Minuten später lotst uns Carla durch die Straßen von Lissabon nach Pontinha, einem Vorort im Nordwesten der Hauptstadt, wo ihre Eltern seit einigen Jahren dabei sind, ein Haus zu bauen.

„*Olá Linda, tudo bem com vocês?*"

Auch die Begrüßung von Onkel Arlindo und Tante Arminda ist besonders freundlich.

"Kommt, ich zeige euch unser neues Haus. Leider ist noch nicht alles fertig."

Mit diesen Worten schreitet er voran und zeigt uns, wo sich bald das Wohnzimmer und die Schlafzimmer und das Badezimmer befinden werden.

„Im Moment benutzen wir nur die Küche und das Mittagessen ist auch gleich fertig."

Und schon kurz danach sitzen wir zu fünft auf kleinen Hockern an einem kleinen runden Tisch vollbeladen mit Brot, Oliven, Wein, Bier, Salat, Reis, Kartoffeln und Fisch – ein tolles portugiesisches Mittagessen. Danach zeigt uns Onkel

Arlindo noch stolz einen Feigenbaum im Garten, der in diesem Jahr besonders gut trägt, dessen Früchte aber erst im September reif sein werden.

„Du hattest gesagt, du wolltest mit uns einen Ausflug machen", wendet sich Linda an ihre Cousine.

„Ja, wart ihr schon einmal in Sintra?" fragt sie uns. Als wir verneinen meint sie, dass der Ort das ideale Ziel für den heutigen Nachmittag sei. Wir steigen in unseren Wagen und nach einer guten halben Stunde Fahrt erreichen wir die Serra de Sintra, wo sich rund um die Stadt Sintra, seit 1995 UNESO-Weltkulturerbe, gleich vier Schlösser befinden: der *'Paço Real'* (Königlicher Palast), der *'Palácio Nacional da Pena'*, das *'Castelo dos Mouros'* (Schloss der Mauren) und der *'Palácio de Monserrate'*.

„Ich finde den *‚Palácio da Pena'* am interessantesten", meint Carla und so parken wir am Fuß des Schlosshügels. Schon nach wenigen Metern haben wir den Palast erreicht. Er thront hoch über der Stadt und ist eine pseudomittelalterliche Burg mit einem 270 ha großen Garten. Es ist das bedeutendste Bauwerk der portugiesischen Romantik. Die märchenhafte Burg entstand ab 1840 als königliche Sommerresidenz im Auftrag des deutschen Prinzgemahls von Königin Maria II., Ferdinand von Sachsen-Coburg-Gotha. Die vielen Torbögen und Aussichtstürmchen nutzen meine Begleiterinnen, um sich in Pose zu werfen und ich habe reizende Motive vor der Kamera. Auch im Park mit seinen Palmen lässt sich Linda gern ablichten. Nach einer ausgiebigen Schlossbesichtigung schlägt Carla vor, noch einen Abstecher an die Küste zu machen. Und so fahren wir zur *‚Boca do Inferno'* („Höllenschlund"). Hier ist die Steilküste teilweise vom Meer unterspült und es haben sich durch Erosion Grotten und Steinbögen gebildet. Fast immer verursachen die Wellen des Atlantiks hier ein großes Gurgeln und Rauschen. Über die vornehmen Küstenstädtchen Cascais und Estoril gelangen wir wieder zurück nach Lissabon. Wir treffen Onkel Arlindo und Tante Arminda diesmal in ihrer

Mietwohnung am Stadtrand von Lissabon. Auch nach dem Abendessen habe ich noch einmal Gelegenheit von Linda und Carla ein paar Model-Fotos zu machen.

Am nächsten Morgen brechen wir dann zu unserer Portugal-Rundfahrt auf. Erstes Ziel ist die Algarve-Küste, die klassische portugiesische Urlaubsregion. Auf der A2 fahren wir zu den Klängen von Vangelis' „Conquest of Paradise" aus dem Autoradio soweit es geht Richtung Süden und wechseln dann auf die IC1, die direkt nach Albufeira führt. Ohne groß nachzudenken wo wir übernachten wollen, gehen wir zur Tourist-Information, wo wir ein paar Adressen von Pensionen im Stadtzentrum bekommen. Gleich bei der ersten werden wir fündig. Die Vermieterin zeigt uns ein Zimmer in der 2. Etage. Es ist zwar klein und verfügt nicht über eine Klimaanlage, liegt aber mitten im Ort unweit des zentralen Platzes. In diesem Moment sind wir uns noch nicht im Klaren darüber, dass diese Aspekte auch nachteilig sein könnten und mieten das Zimmer für zwei Nächte.

Nachdem wir unsere Sachen ausgepackt haben, machen wir uns frisch und dann auf, den Ort zu erkunden. An jeder Ecke gibt es Läden, Bars und Restaurants, aber Albufeira hat außerdem einen schönen Strand und wir gehen zuerst ein bisschen zwischen bunten Fischerbooten am Strand spazieren. Hier, an der sogenannten Felsalgarve, werden die Buchten von teilweise bizarren Felsformationen umrahmt. Wir klettern daher am Ende der Bucht noch ein bisschen auf den Felsen herum, um ein paar schöne Fotos zu machen. Schließlich entdecken wir eine kleine Treppe, die bis zum oberen Ende der Felsen führt. Auch hier befinden sich natürlich wieder Läden und Restaurants.

„Ich brauche noch ein neues Haargummi. Komm, wir gucken mal, ob wir hier eins finden."

Nach einigen Minuten ist Linda entrüstet. „Guck dir mal die Preise an! Dafür könnte ich in Arouca drei Haargummis bekommen. Da suche ich lieber noch ein bisschen weiter."

Nach einer Weile finden wir ein tolles Restaurant mit Terrasse und Meerblick. Wir entschließen uns, zu einem romantischen Abendessen zu bleiben. Wir bestellen „*espetada de espadarte*". Das ist in Würfel geschnittenes Schwertfischsteak, das mit Olivenöl, Knoblauchzehen, Oregano und Chili auf dem Grill gebraten wird. Und während am Nebentisch von anderen Touristen die Sangria mit Strohhalmen geschlürft wird, halten wir uns lieber an Wasser und Wein.

Nach dem Essen spazieren wir zurück zu unserer Pension und gehen auf unsere Zimmer. Ich lese noch ein bisschen in unserem Reiseführer.

„Morgen könnten wir doch mal zur Sandalgarve fahren", schlage ich vor. „Dort soll es auch tolle Strände geben, zum Beispiel in Fuzeta."

Linda ist sofort einverstanden und kurz danach begeben wir uns zu Bett. An Schlafen ist aber erst einmal nicht zu denken, denn die Betten sind nur etwa 1m 80 lang (und ich bin acht Zentimeter länger) und auf dem nahegelegenen Platz in der Innenstadt wird noch bis weit nach Mitternacht gefeiert.

Am nächsten Morgen kaufen wir in einer Bäckerei ein paar Brötchen und machen uns auf in Richtung Osten. Nach knapp einer halben Stunde erreichen wir Faro, die Hauptstadt des Distrikts Algarve. Die Stadt Faro selbst hat zirka 41.000 Einwohner und ist durch ihren internationalen Flughafen, der überwiegend Charterflüge bedient, eine der touristischen Hochburgen des Landes. Als wir nach Faro kommen, stoßen wir neben dem historischen Zentrum auf einen großen Parkplatz, den Largo de Sao Francisco, auf dem wir unser Fahrzeug abstellen können. Wir schauen uns eine alte Kirche und Reste der alten Stadtmauer an, aber schon bald ist es so heiß, dass wir weiter wollen.

„Lass uns endlich zum Strand fahren, es ist schon gleich zwölf Uhr", meint Linda.
„OK, aber jetzt steht die Sonne am höchsten. Ist es da nicht ein bisschen gefährlich für die Haut?" werfe ich (hellhäutig und deutsch) zaghaft ein.
„Ach komm, wir cremen uns ein und suchen uns einen Platz im Schatten, dann wird es nicht so schlimm sein."
Wir setzen uns also wieder ins Auto und nach weiteren 20 Minuten geht es rechts ab zur *Praia da Fuzeta*. Als wir an der Küste ankommen, sieht es dort aber eher aus wie in Ostfriesland bei Ebbe. Man sieht hauptsächlich Schlamm, aber keinen Strand.
„Um zum Strand zu kommen, muss man mit einer kleinen Fähre fahren", hatte ich am Abend zuvor gelesen und zum Glück finden wir den Anleger auch sofort. Zwischen 9.00 und 20.00 Uhr pendelt eine Fähre alle 15 Minuten von dem am östlichen Ortsrand gelegene Hafen Fuzetas zum Praia da Fuzeta - erfahren wir auf einem Hinweisschild. Nach 10 Minuten Fahrt erreichen wir die Insel. Von der Anlegestelle sind es nur ein paar Schritte zum offenen Meer. Auf der Insel befinden sich nur ein einfaches Café und ein paar ehemalige Fischerhütten, wo wir für den Rest des Nachmittags eine Strandliege mit einem kleinen Sonnenschutz mieten. Nachdem ich in der Nacht nur relativ wenig geschlafen habe, machen wir erst einmal eine Mittagspause, in der wir die mitgebrachten Brötchen essen.
„Jetzt ruhe ich mich erst mal auf der Strandliege im Schatten aus. Später können wir nochmal ins Meer", sage ich.
„Vergiss nicht, dich einzucremen", meint Linda.
„Ich liege doch im Schatten", entgegne ich.
„Das musst du trotzdem tun. Die Sonne ist hier noch stärker als in Arouca."
Ich creme mich also doch noch ein bisschen ein und vertiefe mich dann in meine Urlaubslektüre. Danach packen wir unsere

Beachball-Schläger aus und erfrischen uns anschließend im Atlantik. Beim Abtrocknen merke ich schon, dass die Haut ein wenig weh tut. Ich ziehe schnell ein T-Shirt an, aber es ist schon zu spät. Trotz Sonnenmilch und Sonnenschirm habe ich bereits einen leichten Sonnenbrand. Als wir am Abend in unsere Pension zurückkehren, ist es bereits kurz nach sechs. Wir duschen und machen uns fertig für einen letzten Abendspaziergang an der Algarve-Küste. In der zweiten Nacht schlafe ich wegen des Sonnenbrands noch schlechter als zuvor und so verlassen wir Albufeira am nächsten Morgen nicht allzu traurig. Wir fahren zunächst in Richtung Nordwesten zur alten Hauptstadt der Region Algarve, Silves. Wir besichtigen die Burganlage, die im 11. Jahrhundert von den Arabern erbaut wurde und gelangen nach kurzer Fahrt durch mehrere Orangenhaine kurz vor Portimão auf die N125. Wir überqueren den Rio Arade und machen noch eine Pause am Strand von Alvor.

„Hier haben Gerd und Rainer im letzten Jahr ihren Urlaub verbracht", erzähle ich.

„Ja, hier ist auch wunderschön, und nicht so voll wie in Albufeira."

„Fragt sich nur, wie lange noch", entgegne ich. „Jetzt will ich aber weiter zum südwestlichsten Punkt Europas!"

Nach einer guten Stunde sind wir in Sagres. Die Hauptstraße endet an der *Fortaleza de Sagres* (Festung von Sagres). Die Festung von Heinrich dem Seefahrer, ein portugiesisches Nationaldenkmal, stammt ursprünglich aus dem 15. Jahrhundert. Heinrich der Seefahrer fand hier die Inspiration, Entdeckungsreisen zu planen. Hier versammelte er Kartografen, Astronomen und Seefahrer, es wurden Karavellen gebaut und es begann die Erkundung der Küste Afrikas.

Wir fahren noch weitere fünf Kilometer auf einer kleinen Nebenstraße bis zum *Cabo de São Vicente*. Hier steht ein kleiner Leuchtturm und es ist so windig, dass ich meine Kappe gut festhalten muss. Wir stehen auf einem imposanten Felsen und genießen den Ausblick auf den Atlantik. „Kann man Afrika von hier aus sehen?" will Linda wissen.

„Da hätten wir nach *Punta Marroqui*, zur Südspitze Spaniens, fahren müssen. Von hier aus sind es etwa 300 km bis nach Spanien. Selbst wenn es nicht so diesig ist, sieht man von hier aus immer nur das Meer."

Um länger zu verweilen, ist es zu ungemütlich und so machen wir uns wieder auf den Weg, diesmal in Richtung Norden, wo wir in Monte Clérigo nachmittags wieder einen tollen kleinen Strand zwischen Felsen an der Westküste finden. Linda ist begeistert, dass sie hier wieder etwas für eine nahtlose Bräune tun kann, denn es sind kaum andere Touristen da und es gibt einige Felsen, die Schatten spenden und einen prima Sichtschutz bieten.

Abends erreichen wir dann Odeceixe, unser heutiges Tagesziel. Am Dorfplatz im Ortskern fahren Jugendliche mit ihren Mopeds herum und alte Männer entspannen sich beim Kartenspiel. Wir wollen Lindas Kollegen Alberto treffen, dessen Eltern hier im Ort die Bäckerei betreiben.

"*Onde é a padaría?* - Wo ist die Bäckerei?" fragt Linda eine Frau.

„*É na Rua da Botelha*", antwortet sie. „Fahren sie die Ria Nova herauf, die erste Straße links und dann sofort wieder rechts, das ist die Rua da Botelha."

Die Beschreibung passt und Alberto erwartet uns bereits am Hauseingang. Wir begrüßen seine Eltern und da es schon relativ spät ist, gehen wir nach dem Abendessen sofort ins Bett.

Am nächsten Tag zeigt uns Alberto seine Heimat.

„Odeceixe ist das schönste Dorf der Westalgarve. Mein Onkel hat hier seine eigenen Weinberge."

Das beeindruckt Linda jetzt nicht so sehr, denn das kennt sie ja von ihrer eigenen Familie.

„Aber ihr habt keinen Strand in Arouca", kontert Alberto.

Also geht es weiter nach Zambujeira do Mar, wo wir von einer

Klippe einen einmaligen Blick auf den Strand und den Atlantik haben.

„Ganz hier in der Nähe gibt es auch einen schönen Zeltplatz. Ein Freund von mir arbeitet dort."

Der Zeltplatz hat einen kleinen Swimming-Pool, kleine Häuser, Platz für Zelte und Wohnmobile. Er ist modern und gepflegt.

„Wenn ihr das nächste Mal nach Südportugal kommt, könnt ihr hier euren Urlaub verbringen!"

„*É uma boa idea.*"

Wir bleiben noch eine Nacht, dann geht unsere Fahrt mit zwei Autos weiter nach Lissabon. Wir besichtigen zunächst die bekanntesten Sehenswürdigkeiten von Belém: das „*Mosteiro de Jerónimo*" (Hieronimuskloster), den „*Padrão dos Descobrimentos*" (Denkmal der Entdeckungen) sowie den „*Torre de Belém*" (Turm von Belém).

„Kennt ihr auch die berühmte ‚*Confeitaria de Belém*'?" will Alberto wissen.

„Nein, noch nicht."

„Dann kommt mit."

Nach ein paar Minuten stehen wir vor der Konditorei, deren Namen in das Kopfsteinpflaster vor dem Eingang integriert ist. Wir bestellen drei „*Café com leite*" und drei „*Pasteis de Belém*", die Spezialität des Hauses. Sie schmecken so hervorragend wie alle Kuchenspezialitäten des Landes: sehr süß aber eben auch sehr lecker. Leider haben wir diesmal nicht so viel Zeit für Portugals Hauptstadt, denn wir wollen ja noch weiter Richtung Norden.

Nach drei Stunden Autofahrt sind wir endlich in Arouca. Die Begrüßung bei Lindas Eltern ist wie immer sehr herzlich. Wir erzählen von unseren bisherigen Urlaubserlebnissen, während Lindas Mutter Laurinda das Abendessen vorbereitet. Unterdessen kümmert sich Vater Arménio um die Getränke.
„Bier oder Wein?" ist wie immer die Frage.
Nun, am ersten Abend wollen wir alle den Wein des letzten Jahres probieren. Stolz zeigt uns Arménio den Weinkeller.
„Letzte Jahr habe ich 120 Flaschen abgefüllt. War eine gute Jahr!", erklärt er auf Deutsch.
Conceicão, die mittlerweile 13 Jahre alt ist, holt noch Wasser aus dem Brunnen in der Nähe des Hauses und das Abendessen kann beginnen, bei dem wir uns weiter gut unterhalten. Später übernachtet Alberto im Wohnzimmer auf der Couch; wir schlafen in Conceicãos Zimmer.
Am nächsten Morgen sind wir mit der Ortsführung an der Reihe. Wir zeigen Alberto das Convento, in dem wir zwei

Jahre zuvor geheiratet haben, gehen Mittagessen im „*Manjar de Arouca*", kaufen einen Kasten Bier im „*Pingo doce*", machen Fotos im Park und gehen schließlich Schwimmen am Rio Paiva.

Da es tagsüber sehr warm ist, verschiebt sich ein Großteil des Lebens auf den Abend: abends gehen wir mit Lindas Eltern im Ortskern spazieren: im Park sind noch Familien mit kleinen Kindern unterwegs, auf dem nahegelegenen Bolzplatz wird noch um halb neun Fußball gespielt und die Cafés sind alle gut besucht. Alberto will gern noch länger bleiben, aber Linda zieht es nach Hause.

„Wir wollen doch morgen früh für Conceicão ein neues Fahrrad kaufen", gibt sie zu bedenken. Alberto gibt sich geschlagen und wir treten gegen elf Uhr den Rückweg an.

„Conceicão, du hast von uns bislang noch kein Geburtstagsgeschenk bekommen, aber wir haben dir geschrieben, dass du in diesem Sommer ein Fahrrad aussuchen darfst", beginnt Linda am nächsten Morgen das Gespräch am Frühstückstisch.

„Hast du dich schon einmal darum gekümmert?"

„Ja, ich habe mir bei einem Händler schon ein Rad ausgesucht."

„Prima, dann können wir ja gleich losfahren."

Wir machen uns also auf den Weg nach Rossas, wo es ein kleines Geschäft für Gartengeräte und Fahrräder gibt. Ich wundere mich, dass es nur Kinderräder gibt.

„Hier ist es so bergig, dass ein Fahrrad mehr ein Spielzeug für die Kinder ist. Sobald die jungen Leute etwas älter sind, wollen sie ein Moped oder ein Auto. Mit dem Fahrrad fahren nur Radsportler", erklärt der Händler. Da Conceicão sich schon vorher in dem Laden umgesehen hat, finden wir schnell das passende Rad für sie, das auch zu einem relativ günstigen Preis zu haben ist.

Wir bleiben diesmal allerdings nicht lange in Arouca, da wir auch noch eine Freundin von Linda besuchen wollen.

„Sie wohnt in der Nähe von Seia", erklärt Linda ihren Eltern.
„Da fahrt ihr am besten über Alvarenga und Castro Daire, das ist die kürzeste Strecke", weiß Arménio.
In Alvarenga machen wir eine kurze Pause bei Tante Elsa, bevor es auf kurvigen Straßen zur Serra da Estrela geht. Unterwegs müssen wir eine Zwangspause einlegen, da wieder einmal Kühe auf der Straße spazieren. In Seia treffen wir Tante Regina.
„Wollt ihr nicht bei uns übernachten?" fragt sie uns.
„Nein, vielen Dank, wir haben uns schon mit einer ehemaligen Mitschülerin aus Deutschland verabredet. Sie wohnt hier ganz in der Nähe."
Bevor wir sie besuchen, fahren wir aber noch zum Baden im „Lagoa Comprida". Abends treffen wir dann Lindas frühere Zimmerkollegin Celia. Sie wohnt jetzt bei ihren Eltern in Bad Kreuznach, die Familie hat aber ein Haus in Santa Comba de Seia, wo sie in jedem Sommer vier Wochen in Portugal verbringen.
„Ihr seid gerade zur richtigen Zeit gekommen", erzählt uns Celia.
„Heute Abend gibt es nämlich ein großes Fest auf dem Sportplatz."
Etwa eine Stunde später machen wir uns auf den Weg und schon nach wenigen Minuten hören wir die Tanzmusik, die vom Festplatz herüberklingt.
„Boa noite, mais uma vez bem-vindos, especialmente todos os emigrantes que estao a passar as férias aqui em Portugal - guten Abend und ein herzliches Willkommen vor allem allen Emigranten, die die Sommerferien in Portugal verbringen", hören wir den DJ sagen, als wir eintreffen.
„Etwa die Hälfte der Einwohner des Dorfes sind Emigranten, die jetzt in Deutschland, Frankreich, Luxemburg oder der Schweiz wohnen", erklärt uns Celia.

Wir mischen uns unter die anderen Festgäste und genießen einen schönen Sommerabend mit Musik und Tanz. Bei Songs wie „Be my lover" von La Bouche oder „Back for good" von Take That bleibt fast kein Musikwunsch offen.

Um halb zwölf (eine aus deutscher Sicht seltsame Unrzeit zum Essen gehen) beschließen Linda, Celia und Alberto noch eine „*Churrasqueria*" aufzusuchen, wo sie „*Frango*" (Hähnchen) und „*Prego no Pão*" bestellen, die auf der Terrasse verspeist werden. „Pão" heißt Brot, „*Prego*" bedeutet im Portugiesischen Nagel, also ist ein "*prego no Pão*" ein dünnes Steak, das in ein Brötchen genagelt wurde. Für mich als Vegetarier bleibt nur, den anderen beim Essen zuzuschauen. Immerhin kann ich weiterhin das portugiesische Bier genießen.

Das Frühstück gibt es am nächsten Morgen verständlicherweise erst um 11 Uhr, anschließend machen wir uns auf den Weg nach Vila Nova de Gaia, wo wir mit Alberto die „*Caves do Vinho do Porto*" besichtigen wollen. Wir haben Glück, das es heute eine Führung in deutscher Sprache gibt. Bei der Führung erfahren wir einiges über die Herstellung dieses besonderen Getränks.

„Der Weinanbau ist in dieser Region ist schon sehr alt. Aber erst mit der Besetzung durch die Römer wurde Wein systematisch angebaut", erklärt unser Führer.

„Ein Ereignis, das sehr wichtig für die Geschichte der Weine des Dourotals war, war die Unterzeichnung des Methuen-Vertrags im Jahre 1703. Dieses Abkommen sah vor, dass England ohne Hindernisse Textilien nach Portugal exportieren durfte, während Portugal Portwein nach England ausführte. Dieser Vertrag führte zu einem Boom der Portweinproduktion im Norden Portugals."

In einem kleinen Film wird die Region am Rio Douro vorgestellt. Im Kommentar heißt es: „Das Douro-Tal eignet sich besonders für die Weinproduktion, weil es ein spezielles Mikroklima besitzt. Es gibt hier kühle Winter und sehr heiße

Sommer und die Serras *Marão* und *Montemuro* beschützen die Region vor den feuchten Winden des Atlantiks."

Danach wandern wir durch lange Gänge zwischen riesigen Holzfässern hindurch und unser Führer fährt mit seinen Erklärungen fort:

„Der Portwein ist ein verstärkter Wein, der ausschließlich aus Trauben hergestellt wird, die aus der abgegrenzten Douroregion stammen. Beim Portwein wird die Gärung durch die Zugabe eines Brandys (mit etwa 77% Alkohol) gestoppt, was zur Folge hat, dass der Wein sich einen Teil seiner natürlichen Süße erhält, da sich nicht der ganze Restzucker der Trauben in Alkohol umwandelt."

In meinem Reiseführer finde ich noch weitere Informationen: „Man unterscheidet drei Hauptsorten: Tawny, Ruby und Weiß. Was die drei Portweintypen unterscheidet, ist nicht in erster Linie die Herkunft der Trauben, sondern der Alterungsprozess. Der weiße Portwein wird nur aus weißen Trauben hergestellt und altert in großen Eichenholzfässern. Die weißen Portweine sind junge und fruchtige Weine. Diese ist auch die einzige Portweinkategorie, die sich an der Süße unterscheiden lässt; so gibt es trockenen, halbtrockenen und süßen weißen Portwein."

„Der „Ruby" ist auch ein Wein der in großen Eichenholzfässern altert. Da dieser Wein eine geringe Oxidation hat, vom wenigen Kontakt mit dem Holz und dadurch auch weniger Kontakt mit der Luft, behält dieser Wein seine Anfangseigenschaften. Es sind fruchtige Weine mit einer rubinroten Farbe und ihre Aromen erinnern an rote Früchte, z. B. Waldbeeren oder Pflaumen."

„Der ‚Tawny' ist auch ein Rotwein, aber dieser altert in kleinen Eichenholzfässern von 550 Litern. Diese bieten dem Wein einen größeren Kontakt mit dem Holz und mit der Luft, was den Alterungsprozess beschleunigt und dem Wein seine Bernsteinfarbe verleiht."

„Die meisten Portweine sind Weine die sich aus einem Verschnitt verschiedener Jahrgänge ergeben, damit der Wein immer eine gleichbleibende Qualität hat. Es gibt aber auch den ‚Vintage'. Der ‚Vintage' wird von vielen als die Perle der Portweine genannt. Dieser Wein wird aus einer einzigen Weinlese hergestellt und wird gleich nach dem dritten Jahr nach der Lese in Flaschen gefüllt. Der ‚Vintage' kann in der Flasche gelagert werden, denn er altert weiter in der Flasche."
Im Anschluss gibt es wie immer zwei Gläschen Portwein zum Probieren. Diesmal ist Conceição diejenige, die dabei zuschauen und sich mit einem Glass Wasser zufrieden geben muss.
Danach fahren wir gemeinsam zu Tante Alice, die sich wieder sehr über unseren Besuch freut. Am nächsten Tag muss Alberto zurück nach Odeceixe, während wir von Lindas Cousine Sandra aus Matosinhos abgeholt werden.
Wir fahren gemeinsam mit dem Bus zur Rua Santa Catarina, wo sich Linda eine schicke neue Tasche kauft, die etwa halb so teuer wie Conceicãos neues Fahrrad ist. Ich bin etwas überrascht, wie man so viel Geld für eine Tasche ausgeben kann, aber Linda ist glücklich damit. Nach zwei Stunden treffen wir Sandras neuen Freund mit dem wir zum *„Parque da Cidade"* fahren.
„Kommt, ich kenne eine schöne Stelle, wo wir Fotos machen können", erklärt er und so verbringen wir die nächste halbe Stunde damit, uns gegenseitig zu fotografieren.
Abends sind wir bei Tante Manuela und Onkel Joaquim zum Essen eingeladen. Wie in den meisten portugiesischen Familien spielt sich der Großteil des Familienlebens in der etwa acht Quadratmeter großen Küche ab. Hier bereitet Lindas Tante das Essen vor und damit wir uns unterhalten können, helfen wir ein bisschen mit oder sitzen einfach nur da, und trinken ein Glas Wasser oder Limonade.
Lindas Onkel hat in der Zwischenzeit noch einige Geschäfte zu erledigen. Er arbeitet bei der Stadtverwaltung von Matosin-

hos, hat aber nach Feierabend noch Zeit, mit Gebrauchtwagen zu handeln und trifft abends noch potentielle Kunden oder Kollegen zum Austausch von aktuellen Informationen. Gegen neun Uhr sind endlich alle am kleinen Küchentisch versammelt. Während wir mit Tante Manuela ihren selbstgemachten Kartoffelsalat mit *Bacalhau* probieren, isst Onkel Joaquim lieber einen Teller Cornflakes mit Milch.

„So spät am Abend verträgt mein Magen keinen Fisch mehr", entschuldigt er sich. Aber wir schaffen es immerhin noch, gemeinsam Fotos zu gucken und ein Glas Portwein zu trinken.

Am nächsten Morgen geht es für uns schon wieder zurück nach Arouca, wo Oma auf ihrem festen Platz im Lehnstuhl vor der Haustür sitzt. Nachdem wir ein Fahrrad für Conceicão gekauft haben, bekommen wir auch Lust Fahrrad zu fahren. Netterweise leiht uns Dona Amélia, die Nachbarin von Lindas Eltern, Fahrräder. Sie hat zwei erwachsene Söhne und deren Räder lassen sich in etwa auf unsere Größe einstellen. Wir haben uns vorgenommen eine Fahrt zu Aroucas Hausberg, den „*Monte da Senhora da Mó*" zu machen.

Von Arouca aus windet sich eine steile Straße acht Kilometer lang auf eine Höhe von 711m. Von oben haben wir einen einzigartigen Blick auf das ganze Tal von Arouca. Auf dem höchsten Punkt befindet sich eine kleine Kapelle aus dem 16. Jahrhundert. Während die Hinfahrt sehr anstrengend ist, müssen wir auf dem Rückweg nur bremsen. Ich habe schon etwas Angst, dass die Bremsen versagen, aber wir kommen zum Glück wieder ohne Probleme im Ort an.

Am Abend treffen wir Onkel Serafim im Ortszentrum. Er ist gerade auf dem Weg von der Arbeit nach Hause und macht unterwegs in Arouca noch ein paar Einkäufe. Dann fährt er weiter nach Alvarenga und wir berichten, dass wir auch das Wochenende dort verbringen wollen.

„Dann können wir morgen gemeinsam einen Ausflug machen", schlägt er vor.

„Ja, gerne", antwortet Linda.

Lindas Eltern kommen auch nach Alvarenga und es gibt ein großes Essen mit Freunden aus Rio de Moinhos. Lindas Mutter hat Reis und Kartoffeln im Steinofen gekocht, dazu gibt es „*Carne assada*" (Rinderbraten), Salat und natürlich Wein von eigenen Rebstöcken.

Am Samstag machen wir mit Onkel Serafim, Tante Elsa und deren Sohn Luis eine kleine Tour mit seinem alten Mercedes ins Umland. Wir gehen im Rio Paiva bei Cabril baden, spielen Volleyball auf einer Wiese am Ufer und sehen alte Dörfer, in denen seit 50 Jahren die Zeit stehengeblieben zu sein scheint.

Am nächsten Tag zeigt uns Onkel Serafim die Bewässerungsanlagen von Vila Galega: oberhalb des Dorfes gibt es eine kleine Quelle, wo ein Bach entspringt, das Wasser fließt ins Tal und wird dann auf die Felder geleitet, wo Kartoffeln, Mais, und Gemüse angebaut werden. Die Bewohner des Dorfes wissen, wann für sie das Wasser zugeteilt ist. Jede Familie hat bestimmte Tage im Laufe eines Monats, an denen sie das Wasser auf ihre Felder leiten darf, so dass jeder irgendwann zum Zuge kommt. Auch im Sommer, wenn es kaum regnet, haben die Familien so immer Wasser zum Trinken und zur Bewässerung.

Nach knapp drei Wochen Portugal ist für uns mittlerweile die Zeit für die Rückfahrt nach Lissabon gekommen. Über Arouca fahren wir in den bekannten Badeort Nazaré, wo wir den Nachmittag am Strand verbringen. Ganz in der Nähe gibt es eine Jugendherberge, in der wir am Abend unser Gepäck abstellen.

Danach fahren wir noch nach Sao Martinho do Porto, wir machen einen Spaziergang an der Strandpromenade und bei der Vielzahl der Restaurants ist es gar nicht so einfach das richtige Restaurant für das Abendessen zu finden. Den Sonnenuntergang sehen wir uns von einem Felsen oberhalb der kleinen Bucht aus an. Gegen halb zehn Uhr erreichen wir wieder die Jugendherberge. Leider verbringen dort auch viele portugiesische Jugendliche einige Ferientage. Sie kümmert es nur wenig, dass manche Gäste nach 22.00 Uhr ruhig auf ihren Zimmern schlafen wollen. Sie lärmen über die Flure und schlagen die Türen, so dass es uns hier nicht viel besser ergeht als in der Pension in Albufeira.

Auf dem Weg nach Lissabon machen wir unsere letzte Pause in Óbidos, einem mittelalterlichen Städtchen, das unter Denkmalschutz steht. Die Befestigung rund um die Stadt entstand in maurischer Zeit. Im 13. Jahrhundert war das Städtchen das Hochzeitsgeschenk für Dona Isabel, und Óbidos blieb bis ins 19. Jahrhundert im persönlichen Besitz der Königinnen von Portugal. Wir machen einen Rundgang auf der 13 Meter hohen Stadtmauer von wo man das Labyrinth der Gassen und die Pracht von blühendem Oleander bewundern kann. Zahlreiche Läden bieten Souvenirs an und wir finden noch ein kleines Geschenk für meine Eltern. Wir besuchen ein letztes Mal Tante Emilia, wo wir einen großen Koffer abholen und machen uns auf den Weg zum Flughafen. Der Flug zurück nach Düsseldorf ist fast pünktlich, so dass meine Eltern, die uns erwarten, nicht zu lange auf uns warten müssen. Trotzdem ist es schon fast Mitternacht als wir wieder mein Elternhaus erreichen.

1997 - Vergebliches Warten

Im März hat Linda nach drei Jahren Krankenpflegeschule der Universitätskliniken Münster ihre Prüfung als Krankenschwester bestanden. Umso unbeschwerter können wir Ende des Monats März unseren Urlaub in Portugal antreten.

Am frühen Montagmorgen holt uns ein Taxi ab, das uns zum Münsteraner Hauptbahnhof bringt. Als wir einsteigen, müssen wir aufpassen, dass wir nicht ausrutschen, denn an manchen Stellen ist es glatt, da es in der Nacht Bodenfrost gegeben hat. Vom Osteingang des Bahnhofs fährt ein Bus zum Flughafen Münster/Osnabrück, der direkt vor dem Terminal hält. Es ist um diese Zeit noch sehr ruhig und in wenigen Minuten haben wir unsere Koffer aufgegeben und die Bordkarten erhalten. Genauso reibungslos gestaltet sich auch der Flug nach Portugal. In diesem Jahr fliegen wir zum ersten Mal nach Porto. Die Ankunftshalle ist in etwa so groß wie eine größere Sporthalle und auch hier dauert es nicht lange, bis wir unsere Koffer haben und zum Ausgang gehen können.

In diesem Jahr hat sich Arménio, Lindas Vater, angeboten, uns vom Flughafen abzuholen. Er erwartet uns schon als wir den Eingangsbereich erreichen.

„Kommt, schnell, schnell", begrüßt er uns, „mein Wagen steht gleich vor dem Eingang. Ich darf dort aber nicht lange parken."

Wir gehen also schnell zum Ausgang des Flughafengebäudes, wo Arménios Wagen, ein weißer Pick-up wartet. Die Koffer laden wir auf die Pritsche und steigen ein. Es ist gerade genug Platz für drei Personen, allerdings gibt es nur zwei Sicherheitsgurte. Mit der Sicherheit nimmt man es in Portugal halt nicht so genau.

„Ich fahre ganz vorsichtig, keine Angst", beruhigt Arménio uns und schon sind wir unterwegs.

Nachdem wir das Flughafengelände verlassen haben, gelangen wir auf eine Schnellstraße, auf der wir mit etwa 60 km/h zu den langsameren Verkehrsteilnehmern zählen. Wir überqueren den Rio Douro, wo die (mautpflichtige) Autobahn in Richtung Lissabon beginnt.

„Ich kenne eine Abkürzung", eröffnet er uns und verlässt die Schnellstraße wieder.

„Wir fahren über Avintes, Fagilde und Cabecais. Ich kenne alle Straßen hier, denn als Schreiner habe ich manchmal auch hier in der Gegend zu tun."

Wir fahren vielleicht tatsächlich die kürzeste Strecke von Porto nach Arouca, aber für die schätzungsweise 80 km weite Strecke brauchen wir wegen der kurvenreichen Straßen doch knapp zwei Stunden und ich bin recht froh, als wir unser Ziel heil erreicht haben. Dort treffen wir Lindas Mutter, ihre Schwester Conceicão, die inzwischen 15 Jahre alt ist, und Oma Maria, die wie immer in ihrem Sessel vor dem Hauseingang sitzt.

Am Nachmittag machen wir erst einmal einen ausgedehnten Stadtbummel mit Conceicão durch Arouca. Wir besuchen das Kloster, in dem wir vier Jahre zuvor geheiratet haben, Conceicão zeigt uns die Stadtbücherei und den neuen *Palácio da Justiça* (Gerichtsgebäude) und im Park stellen wir fest, dass Conceicão ihre Schwester mittlerweile um einige Zentimeter überragt. Auf dem Rückweg zeigt uns Conceicão ihre neue Schule, die *„Escola Secundária de Arouca"*, mit der neuen Sporthalle. Die Halle ist im Moment geschlossen, aber der Parkplatz rund um die Halle ist gerade frisch asphaltiert worden. Da trifft es sich gut, dass Linda zwei Paar Inline-Skates mitgebracht hat: Ihre eigenen und ein Paar als Geschenk für ihre Schwester. Die wollen die beiden dort gleich am nächsten Tag ausprobieren.

„Ich würde gern einmal ein paar Stunden Unterricht in einer portugiesischen Schule sehen. Meinst du, dass das möglich ist?" frage ich Conceição.

„Ich werde morgen früh gleich einmal nachfragen", antwortet sie.

Als sie am nächsten Tag von der Schule nach Hause kommt, bringt sie gute Nachrichten mit.

„Du kannst gleich morgen mit in die Schule kommen. Du kannst eine Stunde Deutsch in meinem Deutsch-Kurs sehen und den Englisch-Unterricht bei einem anderen Lehrer."

Am nächsten Morgen stehe ich also schon um halb acht Uhr auf und eine Dreiviertelstunde später mache ich mich mit Conceição gemeinsam auf den Schulweg. Sie geht mittlerweile in die 11. Klasse, d.h. sie ist im ersten Jahr der dreijährigen *„escola secundaria"*. Zuvor war sie vier Jahre in der Grundschule, zwei Jahre im *„ciclo"* (entspricht der deutschen Orientierungs- oder Erprobungsstufe) und vier Jahre auf dem *„liceu"* (entspricht der Mittelstufe an deutschen weiterführenden Schulen). Zum Glück ist die Schule nur etwa 10 Minuten Fußweg entfernt, so dass wir den Eingang pünktlich erreichen.

„Zunächst musst du dich bei der Pforte anmelden", erklärt mir Conceição. Da ich meinen Lehrerausweis aus Deutschland mit dabei habe, ist dies schnell erledigt.

„In der ersten Stunde habe ich Deutsch", sagt Conceição. Wir gehen also gemeinsam zu ihrem Kursraum, wo ich in der letzten Reihe Platz nehme. Eine Minute später kommt auch schon die Lehrerin und der Unterricht beginnt. Die Stunde hat in etwa das Niveau einer Stunde eines Anfängerkurses der Volkshochschule. Ich bin ein bisschen enttäuscht, dass sich Conceicão nicht ein einziges Mal meldet, aber sie ist eben ein bisschen schüchtern.

Später schaue ich mir noch eine Englisch-Stunde mit Conceicãos Freundin Maria an. Es geht um Ereignisse und Ideologien der Zeit zwischen den beiden Weltkriegen. Hier sind die

Sprachkenntnisse vieler Schülerinnen und Schüler schon deutlich besser.

Am nächsten Tag machen wir einen Ausflug mit Lindas Vater. Er zeigt uns ein verlassenes Dorf unweit von Alvarenga. „Hier wurde während des zweiten Weltkriegs Wolfram gefördert und nach Deutschland exportiert", erklärt er uns. Er zeigt uns die Eingänge zu den Erzgruben und verlassene Arbeiterunterkünfte. Hier herrscht eine ziemlich gespenstische Atmosphäre und wir bleiben daher nicht besonders lange.

Ein Freund von Lindas Vater leiht uns für drei Tage ein Auto, so dass wir nach zu Tante Alice fahren können, die in der Nähe von Porto wohnt. Wir genießen leckeres Essen und verbringen einen Tag mit Sandra und ihrem Freund Pedro am Strand in Leca da Palmeira. Wir sind wahrscheinlich die ersten Strandurlauber des Jahres, aber bei etwa 20°C kann man es dort schon sehr gut aushalten. Für die Portugiesen ist es aber noch viel zu kalt, Pedro hat deswegen auch keine Badesachen dabei und legt sich in Jeans und Hemd zu uns auf die Strandmatten.

Am nächsten Tag besichtigen wir wieder einmal eine Portweinkellerei. Lindas Cousine Sandra hat vorgeschlagen, die Keller von Sandeman zu besuchen. Am Karsamstag fahren wir zurück nach Arouca. Unterwegs machen wir noch einen Abstecher nach Rio de Moinhos zu Isabel und ihrer Familie.

Nachdem wir unsere Sachen ausgeladen haben, fahren wir zu Arménios Freund, um das Auto zurückzubringen. Lindas Vater ist mitgekommen, um uns wieder mit nach Hause zu nehmen. „Eine Bier?" fragt er mich auf Deutsch, als wir wieder angekommen sind. Das ist an diesem Abend eine willkommene Erfrischung. Jetzt will Linda noch etwas für Ostern vorbereiten. In Portugal ist es üblich, Blütenblätter von Pfingstrosen zu sammeln und mit diesen am Ostersonntagmorgen den Hauseingang zu schmücken.

„Früher habe ich die Blüten in Alvarenga von einem Baum bei uns Garten geholt", erzählt mir Linda.

Jetzt hat ihre Mutter schon einen Korb vorbereitet. Wir haben aus Deutschland einige Osterbastelbögen mitgebracht, mit denen wir mit Conceicão Osterhasen basteln.

Am Ostersonntagmorgen werden wir durch lautes Knallen geweckt. Ich frage Linda was draußen los sei und sie erklärt: „Der Pastor hat angefangen, seine Hausbesuche am Ostertag zu machen. Er zieht durch die ganze Gemeinde von Haus zu Haus und segnet das Haus mit Weihwasser. Viele Menschen bieten ihm auch etwas zu trinken an."

„Was bekommt er denn so?" frage ich neugierig. „Kaffee oder Tee?"

„Ich glaube eher Wein oder einen Likör", antwortet meine Frau. „Immer wenn er mit den Messdienern in einen neuen Ortsteil kommt, werden Böller abgefeuert, um sein Kommen anzukündigen."

Da die Böllerschüsse noch weit entfernt klingen, stehen wir ganz gemütlich auf, machen uns frisch, ziehen uns an und gehen zur nahegelegenen Bäckerei, um *„Pão de Ló"* zu kaufen. Dieser Eierkuchen ist eine typische portugiesische Osterspezialität. Jede Familie hat ihr eigenes Rezept.

„Früher haben wir in Alvarenga unser eigenes *Pão de Ló* gebacken. Dafür hat meine Mutter 14 Eier genommen", erzählt Linda. „Für jedes Ei braucht man einen gehäuften Löffel Mehl und einen gestrichenen Löffel Zucker. Zuerst muss man die Eiweiße von den Eigelben trennen. Dann schlägt man das Eigelb mit sieben Löffeln Zucker bis man eine schaumige Creme hat. Das Eiweiß muss geschlagen werden, bis es fest ist, dabei gibt man nach und nach die restlichen sieben Löffel Zucker dazu. Danach wird das Mehl in die Eigelb-Zucker-Mischung gesiebt und vorsichtig die Eiweiß-Zucker-Mischung untergehoben. Manchmal haben wir auch etwas Vanille oder

Zitronenaroma hinzugefügt. Den Teig gibt man in eine runde Form und lässt ihn eine Dreiviertelstunde bei 200°C backen."
Als wir von der Bäckerei zurückkehren, treffen wir Laurinda. Obwohl es Sonntagmorgen ist, ist sie schon im Garten und versorgt die Tiere. Natürlich muss die Kuh auch an diesem Morgen gemolken werden. Nach einiger Zeit taucht Laurinda in der Küche auf und bietet uns Kaffee und frische Milch an. Auch die Brötchen sind schon geliefert worden und so können wir uns doch noch gemeinsam auf die Hocker in der Küche setzen und gemeinsam frühstücken. Mit den gebastelten Osterhasen, die Conceicão und Linda auf den Tisch stellen, wird der Tisch geschmückt. Als wir fast fertig mit frühstücken sind, taucht Arménio auf.

„Você quer comer uma fatia de Pão de Ló?- Wollt ihr ein Stück Eierkuchen essen?", fragt ihn Linda. (In ihrer Generation war es noch üblich, die Eltern mit der Höflichkeitsform „você" anzusprechen.)

„Nein, nein", antwortet er, „ich bin schon um sieben Uhr aufgestanden und habe einen Freund besucht. Dort habe ich schon eine Tasse Kaffee getrunken. Und jetzt ist es doch schon 10 Uhr. Da ist es doch bald Zeit für das Mittagessen!"

Wir lassen uns das Frühstück trotzdem schmecken und essen beim Mittagessen einfach etwas weniger. Danach kommen die Böllerschüsse langsam näher, die Blüten werden gestreut und nach einer Weile kommt endlich der Pastor und redet ein paar Worte mit Linda und ihren Eltern. Er segnet das Haus, dann spenden wir noch etwas Geld und der Kirchenmann zieht weiter.

Am nächsten Tag ist Ostermontag. In Portugal ist dies ein Arbeitstag, aber Sandra hat Osterferien und hat daher Zeit, um uns abzuholen und wir fahren gemeinsam noch einmal nach Ermesinde bei Porto.

„Habt ihr schon überlegt, was ihr in den nächsten Tagen noch unternehmen wollt?", fragt sie uns während der Fahrt.

„Wir wollen gern noch einen Tag in Porto verbringen und dort unseren Freund Gerd treffen. Er besucht die Schwiegereltern seines Bruders in Leiria. Von dort ist es nicht so weit nach Porto. Da wollen wir uns morgen an der *Ponte Dom Luis* treffen."

„Dann fahrt ihr morgen am besten mit dem Bus in die Stadt. Dann braucht ihr nicht nach einem Parkplatz zu suchen und die Busfahrkarten sind ziemlich billig."

Gesagt, getan; unterwegs kommen wir an dem kleinen Restaurant von Tante Arminda vorbei, wollen aber heute nicht reinschauen. An der Endstation steigen wir aus und bummeln durch Geschäfte, Buchhandlungen und schließlich gelangen wir zu einer großen Markthalle; Linda ist begeistert von dem riesigen Angebot an Blumen, Obst, Gemüse und vor allem Fisch.

Um fünf Uhr nachmittags wollen wir uns mit Gerd an der Ponte Dom Luis treffen. Wir treffen pünktlich um kurz vor fünf an der Brücke ein, aber von Gerd gibt es noch keine

Spur. Wir warten einige Minuten, dann werde ich zum ersten Mal skeptisch.

„Gerd ist sonst immer sehr pünktlich und zuverlässig", erkläre ich.

„Vielleicht wartet er auf der anderen Seite der Brücke oder an der oberen Fahrbahn", meint Linda.

„Das kann ich mir nicht vorstellen, wir hatten ausdrücklich gesagt: Ponte Dom Luis, untere Fahrbahn, auf der Seite von Gaia. Aber ich kann ja mal nach ihm schauen. Du wartest am besten hier ich bin in ein paar Minuten wieder zurück."

Ich gebe ihr einen Kuss und spaziere auf die andere Seite der Brücke - von Gerd ist nichts zu sehen. Ich nehme die Treppe nach oben. Auch dort finde ich ihn nicht. Ich gehe wieder auf die andere Seite - kein Gerd. Über kleine Gassen und Treppen komme ich nach einer Viertelstunde wieder zurück zu Linda.

„Und, ist er inzwischen angekommen?"

„Nein, ich habe ihn nicht gesehen", antwortet sie, „und du?"

„Keine Spur."

Das ist doch sehr komisch. Wir sind ratlos.

„Vielleicht ist er in einen Stau gekommen und verspätet sich deswegen."

„Ja, könnte sein, aber was machen wir nun?"

„Wir könnten drüben in Porto etwas essen gehen. Von dem Restaurant da drüben können wir die Brücke beobachten. Und wenn wir fertig sind, kommen wir noch einmal zurück."

Wir machen uns also auf den Weg.

„Einen Tisch am Fenster bitte. Wir wollen gern beim Essen die Brücke sehen", bittet Linda den Kellner im Restaurant. Er schaut etwas verdutzt, begleitet uns dann aber zum gewünschten Platz.

Wir bestellen einen Kartoffelauflauf mit Fisch und Salat und schauen zwischendurch immer wieder auf die Brücke. Inzwischen ist die Dämmerung angebrochen und wir sehen nicht mehr wirklich gut, was sich an der Brücke abspielt, aber Gerd ist 1 Meter 95 groß und so denken wir, dass wir ihn doch sehen würden. Aber leider tut sich nichts, während wir auf das Essen warten, nichts, während wir essen und wir treffen Gerd auch nicht, als wir nach dem Essen noch einmal an den verabredeten Treffpunkt zurückkehren. Inzwischen ist es dunkel und wir gehen zurück zum Busbahnhof, wo wir nach der richtigen Bushaltestelle Ausschau halten.

„Hoffentlich ist ihm nichts passiert", meint Linda als wir wieder in Ermesinde eintreffen. Am nächsten Morgen klingelt das Telefon bei meiner Tante. Gerd meldet sich.

„Was ist passiert? Warum bist du gestern nicht gekommen?" frage ich.

„Ich habe die richtige Autobahnabfahrt nach Gaia verpasst und dann bin ich einige Zeit in Porto herumgeirrt, aber ich habe den Weg zur Brücke nicht gefunden und dann bin ich irgendwann entnervt wieder zurückgefahren", erklärt er.

„Das ist schade, da bist du über 200 km umsonst gefahren."

„Ja, leider, und morgen ist mein Urlaub auch schon zu Ende, also in diesem Jahr wird es nichts mit einem Treffen, aber vielleicht klappt es ein anderes Mal."

Uns bleibt an einem der nächsten Tage noch Zeit mit Sandra abends zu einem Einkaufszentrum zu fahren. In der Eingangshalle stehen neue Automodelle - das ist wieder eine gute Gelegenheit für die jungen Damen sich in Pose zu werfen und sich von mir fotografieren zu lassen. Schließlich finden wir auch noch ein Restaurant, wo wir zum ersten Mal in Portugal chinesisch essen. Wir haben genügend Zeit und so lassen wir uns alle Stäbchen bringen und genießen das Essen besonders.

Am nächsten Tag heißt es wieder Kofferpacken. Sandra bringt uns zum Flughafen und wir verabschieden uns bis zum nächsten Mal. Passenderweise läuft gerade „Time to say good-bye" von Sarah Brightman und Andrea Bocelli im Radio, als wir aus dem Auto aussteigen.

1999 – „*Aqui nasceu Portugal*"

Die Weihnachtsferien 1998/1999 wollten Linda und ich, wie in den letzten Jahren, bei meinen Eltern verbringen. Linda war inzwischen hochschwanger - Geburtstermin sollte der 12. Januar 1999 sein.

Da sie sich auch nach den Weihnachtsfeiertagen noch ziemlich fit fühlt, fahren wir mit unserem Mazda am 28. Dezember 1998 nach Amsterdam, um dort ein oder zwei Tage zu verbringen. Obwohl ich mittlerweile eine feste Stelle als Lehrer gefunden habe, wollen wir nicht mehr Geld für die Übernachtung ausgeben als nötig und quartieren uns somit in der Jugendherberge im „Vondelpark" ein. Nachmittags und abends machen wir noch einen ausgedehnten Spaziergang durch die Innenstadt, am nächsten Tag fahren wir wieder in Richtung Deutschland.

„Ich war noch nie in Flevoland; wir könnten doch über Lelystad und Harderwijk zurück zu meinen Eltern fahren", schlage ich unterwegs vor.

Linda ist einverstanden und so machen wir uns nach dem Frühstück wieder auf den Weg. Auf der A6 kommen wir schnell voran und erreichen nach einer guten halben Stunde Lelystad, die Stadt die ihren Namen dem niederländischen Ingenieur Cornelis Lely verdankt, der schon 1886 die Idee hat, einen Abschlussdeich zu bauen und damit die Zuiderzee nach und nach trocken zu legen. Die Stadt ist nicht sonderlich interessant und so suche ich auf der Karte nach weiteren Sehenswürdigkeiten in der Umgebung.

„Gibt es hier keinen Zoo?" fragt Linda.

„Hier in der Nähe gibt es einen Naturpark mit Bisons und Elchen. Wenn das nicht zu anstrengend für dich ist, können wir dort hinfahren."

Linda ist einverstanden. Wir parken beim Info-Pavillon und machen uns auf den Weg, doch als wir nach einer halben Stunde zwar viel Natur, aber nur einige Störche und Hirsche gesehen haben, ist Linda etwas enttäuscht und meint: „Ich glaube, es lohnt sich nicht mehr weiter zu gehen. Kehren wir lieber wieder um."
„OK", sage ich, „fahren wir weiter. Vielleicht sehen wir unterwegs noch etwas anderes Interessantes."
Nachdem wir Apeldoorn und Arnhem passiert haben, nähern wir uns der niederländisch-deutschen Grenze und wir müssen uns entscheiden, ob wir noch einmal irgendwo unterwegs übernachten wollen.
„Hier geht es links ab auf die A18 Richtung Aalten", werfe ich ein, „da könnten wir noch etwas essen gehen und dann weiter zu meinen Eltern fahren."
„Das ist eine gute Idee."
In der Nähe des Bahnhofs liegt das Restaurant „Wan Sheng", das ich schon aus einigen früheren Besuchen mit meinen Eltern kenne. Wir lassen uns das *„Tjap Tjoy"* und *„Kong Pao Ha"* gut schmecken und essen bis wir fast platzen. Nach Hause ist es nur noch ein Katzensprung und um 21.00 Uhr sind wir wieder bei meinen Eltern, die es sich im Wohnzimmer vor dem Fernseher gemütlich gemacht haben. Linda ist nach den beiden Tagen sehr müde und macht sich gleich auf den Weg ins Schlafzimmer. Ich erzähle meinen Eltern noch ein bisschen von unseren Tagen in Holland und kuschele mich dann auch unter die Bettdecke.
Am nächsten Morgen wecken mich die ersten Sonnenstrahlen, die in unser Zimmer scheinen und ein aufgeregtes Gespräch aus dem Flur. Ich höre etwas von Arzt, Krankenhaus, Fruchtblase. Linda überlegt, ob sie zum Arzt oder gleich ins Krankenhaus fahren soll, weil sie sicher ist, dass ihre Fruchtblase geplatzt ist. Wir entscheiden uns für das Krankenhaus. Ich ziehe mich schnell an und bei strahlendem Sonnenschein fah-

ren wir zum St.-Agnes-Hospital, das am anderen Ende der Stadt liegt. Nachdem sie sich angemeldet hat, wird Linda gleich untersucht und es stellt sich heraus, dass die Geburt bald erfolgen wird. Den ganzen Tag lang werden immer wieder die Wehentätigkeit und die Vitalzeichen des Babys untersucht. Am Abend stellen die Ärzte fest, dass das Baby nicht mehr optimal versorgt wird.
„Wir müssen einen Kaiserschnitt machen", entscheidet der Oberarzt.
„Kann ich bei der Geburt dabei sein?" frage ich, denn schließlich habe ich mit Linda einen Geburtsvorbereitungskurs besucht, bei dem ich gelernt habe, wie ich meine Frau unterstützen kann.
„Nein, das machen wir nicht mehr. Es sind schon zu viele Männer bei der Geburt ohnmächtig geworden. Das ist zu gefährlich."
Ich darf noch mit Linda bis zum OP-Bereich fahren und dann bleibt mir nichts weiter übrig, als auf dem Flur vor einer Milchglastür zu warten. Es dauert ungefähr eine Stunde, bis die Tür wieder aufgeht und unser erster Sohn in einem kleiner Bettchen herausgefahren wird. Ich bin total erleichtert, dass es ihm gut geht und fahre mit dem Assistenzarzt im Aufzug zum Babyzimmer, wo Oscar gewaschen und gewickelt wird. Dann darf ich mich auf einen bequemen Sessel setzen und mit ihm auf dem Arm auf Linda warten, die nach etwa einer weiteren Stunde müde aber glücklich aus dem OP-Saal zurückkehrt. Mittlerweile ist es kurz nach Mitternacht und die Schwestern machen noch ein Polaroid-Foto von uns dreien, bevor ich mich verabschiede und die Nacht bei meinen Eltern verbringe. Linda und Oscar müssen noch eine Woche im Krankenhaus bleiben.
Genau sechs Monate später, am 4. Juli 1999, fliegen wir zum ersten Mal zu dritt nach Portugal. Da Linda sich in Elternzeit befindet, haben wir in diesem Jahr vier Wochen Zeit für unse-

ren Sommerurlaub. Linda ist sehr stolz ihren Eltern und ihrer Familie unseren Sohn zu zeigen. Wir haben noch keine Erfahrung und machen uns wenig Gedanken über einige Dinge, wie zum Beispiel einen Pass für Oscar zu beantragen. Wir wollen, dass er bei uns ist und dafür sorgen, dass es ihm gut geht. Als wir am Flughafen einchecken wollen, fragt uns die Bodenstewardess nach unseren Pässen.
„Und wo ist der für das Baby?"
„Er ist doch noch keine zwei Jahre alt", erwidere ich. „Wir brauchten für ihn keinen Flugschein, da haben wir auch noch keinen Pass beantragt." „Das geht aber nicht. Jeder Passagier benötigt einen Pass oder Personalausweis."
Es wird mir ganz heiß zumute; ich sehe schon unseren Urlaubsflug ins Wasser fallen. Da beruhigt uns die Stewardess mit den Worten: „Es ist noch genügend Zeit bis zum Start. Gehen Sie mit dem Kind zur Bundespolizei hier am Flughafen. Dort bekommen sie einen Reiseausweis als Passersatz für ihren Sohn. Den können Sie dann bei der Bordkartenkontrolle vorzeigen."
Eine halbe Stunde später halten wir das benötigte Dokument in unsren Händen und begeben uns in den Warteraum am Flugsteig. Jetzt macht sich Linda etwas Sorgen, wie Oscar wohl den Flug überstehen wird, aber es wird einer der entspanntesten Flüge, die wir je hatten. Kurz vor dem Start stillt Linda unseren Sohn, wobei er einschläft. Danach legt sie ihn in das Kinderbettchen, das die Stewardess vorher für uns an der Kabinenwand befestigt hat. Beim Start stöhnt er ein bisschen, lässt sich aber mit einem Schnuller schnell wieder beruhigen. Danach schläft er zwei Stunden lang, so dass wir in Ruhe Zeitungen und Zeitschriften lesen und essen können. Kurz vor der Landung wacht Oscar wieder auf, trinkt etwas Tee und freut sich, dass er ausgeruht in Portugal ankommt.
Am Flughafen von Porto werden wir von Onkel Joaquim abgeholt, der mit uns zu Senhor Vieira fährt. Die beiden hat-

ten uns im Sommer zuvor in Münster besucht und Vieira will sich gerne mit einer Einladung zum Mittagessen bei sich zu Hause revanchieren. Es gibt mal wieder *Bacalhau*, diesmal mit Kartoffeln und Salat, dazu einen eiskalten „*Vinho Verde*" und zum Abschluss ein Gläschen Portwein. Natürlich wollen alle Oscar auf den Arm nehmen, der inzwischen dank Mutters Milch und Milch aus dem Fläschchen ein kräftiger Junge geworden ist. So nennen ihn dann sofort alle „*gordinho*", was so viel wie „Dickerchen" bedeutet. Senhor Vieira leiht uns für die nächsten 14 Tage einen VW Passat, mit dem wir zunächst nach Matosinhos fahren, wo wir Sandra und ihre Tochter Lucia treffen und dann weiter nach Arouca.

„Ich bin gespannt, ob wir den Weg nach Arouca sofort finden", meint Linda als wir auf der A1 in Richtung Süden unterwegs sind. Denn diesmal sind wir ohne Lindas Vater unterwegs. Doch mittlerweile ist dies ziemlich einfach geworden, denn schon an der Autobahn ist Arouca wegen seines bekannten Klosters gut ausgeschildert. So erreichen wir das Haus meiner Schwiegereltern am frühen Nachmittag. Es sind etwa 30°C im Schatten und wir sind alle drei nass geschwitzt, wobei Susanne die Hitze natürlich besser vertragen kann als ich. Als wir aus dem Auto aussteigen treffen wir Laurinda, Arménio und Emilia, die mit ihren Eltern und Großeltern Urlaub in Portugal macht.

„Jetzt müssen wir uns erst mal erfrischen", schlage ich vor.

„Gute Idee", meint Linda, „du kannst duschen gehen und ich kann Oscar draußen baden."

„Ich habe noch ein kleines Planschbecken hier unten im Abstellraum und einen Teppich, den ihr darunter legen könnt", sagt meine Schwiegermutter und so bereiten wir erst einmal das Planschbecken vor, wobei ich noch mehr schwitze, aber was tut man nicht alles für seinen Sohn. Oscar hat jedenfalls seinen Spaß und Emilia schaut interessiert zu.

„Bald hast du eine Schwester, die auch so planschen wird", erklärt ihr Linda, denn Lindas Schwester Paula ist schwanger und erwartet im Oktober ihr zweites Kind. Nach einer Weile kommt auch Arménio dazu und meint: „Jetzt bade ich auch meine Hunde."
Laurinda hat sich inzwischen ihre Gummihandschuhe übergestreift und Seife mitgebracht. Arménio hat den Gartenschlauch angeschlossen und nun werden die beiden Jagdhunde abwechselnd nass gemacht, eingeseift und wieder abgespült.
„Jetzt sind die Hunde schön sauber", erklärt Emilia nachdem die Waschaktion beendet ist. Mittlerweile hat auch Oscar genug gebadet und wird von Linda abgetrocknet. Kurze Zeit später treffen auch Paula, Folkert und seine Eltern ein – sie baden jedoch nicht.
„Wollen wir zusammen essen?" fragt Linda ihre Schwester.
„Also ich weiß nicht, ich muss erst mit meinen Schwiegereltern sprechen."
Zwei Minuten später kehrt Paula zurück und verkündet: „Wir können alle zusammen essen, meine Mutter hat alles was wir brauchen im Kühlschrank und in der Vorratskammer. Ich koche für uns."
Eine Stunde später sitzen wir alle zusammen an einer langen Tafel im Wohnzimmer und lassen uns das Mahl schmecken, denn Paula kann sehr gut kochen. Das hat sie als junge Frau im Café ihrer Tante Alice gelernt.
„Jetzt müssen wir aber endlich mal zum Strand", erkläre ich nach zwei Tagen in Arouca.
„Gut, aber wir müssen gut überlegen, was wir alles mitnehmen", antwortet Linda. „Hol du schon mal die Handtücher und die Sonnenmilch, ich mache in der Zwischenzeit ein Milchfläschchen für Oscar fertig. Dann packen wir noch ein Paar Brötchen, Obst, Kekse und etwas zu trinken ein."
Zusammen mit Paula und ihrer Familie fahren wir nach Furadouro, wo wir den Tag am Strand verbringen. Wir mieten ein

kleines Strandzelt, das die Portugiesen „*barraquinho*" nennen, wo wir uns auch mal in den Schatten legen können. Natürlich will Linda auch dieses Mal ihre Onkel und Tanten in Porto besuchen. Als erstes fahren wir zu Tante Alice nach Ermesinde. Als wir ankommen, versorgt sie gerade ihre Hunde im Garten.

„Hallo Linda, wie schön, dich zu sehen. Und der kleine, wie geht es ihm?"

„Wie du siehst, hat er sich schon ganz gut entwickelt."

„Kommt herein, ihr könnt euch erst einmal erfrischen und dann können wir zusammen essen", schlägt sie vor.

„*Voces gostam do maccarao?*"

„Was ist ‚*Maccarao*?" frage ich Linda.

„Maccarao heißt Makkaroni", klärt sie mich auf.

"Aha, es gibt Nudeln."

„*Sim*, Nudeln mit eine Sauce mit Tomaten, Sahne und *atum*", erkärt Tante Alice weiter in einer Mischung aus Deutsch und Portugiesisch.

„*Atum* heißt Thunfisch."

„Ja, das weiß ich noch."

Eine Stunde später sitzen wir gemütlich am Tisch und stärken uns. Linda hat Oscar vorher gestillt, so dass dieser schläft und wir ungestört das Essen genießen können.

„Ich habe eine schwarze Bier im Kühlschrank. Möchten Sie das dazu trinken?" fragt Tante Alice diesmal ganz auf Deutsch. Sie siezt mich, weil die Höflichkeitsform in Portugal in der älteren Generation noch weit verbreitet ist.

„Ja sehr gerne", antworte ich und bin überrascht über ein Schwarzbier aus portugiesischer Produktion.

„Das kann man hier im Supermarkt kaufen", erklärt Tante Alice. Später entdecken wir, dass sich eine deutsche Discounter-Kette schon bis nach Portugal ausgedehnt und auch einige deutsche Produkte in ihrem Angebot hat.

Nach dem Essen machen wir Pläne für das bevorstehende Wochenende.

„Morgen können wir zusammen einen Ausflug machen", schlägt Tante Alice vor.

„Ja, OK."

„Waren Sie schon einmal in Guimarães? Das ist eine sehr schöne, alte Stadt."

„Wie lange fährt man dorthin?" will Linda wissen.

„Ungefähr eine Stunde. Ist nicht so weit", meint Tante Alice.

„Gut, einverstanden."

Am nächsten Morgen brechen wir nach dem Frühstück auf. Nach knapp einer Stunde erreichen wir tatsächlich Guimarães. Als erstes fahren wir zu einer Kirche auf einem Berg. Wir steigen aus dem Auto aus, legen Oscar in den Kinderwagen und verlassen den Parkplatz.

„Das ist der ‚*Montanha da penha*'" (Berg der Schmerzen), erklärt Tante Alice und wir spazieren durch ein kleines Wäldchen, vorbei an einer Statue Papst Pius IX., zu der kleinen Wallfahrtskirche, die sich auf der Spitze des Berges befindet. Von oben hat man einen herrlichen Blick auf die ganze Stadt und die umliegenden Hügel. Wie so häufig bei Wallfahrtsorten gibt es natürlich auch Cafés, Restaurants und Andenkenläden in der Nähe, wo schon einiger Trubel herrscht. Wir machen uns daher auf, die Stadt selbst zu erkunden.

„*Aqui nasceu Portugal* - Hier wurde Portugal geboren" lesen wir als wir die Stadtmauer von Guimarães erreichen. Aus dieser Stadt soll nämlich Afonso Henriques stammen, der sich 1139 von Spanien lossagte, sich selbst zum ersten König Portugals und Guimarães zur ersten Hauptstadt erklärte. Wir gehen erst einmal zum Marktplatz, wo wir uns an einem Brunnen alle ein bisschen abkühlen können.

„Da, da, da", zitiert Oscar den Hit der Gruppe Trio aus dem Jahre 1982, als er das Wasser aus dem Brunnen plätschern sieht. Weiter geht es durch die schmalen Gassen der Altstadt.

„Wie eng die Häuser hier an der Straße stehen! Und nirgendwo gibt es einen Garten", wundert sich Linda, aber so wurden Städte im Mittelalter nun einmal gebaut. Nach einer guten halben Stunde erreichen wir wieder Tante Alice' Auto. Wir setzen Oscar wieder in seinen Kindersitz, verstauen den Kinderwagen im Kofferraum und machen noch eine kleine Stadtrundfahrt, bei der wir auch noch einen Blick auf die Kathedrale werfen. Sehr lange wollen wir nicht mehr bleiben, denn zum Abendessen sind wir mit Tante Alice' Freundin Mariazinha verabredet. Als wir im Restaurant ankommen, werden wir von Mariazinha schon freudig erwartet. Wir setzen uns an einen kleinen alten Tisch in dem gemütlichen Restaurant. Auf dem Tisch steht bereits ein kleiner Korb mit Brötchen und *„broa"* (Maisbrot), Oliven, Butter und Olivenpaste. Als Hauptgericht kommt dann kurze Zeit später Garnelen mit Reis. Dazu trinken wir natürlich Rotwein. Während des Essens erzählt uns Mariazinha aus ihrem Leben.

„Mit Mitte 20 bin ich mit meinem Mann nach Angola gezogen. Hier in Portugal war das Leben Anfang der 60er Jahre sehr schwierig. Die Wirtschaftslage war schlecht und viele verließen das Land, um ein besseres Einkommen zu erzielen oder um dem Militärdienst zu entkommen. Ungefähr 350000 Portugiesen lebten Anfang der 1970er Jahre in Angola. Nach der Nelkenrevolution 1974 sind wir dann wieder nach Portugal zurückgekehrt und ich habe dieses Restaurant eröffnet." Damals war noch nicht abzusehen, dass mit dem Einsetzen der europäischen Schuldenkrise 2009 wieder Tausende von Portugiesen ihr Heimatland verlassen würden um nach Angola überzusiedeln. So berichtete die portugiesische Wirtschaftszeitung "*Diário Económico*" vor kurzem, dass allein 2011 zwischen 100.000 und 120.000 Portugiesen ihre Heimat verlassen hätten. Fünf Jahre zuvor lag die Zahl noch bei 55.000. Auch Linda hat zwei Cousins, die schon seit einigen Jahren mit ihren Familien in Frankreich leben.

Wir sind nach zwei Stunden satt und zufrieden und kehren mit Tante Alice nach Ermesinde zurück.

„Sollen wir heute einen Ausflug nach Porto machen?" schlage ich einige Tage später vor.

Linda ist gleich einverstanden. „Ja gut, da fahren wir am besten wieder mit dem Bus, so wie vor zwei Jahren."

Allerdings ist diesmal mit Kind und Kinderwagen alles ein bisschen beschwerlicher. Wir steigen am Busbahnhof aus und laufen zunächst zur oberen Fahrbahn der Ponte Dom Luis. Von dort genießen wir den schönen Ausblick auf Porto, Gaia und den Rio Douro dazwischen. Unten sehen wir einige kleine Schiffe auf dem Fluss.

„Wir könnten doch auch einmal eine Schiffstour auf dem Douro machen." „Gut, dann müssen wir aber nach unten."

Damit wir den Kinderwagen nicht die Treppenstufen an der Brücke heruntertragen müssen, machen wir lieber einen kleinen Umweg über die *Rua das Flores* und den *Largo Saõ Domingos* zur *Ribeira*, wo einige kleine Schiffe auf Fahrgäste warten.

Wir entscheiden uns für die 5-Brücken-Kreuzfahrt. Zunächst schippert das Boot flussaufwärts und unterquert die Ponte Dom Luis sowie die beiden nahegelegenen Eisenbahnbrücken.
„Diese beiden Brücken sind die *Ponte Dona Maria Pia* und *Ponte de Saõ Joaõ*", erklärt die Reiseführerin.
Oscar sitzt in seinem Kinderwagen und hört interessiert oder zumindest hypnotisiert er die Sprechende. Linda nimmt ihn auf den Arm, damit er auch etwas vom Fluss und den ihn überquerenden Brücken sehen kann. Oscar ist aber etwas unruhig - er will auch die Reiseführerin aus der Nähe sehen.
„*Anda-ca, eu vou pegar em ti* - Komm, ich nehme dich auf den Arm", sagt sie und Oscar lässt sich gern von ihr nehmen, vor allem, weil sie ein sehr interessantes Mikrofon hat, das er auch gern einmal halten möchte. Das geht aber nicht und so lässt das Interesse nach kurzer Zeit auch wieder nach und Oscar kehrt zu seiner Mutter zurück. Weiter geht es zu der im Bau befindlichen Brücke, die Areinho im Süden mit dem Portuenser Stadtteil Campanha verbinden soll, bevor auch das Schiff umkehrt.
„Eine Brücke fehlt uns noch, damit wir auf fünf kommen" und so fahren wir flussabwärts vorbei an Porto auf der rechten und Vila Nova de Gaia auf der linken Seite vorbei in Richtung Atlantik. Kurz vor der Mündung des Flusses überquert die „*Ponte da Arrabida*" den Fluss. Wir drehen kurz vor Erreichen des Meeres ein weiteres Mal um und gelangen einige Minuten später wieder zum Anleger zurück.
Wir haben aber noch nicht genug gesehen, und spazieren von der Ribeira noch zum „*Torre dos Clerigos*". Der Turm wurde 1732 - 1748 nach Plänen des italienischen Baumeisters Nicolau Nasoni errichtet und ist der höchste Kirchturm in ganz Portugal. Im Turm gibt es sechs Stockwerke und wir müssen 230 Stufen erklimmen, um ganz oben anzukommen. Von dort sehen wir die ganze Altstadt mit der Kathedrale und auch

noch einmal die Ponte Dom Luis, an der wir uns zwei Jahre zuvor mit meinem Freund Gerd treffen wollten.

Seit einem Jahr arbeitet er wieder in Deutschland, macht aber in diesem Sommer auch Urlaub in Portugal und wir haben uns in dem Badeort Costa Nova in der Nähe von Aveiro verabredet. Wir hoffen, dass er sich dieses Mal nicht verfährt.

Kurz vor Aveiro meldet sich die Tankanzeige unseres Wagens. „Komm, wir tanken jetzt, dann brauchen wir uns auf der Rückfahrt nicht mehr darum zu kümmern", schlägt Linda vor.

Ich steuere die nächste Tankstelle an und als ich gerade fertig mit Tanken bin und den Einfüllstutzen wieder aufhänge, steigt aus dem Auto hinter uns, ein nur allzu bekanntes Gesicht auf. Es ist Gerd, der mit seinem Bruder, seiner Schwägerin und ihren drei Kindern auf dem Weg zum verabredeten Treffpunkt ist. Nachdem wir uns vor zwei Jahren ganz verpasst haben, treffen wir uns nun schon vor dem Treffpunkt! Wir fahren hintereinander nach Costa Nova, verbringen den Nachmittag am Strand und machen am Abend noch einige Erinnerungsfotos vor den bunten Ferienhäusern am Strand, bevor wir uns voneinander verabschieden.

Wir nehmen die IP 5 in östlicher Richtung, um Lindas Onkel Tonito zu besuchen. Er hat sich von seiner Frau getrennt und wohnt nicht mehr in Seia, sondern im nahegelegenen Carvalhal da Louca unweit des *Rio Mondego*. Als wir an seinem Haus eintreffen, liegt er gerade in einer Hängematte, die er vor kurzem aus Brasilien mitgebracht hat, während seine Freundin in der Küche das Abendessen zubereitet. Die Nacht verbringen wir im Gästezimmer, wo sich ein recht kleines Doppelbett befindet, das wir uns zu dritt teilen wollen. Am nächsten Morgen ist Linda gleich ganz aufgeregt. Oscar ist an Armen und Beinen von Mückenstichen übersät. Zum Glück haben wir ein Gel gegen Insektenstiche dabei, so dass sich der Juckreiz in Grenzen hält.

Nach dem Frühstück bittet Tonitos ältester Sohn Edgar: „*Pai, vamos dar uma volta de moto?* - Papa kannst du mit uns eine Runde Motorrad fahren?"
Tonito will erst noch in Ruhe seinen Kaffee trinken, dann holt er das Motorrad aus dem Schuppen. Es ist eine leichte Moto-Cross-Maschine, praktisch in der portugiesischen Berg- und Hügellandschaft und ein Spaß für seine Kinder. Sie sind vier und anderthalb Jahre alt und wir finden, dass es ziemlich gefährlich ist, dass er sie abwechselnd hinten auf dem Motorrad mitnimmt. Tonito sieht das Ganze aber sehr locker.
„Lass mich Oscar auch mitnehmen", schlägt er vor
„Nein, nein, nein, das kommt nicht in Frage", wehrt Linda ab.
Wir packen lieber etwas zu essen und zu trinken ein und fahren mit dem Auto zu einem kleinen See in der *Serra da Estrela*. Dort kann Oscar auf einer Decke im Schatten liegen und wir erfrischen uns abwechselnd im kühlen Nass des Sees.
Nachmittags fahren wir mit Tonito und seiner Familie zu einem Café in der Nähe von Covilhã. Wir setzen uns an einen der Tische unter Lindenbäumen und genießen *café, galão* und Limonade. Danach spazieren wir noch ein bisschen vorbei an einigen alten Häusern zu einem Aussichtspunkt. Von hier aus reicht der Blick bis nach Spanien.
Nach zwei Tagen nehmen wir Abschied von Tonito und seiner neuen Familie und fahren zurück nach Porto, wo wir das Auto wieder zu Senhor Viera zurückbringen wollen. Wir haben aber noch zwei Wochen Urlaub vor uns, die wir in Arouca verbringen wollen. Jetzt müssen wir sehen, dass wir ohne Auto zu Recht kommen. Aber es gibt ja regelmäßige Busverbindungen.
Zunächst nehmen wir den Bus von Porto nach São João de Madeira. Das Gelände ist flach, die Straßen hier sind alle gut ausgebaut und so erreichen wir die Kreisstadt nach einer Dreiviertelstunde. Allerdings hat der Bus keine Klimaanlage und so sind wir alle ziemlich durchgeschwitzt, als der Bus am Bus-

bahnhof eintrifft. Linda will Oscar etwas zu trinken geben, aber er will nicht trinken und jammert schon seit einer Weile. Linda fühlt seinen Kopf und meint: „Er hat bestimmt Fieber und ausgerechnet jetzt haben wir kein Auto."
„Aber der Bus nach Arouca fährt doch in einer halben Stunde."
„Ja, aber dann dauert es nochmal eine Stunde bis wir in Arouca sind. Ich muss unbedingt mit dem Jungen zu Arzt!"
Die halbe Stunde verbringen wir so gut es geht auf einer Bank im Schatten. Ich hole aus einem Supermarkt noch ein paar Brötchen und etwas zu trinken, aber Linda macht sich nur noch Sorgen um Oscar. Die Busfahrt nach Arouca ist dann auch kein Vergnügen. Die Straßen sind eng und kurvig, aber der Busfahrer fährt ziemlich rasant und als wir in Arouca eintreffen, fühlen sich auch Oscars Eltern ziemlich schlecht. Linda will sofort zu einem Arzt; ich überrede sie aber zunächst zu ihren Eltern zu gehen. Dort gibt sie Oscar Tee und macht einen Wadenwickel. Sie stillt ihn und nach zwei Tagen ist alles wieder in Ordnung. Es war nur ein Drei-Tage-Fieber, wie es viele Kinder in diesem Alter bekommen und wir können die letzte Ferienwoche doch noch etwas genießen. Wir gehen noch das eine oder andere Mal mit Oscar in der Stadt spazieren und zählen die Tage, bis wir endlich wieder in die vertraute Umgebung nach Deutschland zurückkehren.

2000 – Ein Junge überlebt

Da wir im Sommer 1999 in Portugal waren, wollten wir eigentlich erst 2001 wieder dorthin reisen, denn nach und nach hatte es sich bei uns ergeben, dass wir im Zwei-Jahres-Rhythmus nach Portugal fuhren. Das reichte einerseits, um Lindas Heimweh zu stillen und andererseits hatten wir die Möglichkeit in den Jahren dazwischen auch andere Länder zu bereisen oder in Deutschland Urlaub zu machen.

Zwei Dinge ließen uns 2000 von diesem Rhythmus abweichen: Im Juli hatten wir mit zwei befreundeten Familien ein Ferienhaus in den Niederlanden gebucht. Dabei erwischten wir die wahrscheinlich regnerischste Sommerwoche des Jahrzehnts: Jeden Tag regnete es entweder den ganzen Tag oder es gab Schauer, der Wind wehte kräftig aus Nordwest und die Temperaturen verharrten hartnäckig unter der 20°C-Marke. Das Wetter war eindeutig eher herbstlich als sommerlich und somit war das Beste an unserem Ferienhaus die Sauna, in der wir uns abends schön aufwärmen konnten, nachdem wir tagsüber am Strand, bei Spaziergängen oder Radtouren Wind und Wetter getrotzt hatten.

Am Ende des Urlaubs hatte Linda eindeutig zu wenig Sonne und Wärme getankt. Da kam ein Brief zum Ende der Sommerferien gerade recht: Eine Einladung zur Hochzeit von Lindas Cousine Sandra. Die Hochzeit soll an dem Samstag stattfinden, an dem in Nordrhein-Westfalen die Herbstferien beginnen.

„Ob wir da noch einen Flug buchen können, ist fraglich", erkläre ich, nachdem ich die Einladung studiert habe. Wir machen uns sofort auf ins Reisebüro und haben Glück: In der Lufthansa-Maschine nach Porto sind noch zwei Plätze frei,

Oscar benötigt immer noch keinen eigenen Flugschein, da er auch jetzt noch keine zwei Jahre alt ist.

Zwei Tage vor der Abreise geraten unsere Reisepläne aber noch einmal ins Wanken: Oscar bekommt Fieber und wir überlegen, ob wir wirklich fliegen sollen. Schließlich gehen wir das Risiko ein und machen uns am Samstagmorgen auf den Weg zum Flughafen. Wir landen gegen Mittag bei angenehmen Temperaturen und machen uns mit unserem Mietwagen, einem Peugeot, gleich auf den Weg nach Ermesinde zum Haus von Tante Alice, von wo aus wir zur Hochzeitsmesse aufbrechen wollen.

Bevor es soweit ist, hat Linda aber mit ihrer Tante und ihrer Schwester noch einen Friseur-Termin, wo sich die drei für die Feier noch einmal schick lassen machen. Ich verbringe die Zeit so gut es geht mit Oscar im Haus von Lindas Tante, spiele etwas Fußball mit ihm, aber Oscar ist gar nicht so recht zum Spielen aufgelegt, denn er hat immer noch etwas erhöhte Temperatur.

Irgendwann wird es uns beiden auch langweilig, im Garagenhof einen Plastikfußball hin- und her zu schießen. Aber wir brauchen Geduld (die Portugiesen würden sagen: ‚paciencia'), denn wenn portugiesische Frauen vor einer Hochzeit zum Friseur gehen, dann werden nicht nur die Haare frisiert, sondern dann gehört mindestens noch eine Maniküre mit dazu und da kommen schnell ein paar Stunden zusammen. Zum Glück kommt Linda noch so rechtzeitig zurück, dass wir uns zusammen mit Conceicão ohne übergroße Eile auf den Weg zur Kirche machen können. Wir parken das Auto neben der Kirche und warten draußen in der Nachmittagssonne auf das Brautpaar. Linda hat sich extra für diesen Tag ein Kleid aus dunkelroter Seide genäht. Oscar trägt ein weißes Hemd und eine Weste aus dem gleichen Stoff wie Lindas Kleid.

Schließlich erscheinen der Bräutigam im schwarzen Anzug, Sandra in einem langen weißen Kleid mit Schleppe, Schleier und oberarmlangen, weißen Handschuhen wie eine Prinzessin sowie ihr Neffe Ricardo, der ein kleines weißes Kissen mit den Trauringen dabei hat. Obwohl er etwas krank ist, hält Oscar fast die ganze Hochzeitsmesse in der Kirche durch. Am Ende versammeln sich alle Gäste wieder vor der Kirche und bewerfen das Hochzeitspaar mit Blüten und Reis. Danach werden die obligatorischen Hochzeitsfotos geschossen, was eine weitere halbe Stunde in Anspruch nimmt, da alle Verwandten und Bekannten getrennt mit dem Brautpaar abgelichtet werden.

Endlich geht es zum Hochzeitsessen in einem Restaurant unweit des Rio Douro. Nach dem Essen wird getanzt, aber für uns heißt es schon relativ früh „*adeus*" zu sagen, denn Oscar muss um zehn Uhr wirklich ins Bett, da er durch das Fieber geschwächt ist. Wir bekommen einen Haustürschlüssel von Tante Alice und fahren zurück nach Ermesinde. „Ihr könnt in dem Gästezimmer auf dem Dachboden übernachten", hatte uns Tante Alice gesagt.

Als wir um halb elf ankommen, ist es stockdunkel und im Haus funktioniert das Licht nicht. Wir tasten uns also Treppe um Treppe nach oben. Wir finden zwar unsere Koffer, aber im Dunkeln finden wir weder unsere Kulturbeutel noch die Schlafanzüge. Also machen wir uns im Badezimmer nur etwas frisch, spülen unsere Münder aus und legen uns in Unterwäsche in die Betten. Vorher hole ich mir noch eine kleine Beule, denn die Decke auf dem Dachboden ist in der Mitte nur knapp zwei Meter hoch und für große Mitteleuropäer eindeutig zu niedrig.

Als wir am nächsten Morgen aufwachen, dringt etwas Licht durch den Türspalt ins Gästezimmer. Die Sonne ist aufgegangen und man kann wieder etwas erkennen. Da wir als erste von der Hochzeitsfeier aufgebrochen sind, dauert es noch eine Weile, bis auch die anderen Übernachtungsgäste munter werden.

Beim Frühstück berichtet Tante Alice: „Als wir in der Nacht nach Hause kamen, bemerkten wir, dass die Sicherung herausgesprungen war." „Das haben wir auch festgestellt", erzählt Linda.

„Wir mussten uns am Abend im Dunkeln unseren Weg ins Bett suchen." „O je, ihr Armen!" meint die Tante, „und wie seid ihr zurechtgekommen?"

„Nun, bis auf eine kleine Beule bei meinem Mann ist alles gut gegangen."

Ich werde noch etwas bedauert, dann machen wir uns daran, unsere Sachen im Auto zu verstauen, denn Linda will endlich zu ihren Eltern nach Arouca. Wir machen uns nach dem Frühstück auf den Weg und erreichen die kleine Stadt am Rio Arda gegen Mittag. Wir trinken einen *„galão"* im Café Rainha und bringen unsere Sachen zu Lindas Eltern. Sie zeigen Oscar, welche Tiere sie zurzeit in den kleinen Ställen hinter dem Haus hallten. Wir sehen Schafe, Hühner und eine Ente, die immer hinter uns her läuft.

Am nächsten Tag fahren wir weiter nach Alvarenga, wo wir Tante Elsa mit ihren Kindern Pedro und Luis im Garten treffen. Die Kinder spielen im Sand vor dem Haus, während Elsa und Linda die wichtigsten Neuigkeiten der letzten Monate austauschen. Wir sind zum Mittagessen eingeladen, danach geht es wieder zurück nach Arouca. Dort erwartet uns Lindas Papa zu *„Castanhas assadas"*. Dazu hat er ein kleines Feuer aus Eukalyptus-Zweigen vorbereitet, in die er nun Esskastanien, die er in Alvarenga geerntet hat, legt. Nach einigen Minuten holt er sie mit einem Schürhaken wieder heraus. Wir lassen sie etwas abkühlen und dann können wir die gerösteten Kastanien schälen und essen - eine Delikatesse von der besonders Linda begeistert ist.

Nach drei weiteren Tagen ist Oscar endlich wieder richtig gesund und wir machen uns auf nach Lisboa. Es soll eine Fahrt mit einigen Problemen werden, was wir zu diesem Zeitpunkt noch nicht ahnen. Unser erstes Ziel ist Mira an der Westküste. Wir fahren auf den bekannt kurvigen und bergigen Straßen zunächst nach Vale de Cambra.

„Irgendwie macht das Auto beim Bremsen komische Geräusche", bemerke ich als wir uns dem Städtchen nähern.

„Ach, das wird schon nicht so schlimm sein", antwortet Linda.

Wir fahren weiter vorbei an Oliveira de Azemeis und Aveiro und erreichen Mira. Dort machen wir erst einmal einen Spaziergang an der Lagune und stärken uns bei einem leckeren Mittagessen mit Fisch, „*Batatas fritas*", Reis und Salat. Dazu gibt es ein eisgekühltes Superbock.

Nach dem Essen holen wir uns etwas Kuchen aus der „*padaria*", den wir mit an den Strand nehmen. Hier sind wir fast die einzigen Sonnenhungrigen, denn Anfang Oktober ist für die Portugiesen die Badesaison bereits beendet, auch wenn das Thermometer noch angenehme 24°C zeigt. So haben wir genügend Platz zum Beachball-Spielen und auch das Wasser ist noch fast genauso warm wie im Sommer, wie wir herausfinden, als wir uns nach dem Sport ein wenig erfrischen.

Wir übernachten in der nahe gelegenen Jugendherberge und fahren am nächsten Morgen weiter in Richtung Süden. Unser nächstes Ziel ist der westlichste Punkt Europas, das *Cabo da Roca*.

Nach kurvenreichen letzten Kilometern erreichen wir endlich den Markierungsstein bei 38° 47' N und 9° 30' W. Wir erfahren, dass sich die Felsen hier 140m über dem Meeresspiegel befinden. Ich genieße die frische Seeluft in T-Shirt und kurzer Hose, aber Linda ist trotz Pullover schon bald kalt (typisch Portugiesin). Nachdem wir einige Minuten an den Klippen spazieren gegangen sind, den Leuchtturm besichtigt haben und ein Souvenir-T-Shirt für mich gekauft haben, drängt Linda wieder zum Aufbruch.

Für den Abend haben wir uns mit Onkel Arlindo und Tante Amelia und deren Tochter Carla in Pontinha bei Lisboa verabredet. Als wir an deren Haus gegen 19 Uhr eintreffen, hat die Dämmerung gerade eingesetzt, aber wir können nicht erkennen, ob ein Licht im Haus brennt. Um das Grundstück herum, gibt es eine Mauer, in deren Mitte sich eine Tür mit Klingel befindet. Wir läuten, aber es tut sich nichts.

„Vielleicht sind sie noch etwas einkaufen oder spazieren gegangen", versucht Linda eine Erklärung zu finden. Wir warten eine halbe Stunde, aber es passiert nichts. Wir klingeln wieder um halb acht, um acht - immer wieder mit dem gleichen Ergebnis. Da wir keine Lust haben, jetzt noch nach einem Hotel oder einer Jugendherberge zu suchen, beschließen wir irgendwann, noch etwas zu essen und zu trinken und es uns dann im Auto auf den Liegesitzen so bequem wie möglich zu machen. Oscar schläft in seinem Kindersitz ein und wir schlafen mehr schlecht als recht auf den Vordersitzen.

Um etwa 5 Uhr morgens - es fängt gerade wieder an, hell zu werden - geht plötzlich die Tür des Anwesens auf. Linda springt sofort aus dem Auto, um nachzusehen, wer dort kommt. Es handelt sich um Toni, den Schwiegersohn von Lindas Onkel, der sich auf den Weg zur Arbeit machen will.

„Wir warten schon seit gestern Abend darauf, dass uns jemand die Tür aufmacht", erklärt Linda dem verdutzten jungen Mann.

„Oh, vielleicht hat die Klingel wieder einen Wackelkontakt. Das kommt im Sommer aber eigentlich selten vor."
Die Erklärung tröstet uns nicht wirklich, aber Toni ist so nett, uns ins Haus hineinzulassen und in Gästezimmer zu geleiten. Dort können wir dann noch ein paar Stunden in einem richtigen Bett schlafen und somit die unbequeme Nacht im Auto fast vergessen. Das Frühstück macht uns dann wieder richtig munter.
„Was habt ihr denn heute noch vor?" will Carla von uns wissen.
„Wir würden uns gern die Gegend von Lisboa anschauen, wo vor zwei Jahren die Weltausstellung stattgefunden hat", antwortet Linda.
„Wir haben in unserem Reiseführer gelesen, dass das EXPO-Gelände immer noch sehenswert ist", ergänze ich.
„Das Gelände heißt jetzt ‚*Parque das Nacoes*'", weiß Carla, „es wird euch dort bestimmt gefallen."
Nach dem Frühstück spielt Oscar mit dem Hund der Familie im Garten und auf dem Balkon. Nach dem Mittagessen ist es Zeit für seinen Mittagsschlaf. Als er eingeschlafen ist, hat Linda eine Idee.
„Carla, du bist doch heute Nachmittag zu Hause. Wie wäre es, wenn Ben und ich jetzt zum ‚*Parque das Nacoes*' fahren würden und Oscar hier ließen? Er schläft jetzt sowieso zwei Stunden und bis zum Abendessen sind wir wieder da. Wenn er wach wird, kannst du ihm etwas Milch geben, wenn er Hunger hat."
Carla ist erst etwas skeptisch, willigt dann aber ein. Linda zieht wieder das tolle Kleid an, das sie zu Sandras Hochzeit getragen hat an und packt noch ein paar Accessoires ein.
„Dort am Meer können wir bestimmt noch einige schöne Fotos schießen." Wir machen uns auf den Weg und erreichen den „*Gare do Oriente*" in weniger als einer halben Stunde. Dort gibt es neben dem Bahnhof ein großes Einkaufszentrum. Wir gehen aber gleich weiter zum ehemaligen EXPO-Gelände, wo

sich immer noch einige Kunstwerke, das Ozeanarium und eine Seilbahn befinden, mit der wir über den Rio Tejo schweben. Die Uferpromenade eignet sich hervorragend als Laufsteg, wo ich ein paar tolle Fotos machen kann. Mit ihrem roten Kleid, schwarzen Handschuhen und einem schwarzen Seidenschal sieht sie richtig sexy aus.

Bevor wir am nächsten Tag wieder Richtung Arouca fahren, wollen wir noch Maria, eine ehemalige Klassenkameradin von Linda aus der Heimvolkshochschule, besuchen, die wieder nach Portugal zurückgekehrt ist. Sie wohnt jetzt in einem Vorort von Sintra und wir finden die Wohnung erst nach einigem Suchen. Sie befindet sich in einem neuen Apartment-Block unweit der IC 19. Als wir klingeln, macht aber niemand auf. Wir fragen eine Nachbarin auf der Straße und erfahren, dass Maria bei der Arbeit sei. Sie arbeite in einem Supermarkt in der Nähe. Einige Minuten später sind wir dort und entdecken sie an der Kasse. Sie ist völlig entgeistert, als wir sie ansprechen, schließlich hatten sich Linda und Maria seit acht Jahren nicht mehr gesehen.

„Ich habe gleich eine kleine Pause, dann können wir uns unterhalten."

Wir holen uns eine Kleinigkeit zu essen und treffen uns mit Maria auf dem Parkplatz vor dem Supermarkt, wo wir in fünf Minuten die interessantesten Neuigkeiten der letzten Jahre austauschen. Dann muss sie wieder an die Arbeit und wir fahren weiter Richtung Norden.

Am Nachmittag erreichen wir Nazaré, eine der Touristenhochburgen an der Costa da Prata. Wir parken unseren Wagen oberhalb des Strandes und spazieren auf einer kleinen Straße nach unten. Hier können wir herrlich von der Autofahrt entspannen und besonders Linda ist begeistert. Diesmal bin ich es, der zum Aufbruch drängt.

„Wir haben noch etwa zwei Stunden Autofahrt vor uns und die Sonne geht bald unter."

„Oh, es ist so schön hier, lass uns doch noch etwas bleiben", bittet sie. „Na gut", meine ich, „aber höchstens eine Viertelstunde."

Endlich machen wir uns auf den Weg. Oscar ist irgendwie unruhig und Linda nimmt ihn aus dem Kindersitz auf ihren Schoß. Oscar findet es toll, weil er nun mehr sehen kann und nicht so beengt sitzen muss. Ich bin allerdings weniger begeistert.

„Ich glaube es wäre besser, wenn er wieder in seinem Sitz säße. Es ist dort viel sicherer für ihn", erkläre ich.

Nach einigem Hin und Her sieht sie es ein und Oscar lässt sich etwas widerwillig angurten. Als wir die Autobahn bei Oliveira de Azemeis wieder verlassen, ist es bereits dunkel und Oscar eingeschlafen. Nun ist es noch eine gute dreiviertel Stunde bis Arouca. Wir passieren Vale de Cambra und dann geht es wieder auf die bekannte Straße nach Arouca, die wir schon so oft gefahren sind. Aber diesmal kommt es anders als erwartet.

Kurz hinter der Abzweigung nach Arouca treffen wir auf einen Lieferwagen, der in relativ langsamem Tempo vor uns herfährt. Überholen kann ich ihn wegen der vielen Kurven nicht, also muss ich hinter ihm herfahren und immer wieder bremsen, um nicht aufzufahren. Nach einigen Minuten und vielen Kurven erreichen wir Rossas. Wieder bremst der Wagen vor uns, wieder trete ich aufs Bremspedal, aber es passiert nichts. Unser Auto fährt mit unverminderter Geschwindigkeit weiter und ich bekomme Panik, dass wir jeden Moment von hinten auffahren. Da ziehe ich vor lauter Angst die Handbremse. Aber das ist keine gute Entscheidung. Unser Wagen bremst, aber gleichzeitig dreht er sich um 90 Grad und ich fahre frontal auf eine Böschung rechts von uns, und das Auto dreht sich aufs Dach. Wir rutschen und drehen uns noch etwas weiter, dann kommt der Wagen auf dem Kopf liegend zum Stehen.

Was ist passiert? Was ist Linda und Oscar passiert? Ist jemand verletzt? Diese Gedanken schießen mir durch den Kopf. Als erste reagiert Linda. Sie klettert aus dem Auto und schaut nach unserem Sohn. Er sitzt kopfüber in seinem Kindersitz und schläft immer noch! Er hat von dem Unfall überhaupt nichts mitbekommen und ist völlig unverletzt. Auch mir ist nichts passiert, wie ich feststelle, als ich ebenfalls ausgestiegen bin. Lediglich Linda hat sich beim Hinausklettern ein paar kleine Schnittwunden zugezogen. Inzwischen sind einige Anlieger aus ihren Häusern gekommen und wollen nachschauen, was passiert ist. Sie helfen, den Wagen auf die Räder zu stellen und zur Seite zu rollen, damit es keine weiteren Unfälle mehr gibt. Wir sehen, dass die Frontscheibe völlig kaputt ist und sammeln ein Paar Dinge ein, die beim Unfall aus dem Auto geschleudert wurden: ein Schuh von Oscar, ein Stofftier, eine Autokarte. Ein Anwohner hat bereits den Notarztwagen alarmiert, der einige Minuten später eintrifft und Linda und Oscar zur Notfall-Ambulanz nach Arouca bringt. Ein Mann, der sich auf dem Heimweg nach Rossas befindet, nimmt mich mit und von seinem Haus aus rufen wir die Autoverleihfirma an, die wir über den Unfall informieren. Sie wollen noch in der Nacht kommen, um uns einen Ersatzwagen zu stellen und den verunfallten Wagen abzuholen. Während wir warten, bietet er mir Brot, Käse und einen Schluck Wein an. Diese Stärkung kann ich nach dem Schock gut gebrauchen. Er erzählt mir, dass er einige Jahre in der Schweiz gewohnt habe, jetzt aber seit einigen Jahren wieder in Portugal sei.

Nach etwa einer Stunde gehen wir wieder zur Unfallstelle und einige Minuten später kommt unser Ersatzauto. Nachdem wir alle Formalitäten ausgetauscht haben, kann ich die Fahrt fortsetzen, diesmal mit einem italienischen Modell, dass uns viel besser gefällt als das Unfallauto, das zum Glück vollkaskoversichert war. Bei Lindas Schwiegereltern in Arouca treffe ich auch Linda wieder, die nach kurzer Behandlung mit einigen

Pflastern und einem Verband am Arm wieder entlassen worden war. Glücklich, dass uns und unserem Sohn nichts Schlimmeres passiert ist, schlafen wir ein.
Am nächsten Tag geht es früh am Morgen wieder nach Alvarenga. Lindas Eltern haben sich mit ihren Nachbarn zur Weinernte verabredet. Wir helfen auch mit so gut wir können, die Weintrauben abzuschneiden, in Eimer zu legen und dann zum Haus zu tragen. Gegen Mittag, bevor es so richtig heiß wird, ist die Arbeit erledigt und vor dem Kellergeschoss stehen zehn große Eimer mit Weintrauben. Die ersten will Arménio sofort auspressen um zu testen, welche Qualität die Beeren in diesem Jahr haben.
Danach können wir den ersten „*pingo doce*", den ersten Schluck süßen Weines probieren und wir sehen, dass sich die Arbeit an den Weinreben gelohnt hat. Insgesamt werden die Trauben reichen, um etwa 100 Flaschen Wein zu produzieren. Damit hat Arménio genug für den eigenen Bedarf und um hin und wieder eine Flasche an Freunde oder Verwandte zu verschenken.
Die restlichen Tage der zweiten Urlaubswoche sind leider ziemlich verregnet und es fällt uns gar nicht so leicht, in Arouca etwas Abwechslung zu finden. Einen Vormittag verbringen wir in der kleinen Stadtbibliothek, an einem anderen Tag bummeln wir durch die Geschäfte der Innenstadt.
Unser Urlaub ist damit schon wieder fast vorüber. Wenige Tage später fahren wir wieder Richtung Porto. Zuvor besuchen wir aber noch Onkel Joaquim und Tante Manuela in Matosinhos. Als wir klingeln, sind nur die Tante und ihre Enkeltochter Lucia zu Hause.
„Hallo, schön euch endlich wiederzusehen!" begrüßt sie uns wie immer überaus herzlich.
„Ich bin schon dabei, das Abendessen vorzubereiten, aber mit Lucia im Haus ist das gar nicht so einfach."
„Wo sind denn die Eltern von Lucia?" will Linda wissen.

„Die sind beide noch bei der Arbeit. Ihr könntet mir einen großen Gefallen tun. Warum geht ihr nicht mit den Kindern zum Kinderspielplatz unten im Park, bis das Essen fertig ist?"
Da können wir natürlich nicht nein sagen und sind schon wieder auf dem Weg nach draußen. Lucia und Oscar schaukeln, rutschen und klettern zusammen in der Nachmittagssonne. Auf einmal werden wir auf Portugiesisch angesprochen.
„Entao, tudo bem?" Wir drehen uns um und sehen, dass Onkel Joaquim von der Arbeit im Rathaus heimgekommen ist.
„Ich habe noch einen Termin vor dem Abendessen. Wollt ihr mich begleiten?"
„OK, aber wir müssen noch den Kindersitz aus dem Auto holen und ist überhaupt genug Platz für uns in eurem Auto?" fragt Linda.
„Macht euch keine Sorgen, es ist nicht weit und die portugiesische Polizei ist nicht so streng. Ben kann vorne sitzen und du sitzt hinten mit den beiden Kindern."
Mit diesen Worten begleitet er uns zu seinem Fiat Uno, in den wir gerade so hineinpassen und schon geht es kreuz und quer durch Matosinhos zu einem nagelneuen Mehrfamilienhaus am Stadtrand.
„Hier haben wir für Sandra eine Eigentumswohnung gekauft. Aber zurzeit wohnt sie noch bei uns und da wollen wir sie für einige Zeit vermieten. Ich will sehen, ob alles in Ordnung ist. Heute kommt ein Interessent." Die Wohnung ist bis auf ein paar Kleinigkeiten fertig. Sie ist schön geschnitten und hat sogar einen schönen Balkon mit Blick auf ein kleines Wäldchen. Der Interessent schaut sich alles genau an, benötigt aber noch etwas Bedenkzeit.
Kurz vor neun Uhr sind wir endlich wieder in der Wohnung von Joaquim und Manuela und es ist höchste Zeit für das Abendessen. Am nächsten Morgen heißt es dann Abschied nehmen von Portugal und zweieinhalb Stunden später hat uns

die Heimat endlich wieder. Diesmal sind wir besonders froh, wieder gesund zu Hause anzukommen.

2002 - Taufen oder nicht taufen, das ist hier die Frage

Zwei Jahre später, im August 2002, ist es endlich wieder so weit, dass wir die Familie in Portugal besuchen wollen. Am Flughafen in Porto erwartet uns diesmal ein silberfarbener Opel Corsa einer Autoverleihfirma, der uns sicher nach Arouca bringt. Conceicão hat inzwischen ihre Schulzeit abgeschlossen und ihr erstes Jahr an der Universität von Vila Real hinter sich. Nun hat sie zum ersten Mal Semesterferien und wir besuchen gemeinsam das *Castelo da Feira* bei Santa Maria da Feira. Es steht auf einem Hügel unweit der Autobahn. An dieser Stelle soll schon im 9. Jahrhundert eine Festung gestanden haben. Sein heutiges Aussehen bekam die Burg im 15. Jahrhundert, als König Afonso V. sie im gotischen Stil umbauen ließ. Heute ist sie das Wahrzeichen von Santa Maria da Feira, welches seinen Namen bekam, da es schon im Mittelalter einer der wichtigsten Handelsplätze Portugals war, wo regelmäßig ein großer Markt („*feira*") stattfand.

Einen Tag später zieht es uns wieder zum Strand von Furadouro. Wir genießen einen herrlichen Tag, aalen uns in der Sonne und baden im kühlen Atlantik. Ich spiele zum ersten Mal Beachball mit Oscar, der zwar erst dreieinhalb Jahre alt ist, aber schon jetzt sein Sporttalent offenbart. Am Nachmittag entdeckt Linda eine Kinderbetreuung am Strand.

„Oscar, komm' doch man mit, da kannst du mit anderen portugiesischen Kindern malen."

Da Oscar kaum Portugiesisch versteht, fühlt er sich ein bisschen fremd. Das Malen mit Buntstiften macht ihm aber Spaß - ein kleiner Vorgeschmack auf den Kindergarten, den er nach den Sommerferien besuchen wird.

Abends essen wir Pizza in der Fußgängerzone von Furadouro, danach fahren wir zur „*Pousada de Juventude*", wo wir eine Nacht verbringen wollen, damit wir nicht wieder eine Stunde nach Arouca fahren müssen. Linda und ich hatten ja schon einige Jahre zuvor die Erfahrung einer portugiesischen Jugendherberge gemacht und dabei festgestellt, dass sie nicht ganz den Standard von Häusern in Deutschland haben. Die Matratzen sind oft zu weich, die sanitären Anlagen etwas schmuddelig, das Frühstück ziemlich spartanisch. Diesmal haben wir darüber hinaus Pech, dass eine größere Gruppe portugiesischer Jugendlicher in der Jugendherberge verweilt. Das ist zwar abends ganz spannend für Oscar: er beobachtet die Kinder aufmerksam und wir spielen gemeinsam eine Runde Billard. Aber gegen neun Uhr sind wir müde und um zehn wollen wir dann wirklich schlafen, aber es scheint niemand da zu sein, der die Einhaltung der Nachtruhe durchsetzt und so werden noch mindestens bis Mitternacht Zimmertüren auf unserem Flur lautstark auf- und zugemacht, laute Gespräche auf den Fluren geführt und Musik aus den Zimmern ist auch immer wieder zu hören.

Zum Glück hatten wir ohnehin vor nur eine Nacht zu bleiben und so können wir alle etwas weniger Schlaf ganz gut verkraften. Nach dem Frühstück fahren wir wieder zum Strand und mieten uns eine kleine „*barraca*", einen Wind- und Sonnenschutz, den man an allen Stränden der portugiesischen Westküste antrifft, damit uns die Sonne nicht allzu sehr zusetzt. Wir spielen, faulenzen, lesen und erfrischen uns und am Nachmittag packen wir unsere Badetücher wieder ein und marschieren zurück zu unserm Auto. Unterwegs kommen wir an ein paar Portugiesen vorbei, die einige Welpen zum Verkauf anbieten. Oscar und Linda sind fasziniert und nur mit Mühe kann ich die beiden überzeugen, dass jetzt nicht der ideale Zeitpunkt für einen Hundekauf ist. Oscar streichelt die zugegebenermaßen

süßen Tiere noch einmal und dann können wir unseren Weg zum Auto fortsetzen.
Bevor wir wieder nach Arouca fahren, geht es in Richtung Porto; Onkel Joaquims Enkeltochter Lúcia Gabriela soll getauft werden und Linda soll Patentante werden.
„Gut, dass ihr gekommen seid; wir können gleich zur Kirche fahren, damit wir wegen der Taufe alles mit dem Pfarrer besprechen können."
Wir treffen den Pfarrer, Linda legt ihren Reisepass vor und die Kirchensekretärin trägt alle Daten in ein Formular ein, dass Linda unterschreiben muss.
„So, jetzt ist alles vorbereitet", erklärt Tante Manuela danach. „Am nächsten Sonntag könnt ihr dann zur Taufe kommen.
Damit machen wir uns wieder auf die rund einstündige Rückfahrt nach Arouca.

Als wir wieder in Arouca sind, erklärt uns Arménio stolz: „Wenn ihr baden gehen wollt, müsst ich nicht unbedingt an den Strand fahren. Es gibt in Arouca jetzt auch ein Schwimmbad."
„Das müssen wir morgen unbedingt mal ausprobieren", beschließen wir und machen uns am nächsten Tag gegen Mittag mit Badehosen und Handtüchern, Essen und Trinken für den restlichen Tag auf den Weg. Das Schwimmbad ist nur etwa eine Kilometer von Lindas Elternhaus entfernt und so gehen wir den Weg zu Fuß. Am Eingang studieren wir die Informationstafel mit Öffnungszeiten und Eintrittspreisen.
„Das Freibad macht jetzt gleich um 12.30 Uhr zu und dann erst um drei Uhr wieder auf", klärt uns Linda auf. Da sind wir zunächst einmal sehr erstaunt und überlegen, was wir machen wollen.
„Jetzt lohnt es sich nicht mehr, hineinzugehen", bemerke ich.
„Da bleibt uns wohl nichts anderes übrig als nach Hause zu gehen und später noch einmal wiederzukommen."

Da niemandem etwas Besseres einfällt, gehen wir unverrichteter Dinge wieder zurück und nehmen um 15 Uhr einen neuen Anlauf. Wir verbringen einen herrlichen Nachmittag. Oscar verbringt die meiste Zeit im Babybecken. Linda und ich wechseln uns mit der Aufsicht ab und haben zwischendurch Gelegenheit, im großen Becken einige Bahnen zu schwimmen.

An den nächsten Tagen spielt Oscar am Haus mit einem Eimer voll Lego-Steinen und einer Holzeisenbahn, die wir auf dem Dachboden finden. In Portugal regnet es in diesen Sommerferien im Gegensatz zu Deutschland, wo der Regen die Pegel an der Elbe immer weiter steigen lässt, mal wieder überhaupt nicht. Damit Oscar sich bei dem heißen Wetter gelegentlich einmal erfrischen kann, pumpen wir das Schlauchboot, das wir aus Deutschland mitgebracht haben, auf und füllen es mit Wasser. Jetzt kann Oscar es als Planschbecken benutzen. Es ist so attraktiv, dass Linda irgendwann auch mit einsteigt und mitplanscht.

„In diesem Jahr können wir endlich einmal wieder den Geburtstag meiner Mutter mitfeiern" erinnert mich Linda einen Tag später. Wir sind seit elf Jahren zum ersten Mal wieder bis Mitte August in Portugal und so bestellen wir am Morgen des 12. August einen Geburtstagskuchen in der „*Confeitaria Rainha*", den wir um drei Uhr nachmittags abholen. Zuvor haben wir schon Dona Amélia eingeladen und so machen wir am Nachmittag einen portugiesisch-deutschen Kaffeeklatsch mit portugiesischem Kuchen und Kaffee aus einen deutschen Kaffeemaschine.

Am nächsten Tag ist es dann wieder Zeit für uns, uns in Richtung Porto aufzumachen. Zuvor geht es wir allerdings noch nach Rio de Moinhos, wo wir Lindas Schwester Isabel und ihrer Familie einen Besuch abstatten. Danach fahren wir nach Matosinhos zu Onkel Joaquim und Tante Manuela.

Als wir eintreffen, gibt es schlechte Nachrichten.

„Lucias Vater musste kurzfristig seinen Wochenenddienst tauschen. Wir mussten die Taufe um eine Woche verschieben."

Unverrichteter Dinge fahren wir wieder nach Arouca zurück.

Am darauffolgenden Sonntag ist es dann endlich soweit. Wir fahren gemeinsam zur Kirche, Vater, Mutter, Großeltern und Taufpaten sind anwesend; die Taufe kann stattfinden. Lúcia, die knapp drei Jahre alt ist, geht mit Sandra und Linda zum Taufstein und erhält den kirchlichen Segen.

Nach der Messe frage ich: „Gibt es denn jetzt auch noch ein Essen mit der Familie?", denn Essen und Trinken sind in Portugal das wichtigste im Leben, erst recht an einem solchen Tag.

„Ja, natürlich", antwortet Linda, „es gibt ein Picknick am Strand."

Dazu fahren wir mit der ganzen Taufgesellschaft über die „Ponte da Arrábida" auf die andere Seite des Rio Douro und nehmen dann gleich die zweite Ausfahrt, die uns zur „Praia da Madalena" führt. Dort werden einige Tische des Picknick-Platzes gedeckt und mit Köstlichkeiten der portugiesischen Küche beladen. Vor und nach dem Essen können die Kinder spielen und sogar noch etwas im Meer baden. Am späten Nachmittag kehren wir nach Arouca zurück.

Nach und nach neigt sich unser Urlaub dem Ende entgegen und wir fahren zum vierten Mal in diesen Sommerferien nach Porto. Als wir in Matosinhos eintreffen, erklärt uns Tante Manuela: „Sandra ist mit den beiden Mädchen auf dem Spielplatz unten im Park." Wir gehen also zum „*Parque Basilio Teles*" vor dem Rathaus von Matosinhos und treffen Sandra, Lucia und Beatrice. Obwohl Oscar die beiden noch vor ein paar Tagen gesehen hat, ist er erst einmal etwas schüchtern. Nach einer Weile klettert, rutscht und schaukelt er aber doch mit den beiden Mädchen um die Wette.

Zum Abschluss unseres Urlaubs fahren wir noch einmal an den Strand. Diesmal fahren wir nach Angeiras, nördlich von Porto. Leider ist das Wetter nicht so toll (es liegt eine dichte Wolkendecke über der Küste) und der Strand ist ziemlich grobkörnig. Wir haben aber viel Platz zum Volleyball spielen und Spaß uns gegenseitig im Sand bis zum Hals einzubuddeln. Nach einer letzten Nacht bei Tante Alice fliegen wir um viele interessante Erfahrungen reicher wieder zurück nach Deutschland.

2004 - Portugal - Land des Weines

Portugal verfügt über 13 staatliche Universitäten. Außer der Universität von Coimbra, die bereits 1290 gegründet wurde und damit zu den zehn ältesten Universitäten Europas zählt, stammt nur die Universität von Èvora aus der Zeit vor dem 20. Jahrhundert. Alle anderen Universitätsgründungen sind jüngeren Datums. Erst seit 1986 gibt es die „Universität Trás-os-Montes und Alto Douro" in Vila Real. Hervorgegangen ist sie aus dem polytechnischen Institut von Vila Real. Im Jahre 2013 studierten dort rund 7000 Studenten.

Im Herbst 2004, als wir uns zum neunten Mal auf die Reise nach Portugal begeben, ist meine Nichte Conceicão noch immer eine von ihnen. Bevor wir sie treffen, haben wir aber noch eine lange Reise vor uns. Wir fliegen zunächst nach Lissabon, wo wir uns mit Lindas Großcousin Serafim verabredet haben. Da er immer schon etwas kräftiger war, wird er in der Verwandtschaft „Serafim Gordo" (der dicke Serafim) genannt. Er ist zum Flughafen gekommen und wir treffen uns in der Ankunftshalle. Wir gehen gemeinsam zum Schalter des Autovermieters, wo ich die Unterlagen unseres Mietwagens abhole. Wir bekommen dieses Mal einen silbernen Renault Clio, der zwar über vier Türen und fünf Sitzplätze, aber nur über einen kleinen Kofferraum verfügt. Als ich den Wagen sehe, ahne ich schon, dass es diesmal sehr eng werden wird, denn wir sind in diesem Sommer zum ersten Mal zu viert unterwegs: Ein Jahr zuvor ist unser Sohn Thiago geboren worden. Wer wo sitzt, ist schnell geklärt: ich fahre, Serafim nimmt auf dem Beifahrersitz Platz und für Linda, Oscar und Thiago (im Kindersitz) bleibt die Rückbank. Wir haben zwar relativ wenig Gepäck dabei, trotzdem passt nicht alles in den Kofferraum. Ein Koffer, eine Reisetasche und Thiagos Buggy bringen wir dort unter; es bleiben aber noch eine Tasche und ein kleiner Rucksack übrig, die Oscar und Linda auf den Schoß nehmen.

Nachdem alles verstaut ist, verlassen wir das Flughafengelände und Serafim lotst uns vorbei am „Estadio de Alvalade" in den Stadtteil Carnide, wo er zusammen mit seiner Frau eine kleine Wohnung hat. Als wir in der Wohnung eintreffen, ist es schon dämmrig und seine Frau hat bereits mit den Vorbereitungen des Abendessens begonnen. Es gibt Fischfilet auf portugiesische Art mit gekochten Kartoffeln und Salat.

„Ich weiß nicht, ob unsere Kinder alles essen werden, sie sind die portugiesische Küche nicht gewöhnt", warnt Linda die freundliche Gastgeberin. Und tatsächlich lassen Linda und ich uns das Essen richtig schmecken, während Oscar nicht so begeistert ist. Fisch und Salat will er nicht probieren, dafür isst er einige Kartoffeln und etwas Brot, das in Portugal glücklicherweise immer zum Essen gereicht wird. Durch das Fenster sehen wir die Flutlichtmasten des „Estadio da Luz", wo Benfica Lissabon an diesem Abend ein Heimspiel austrägt. Serafim ist aber nicht besonders fußballbegeistert und daher kümmert er sich nicht weiter darum. Nachdem wir alle gegessen haben und der Tisch abgeräumt ist, bereiten wir unser Nachtlager vor: Linda und ich helfen, Matratzen, Betttücher und Decken im Wohnzimmer auszubreiten, wo wir einigermaßen schlafen.

Am nächsten Morgen wollen wir Lissabon entdecken. Wir fahren zunächst mit dem Auto in die Innenstadt und wir finden in der Nähe des naturhistorischen Museums einen Parkplatz. Von dort aus spazieren wir zum „Rossío". Oscar, obwohl hier in Portugal erst vor kurzem die Fußball-Europameisterschaft zu Ende gegangen ist, im gelben Brasilien-T-Shirt, und Thiago mit Mütze und Schnuller, klettern am Sockel der Statue von Dom Pedro IV herum, die hier 1870 aufgestellt wurde. Beide sind begeistert von dem schwarzweißen Pflaster des Platzes. Linda und ich holen uns in einer nahe gelegenen Konditorei ein paar „*Pasteis de natas*", für die

Kinder haben wir Butterkekse dabei. Danach wollen wir weiter nach Belém, das wir schon auf unserer Portugal-Rundreise 1995 besucht hatten.

Oscar ist besonders angetan vom Torre de Belém, den ich mit gemeinsam mit ihm anschaue. Einen Turm, der im Wasser steht hat er zuvor noch nicht gesehen. Wir klettern auf alle Aussichtstürmchen, während Linda mit Thiago am Ufer des Rio Tejo wartet. Wir genießen die Sonne und die frische Brise, die vom Fluss her weht. Tolle Ausblicke auf Belém und die *„Ponte 25 de Abril"* runden unsere Besichtigungstour ab.

Danach fahren wir weiter nach Westen und erreichen nach etwa einer halben Stunde Fahrt den fantastischen Strand von Guincho. Das Wetter ist herrlich, die Lufttemperatur beträgt etwa 20°C und das Wasser ist ungefähr genauso warm, aber es ist schon Oktober und so sind wir zunächst die einzigen Strandgäste. Thiago sitzt im Buggy.

„Hauptsache, er hat seine Milchflasche", meint Linda und nach kurzer Zeit schläft er ein. Oscar baut Sandburgen, zunächst direkt am Wasser, später etwas weiter weg, damit sie etwas länger halten. Linda und ich baden im Meer, das auch jetzt im Herbst noch angenehm warm ist. Irgendwann wacht Thiago wieder auf und so kann auch er etwas im Sand spielen. Mittlerweile sind noch ein paar Portugiesen eingetroffen, die am Strand spazieren gehen und so finden wir ein nettes Paar, das uns alle vier mit dem Fotoapparat ablichtet. Wir bleiben noch eine Nacht bei Serafim. Am nächsten Morgen gehe ich gemeinsam mit ihm zur Bäckerei um frische Brötchen zu holen.

„E um dia porreira, nem tem frio, nem tem calor - ein idealer Tag, nicht zu kalt und nicht zu warm", meint er, als wir unterwegs sind. Und tatsächlich sind September und Oktober vielleicht die besten Reisemonate für Portugal, jedenfalls für diejenigen, die nicht nur am Strand liegen sondern sich auch im Land etwas umsehen wollen. Wir verabschieden uns nach dem

Frühstück, zwängen uns und unser Gepäck ins Auto und machen uns auf die dreistündige Fahrt nach Arouca.

In den letzten Jahren sind in Portugal viele neue Autobahnen und Schnellstraßen gebaut worden. Parallel zur A1, der ersten portugiesischen Autobahn, ist die A29 gebaut worden, die Porto und Lissabon auf einer etwas weiter westlich verlaufenden Trasse verbindet. Bei Aveiro kreuzen die beiden die A25 (früher IP5), die von Aveiro über Viseu bis zur portugiesisch-spanischen Grenze führt. Von Viseu aus kann man in Richtung Norden auf der A24 über Vila Real bis nach Chaves in der Region Trás-os-Montes fahren. Vila Real wiederum ist mit Porto durch die IP4/A4 verbunden. Die vier genannten Fernstraßen bilden in etwa ein Quadrat, in dessen Mitte sich Arouca befindet. Das bedeutet: egal in welche Richtung man von dort aus fahren will, man muss in jedem Fall zunächst eine knappe Stunde auf einer kurvigen Bergstraße hinter sich bringen, bevor man eine der genannten Schnellstraßen befahren kann.

Nachdem wir zwei Nächte in Arouca verbracht haben, wollen wir Lindas Schwester in Vila Real besuchen. Das bedeutet also, dass wir erst einmal gefühlte 500 Kurven auf dem Weg nach Castro Daire hinter uns bringen müssen. Solange man im Auto vorne sitzen kann, ist das ganz gut auszuhalten. Unsere Söhne haben es hinten weniger gut. „Papa, mir ist schlecht", höre ich nach einer halben Stunde von Oscar. „Ok, ich fahre etwas langsamer, dann spürst du die Kurven nicht so sehr" versuche ich ihn zu beruhigen.

„Und, geht es dir besser?" will ich nach ein paar Minuten wissen.

„Nein" erwidert er matt.

„Halt doch mal an", fordert Linda mich auf.

„Ich kann doch jetzt nicht einfach mitten auf der Straße stehen bleiben" sage ich. „Da vorn ist ein kleiner Parkplatz. Da kann ich halten."

Ich fahre auf den Parkplatz, Oscar und Linda steigen aus und Oscar muss sich tatsächlich übergeben. Wir warten noch einige Minuten, bis sich der Magen wieder beruhigt hat. Dann setzten wir die Fahrt ganz langsam und mit geöffneten Seitenfenstern fort. Zum Glück sind es nur noch ein paar Kilometer bis nach Castro Daire. Danach geht es komfortabler und zügiger auf der Autobahn nach Vila Real weiter.

Lindas Vater hat uns den Weg zu Conceicãos Wohnung gut beschrieben, so dass wir ohne Umwege in der *Rua Primeiro do Maio* eintreffen. Conceicão zeigt uns ihr Zimmer in der Wohnung, die sie mit ihrer Freundin María teilt.

„Hier in der Wohnung wird es für die Kinder langweilig", meint Linda nach ein paar Minuten. „Gibt es hier in der Nähe einen Spielplatz?"

„Ja, es sind nur fünf Minuten zu Fuß. Ich ziehe mir nur schnell etwas anderes an, dann können wir gehen."

Wir überqueren den Rio Corgo und erreichen nach wenigen Minuten den „*Jardim da Estacao*". Oscar wundert sich zunächst über den grünen Kunststoffbelag, denn von zu Hause in Deutschland ist er Spielplätze mit Rasen und Sand gewohnt.

Linda freut sich hingegen sofort: „Toll, auf diesem Spielplatz machen sich die Kinder gar nicht schmutzig."

Oscar klettert überall hin und Thiago, der jetzt 14 Monate alt ist, versucht, so gut es geht, mitzuhalten. Ich setzte mich mit Conceicão auf eine Bank und sie erklärt mir, welche Vorlesungen und Seminare sie im Augenblick besucht und wann die Prüfungen beginnen. Nach einer Stunde brechen wir wieder auf und gehen mit Conceicão in die Innenstadt, um etwas zu essen. Unterwegs erzählt sie uns etwas über die Geschichte der Stadt und zeigt uns einige schöne Gebäude:

„Vila Real wurde 1272 gegründet und es sind noch ganz viele alte Gebäude erhalten. Es gibt besonders viele interessante Kirchen: eine gotische Kathedrale, zwei Kirchen aus dem 16. Jahrhundert und die *Capela Nova* aus der Barock-Zeit. Sehenswert ist auch der berühmte Mateus-Palast, in dem heute kulturelle Ereignisse veranstaltet werden." Nach dem Essen fahren wir zu fünft erst mit dem Auto durch die Stadt und wir sehen das Universitätsgelände mit den verschiedenen Institutsgebäuden.

„Ben, die Landschaft ist so schön. Lass mich doch fahren, dann kannst du mehr von der Gegend sehen und vielleicht noch ein paar schöne Fotos machen", schlägt Linda vor und ich willige ein.

Auf der Rückfahrt fahren wir zunächst entlang des *Rio Corgo*. Schon bald sehen wir links und rechts der Straße fast nur noch Weinberge. Diese Gegend gehört schon zur Region „*Alto Douro Vinhateiro*", wo seit dem 17. Jahrhundert Wein zur Produktion von Portwein angebaut wird. Im Jahre 1756 wurde eine Weinbaugenossenschaft gegründet und eine geschützte Weinbauregion von 26000 ha abgegrenzt und mit 335 Steinen aus Granit markiert. Damit umfasst diese Region etwa 10% der gesamten Weinanbaufläche Portugals. Wurde früher fast nur Wein für die Portweinproduktion angebaut, wird seit 1979 auch erstklassiger Tischwein mit dem DOP-Qualitätssiegel angeboten. Dann geht es wieder auf die Autobahn bis Castro Daire und auf die uns schon von der Hinfahrt bekannte kurvige Straße Richtung Arouca.

„*O Linda, eu nao sento me bem atras com estas curvas* - ich fühle mich auf der Rückbank nicht so gut wegen der vielen Kurven", meint Conceicão nach wenigen Minuten.

Also hält Linda an und ich biete an, mit ihr zu wechseln. Das hätte ich aber lieber nicht machen sollen, denn jetzt dreht sich **mir** der Magen fast um und als wir in Alvarenga ankommen, schwöre ich mir, nie wieder auf die Plätze in der 2. Reihe zu wechseln. Wir übernachten in Alvarenga und fahren am nächsten Tag weiter nach Arouca, denn an diesem Tag ist Markttag. Lindas Mutter kommt mit uns. Sie hat sich für den „Stadtbummel" ganz schick gemacht. Wir parken in der Nähe des

Stadtparks, setzten Thiago in seinen Buggy und dann geht es los. Stolz schiebt sie Thiago im Buggy, damit Linda und ich in Ruhe an den verschiedenen Ständen die Waren prüfen und vergleichen können.

Natürlich wollen wir auch hier im Norden des Landes noch mal zum Strand. In Furadouro ist der Strand wie bei Lissabon fast menschenleer. Der Himmel ist tiefblau, aber es ist relativ windig und die Brandung ist entsprechend stark. Wir setzen uns trotzdem in den Sand und genießen wenigstens für ein paar Minuten die gute Seeluft. Der einzige Besuch, den wir erhalten, ist der eines Schäferhunds, der allein am Strand spazieren geht. Nachdem er uns beschnuppert hat, geht er weiter. Abends fahren wir weiter nach Porto zu Lindas Tante Alice.

„Schön, dass ihr mich auch endlich mal wieder besucht!" Mit diesen Worten begrüßt sie uns, nachdem wir das Auto am Straßenrand abgestellt haben.

„Kommt herein, dann könnt ihr euch etwas frisch machen und nachher können wir dann zusammen essen." Beim Abendessen planen wir dann für die nächsten Tage.

„Wie viel Zeit habt ihr denn für euren Besuch in Porto mitgebracht?" will sie von uns wissen.

„Nun, wir haben noch drei Tage bis zu unserem Flug zurück nach Deutschland", antworte ich.

„Oh, so wenig!"

„Wir wollen dir aber auch nicht so lange zur Last fallen!" sagt Linda.

„Ihr seid keine Last! Ich freue mich, Besuch zu haben. Vielleicht können wir etwas zusammen unternehmen. Morgen habe ich meinen freien Tag."

Und so fahren wir am nächsten Tag nach dem Frühstück zu fünft zum „Parque da Cidade", dem großen Stadtpark von Porto.

„Der Park existiert bereits seit 1991. Es ist mit 83 ha der größte Stadtpark von Portugal", erklärt sie stolz. „In den letzten

Jahren ist er immer schöner geworden. Man kann hier wunderbar spazieren gehen und Tiere beobachten. Kommt, wir gehen zu den Enten und Gänsen."

Wir treffen die Tiere in der Nähe eines großen Teichs und füttern sie mit etwas trockenem Brot. Als wir etwas weiter schlendern, entdecken wir ein sehr ungewöhnliches Gebäude. Es ist ein großer Quader, der schräg steht, umgeben von Brunnen und Teichen.

„Das ist der ‚*Pavilhão da Água*'. Es war einer der Themenpavillions auf der Weltausstellung in Lissabon. Nach dem Ende der Expo hat ihn die Stadt gekauft und hier aufstellen lassen."

„Und was ist da drin?" fragt Oscar.
„Es ist eine Ausstellung zum Thema Wasser mit vielen kleinen Experimentierstationen.
„Wie lange steht er schon hier?" will Linda wissen.
„Ich glaube so etwa zwei Jahre."

Als wir weitergehen, sehen wir einen Minigolf-Platz.
„Können wir eine Runde spielen, Papa?" fragt Oscar. Als ich an der Kasse nach den Preisen fragen will, sagt mir der Platz-

wart: „*E hora de almoco. Voces podem voltar as tres horas.* - Jetzt ist gleich Mittagspause. Um drei Uhr können sie wieder spielen."
Langsam bekommen wir auch Hunger.
„Können wir hier im Park auch etwas essen?"
„Nein, aber ganz in der Nähe gibt es ein Einkaufszentrum mit vielen Restaurants."
Wir fahren zum „Norte Shopping", einem der großen Einkaufszentren, die in den letzten Jahren in Portugal entstanden sind. Wie die Zeitung „Expresso" im November 2012 berichtete, gibt es mittlerweile 155 dieser Einkaufszentren in Portugal, von denen sich 34 im Großraum Lissabon und 26 im Großraum Porto befinden. Auch in kleineren Städten sind mittlerweile riesige „malls" entstanden. Ich frage mich, ob die Kaufkraft der Portugiesen ausreicht, um die Existenz der Geschäfte nachhaltig zu sichern. Uns gefällt es im Einkaufszentrum so gut, dass wir den ganzen Nachmittag dort verbringen und erst am Abend wieder zu Tante Alice zurückkehren.
„Heute Abend kommt Sandra hier vorbei" berichtet uns die Tante. Nachher geht sie mit ihrem Mann zur Tanzschule. Vielleicht habt ihr Interesse mitzukommen."
Nachdem wir abends leckeren gegrillten Fisch gegessen haben, fahren wir mit Sandra, ihrem Ehemann (der auch im Verein tanzt) und Oscar zur Tanzschule. Die Straße ist sehr schlecht und da die Portugiesen gerne Abkürzungen fahren und wir hinten sitzen, geht es uns allen dreien bald ziemlich schlecht.
„Wir müssen nur noch über die Straßenbahn, dann sind wir gleich da", versucht Sandra uns ein bisschen aufzumuntern. Aber die Fahrt kommt uns sehr lange vor. Schließlich erreichen wir ein Gewerbegebiet und wir parken vor einer großen Halle, die von außen ziemlich verkommen aussieht. Doch als wir hinein gehen, ist drinnen alles recht schön. Es gibt einen großen Raum mit Parkett-Boden und sehr großen Spiegeln. Die Tänzer hatten schon angefangen, viele Schrittkombinationen einzuüben und wir stellen fest, dass sie den Sport ernst

nehmen. Da das Training fast drei Stunden dauert, haben wir Mühe, Oscar bei Laune zu halten. Am Ende sind wir alle sehr müde - wir vom Zuschauen und davon, unseren Sohn zu beschäftigen und Lindas Cousine vom ganzen Training. Anschließend erfahren wir, dass meine Cousine auch schon in Deutschland an Wettbewerben teilgenommen hat, aber recht weit von unserem Wohnort entfernt, so dass wir nicht zum Schauen kommen konnten.

Am nächsten Tag wollen wir noch einmal auf eigene Faust Porto erkunden. Als erstes fahren wir wieder zum Stadtpark. Oscar möchte unbedingt noch eine Runde Minigolf spielen. Danach überqueren wir den Rio Douro und gelangen nach Vila Nova de Gaia. Wir haben vor, uns mal wieder eine Portweinkellerei anzuschauen. Als wir bei *Sandeman* eintreffen ist dort aber auch „*hora de almoco*". Also haben wir wieder Zeit etwas essen zu gehen. Unweit der Lagerhäuser entdecken wir einen Pavillion direkt am Fluss, in dem ein kleines Restaurant untergebracht ist. Wir setzen uns an einen der Tische am Fenster und haben einen wunderbaren Blick auf den Rio Douro.

„Ich esse jetzt aber nur eine Kleinigkeit", sagt Linda.

„Ich auch", gebe ich zurück. „Mal sehen, was auf der Speisekarte steht."

Für Oscar bestellen wir Würstchen mit Pommes frites und wir essen verschiedene Vorspeisen und eine heiße Suppe. Dazu lassen wir uns ein leckeres Glas „*vinho verde*" schmecken.

Nach der Führung durch die Portweinlager fahren wir mit unserem Auto wieder auf die andere Flussseite. In den letzten Jahren wurde die „*Ribeira*" (die Häuser und Straßen am Ufer des Rio Douro) schön restauriert. Wir finden hier sogar noch einen Parkplatz und genießen die Nachmittagssonne. Da Oscar und Thiago bei *Sandeman* nur ein Glas Wasser trinken durften, genehmigen wir ihnen noch ein Eis, bevor wir wieder zu Lindas Tante zurückkehren.

Am nächsten Tag nehmen wir dann wieder Abschied von Porto. Auf der A1 erreichen wir nach drei Stunden den Flughafen von Lissabon. Dort geben wir unseren Mietwagen ab und laden die Koffer auf einen Trolley. „Kann ich auch mitfahren?" fragt Oscar. Ohne auf eine Antwort zu warten klettert er auf den Kofferstapel. Jetzt will Thiago natürlich hinterher. Und so kutschiere ich zwei Koffer, zwei Taschen, einen Rucksack, einen Kindersitz, einen Buggy und zwei Kinder ins Abflugterminal von Lissabon.

2006 - Wo ist der Ball geblieben?

Als Lehrer organisierte ich drei Mal den Schüleraustausch zwischen unserem Gymnasium und einer *„high school"* im Mittleren Westen der USA. Ich war bereits in den Jahren 1998 und 2002 dort gewesen; in diesem Frühjahr stand nun der dritte Besuch an.

„Pass auf, dass du während eures Aufenthalts nicht wieder ein paar Kilos zulegst", warnte mich Linda vor unserer Abfahrt. Wegen des guten und reichhaltigen Essens und der amerikanischen Gewohnheit auch kürzeste Strecken mit dem Auto zurückzulegen, musste ich mir etwas einfallen lassen. Ich konnte entweder versuchen, wenig zu essen (bei dem großen Angebot und vielen offiziellen Anlässen weder verlockend noch höflich) oder mich mehr bewegen. Ich entschied mich für letzteres.

Also packe ich neben meinem normalen Gepäck auch ein Paar Laufschuhe ein und nehme mir vor, während der vier Wochen in den USA regelmäßig zu joggen und ab und zu mit dem Fahrrad zu fahren. Fahrrad zu fahren ist in den meisten Staaten der USA aber leichter gesagt als getan. Erstens gibt es kaum Radwege und die Autofahrer sind nicht auf Radfahrer eingestellt; zweitens muss ich auch ein passendes Fahrrad organisieren. Auf die Frage, ob ich mir ein Rad ausleihen könne, meint Art, der Mann meiner amerikanischen Kollegin: *„We have bikes.* - Wir haben Fahrräder."

Dieses Rad steht in der Garage, ist aber schon längere Zeit nicht mehr benutzt worden. Also heißt es erst einmal: entstauben, Kette ölen, Luft aufpumpen und als dann der Sattel auf die richtige Höhe eingestellt ist, kann es losgehen. Nach einer kurzen Probefahrt in der Einfahrt des Hauses, wage ich mich auf die Straße. Auf einer kleinen Runde durch die Nachbarschaft ernte ich einige überraschte Blicke von Anwohnern, Autofahrer, die mich überholen, lassen einen gebührenden Abstand und ich muss selbst damit klarkommen, dass es weder Radwege noch Fahrradständer gibt, wo ich das Rad abstellen könnte. Als ich eines Abends Freunde in der Nachbarschaft besuchen möchte und auch dazu das Rad benutzen möchte, stelle ich fest, dass das Fahrrad auch kein Licht hat.

„*We can fix that* - wir können das reparieren", sagt Art. Er besorgt eine Taschenlampe aus der Garage und befestigt diese mit Klebeband am Lenker, so dass ich auch für den Rückweg am Abend gerüstet bin.

Mit dem Laufen klappt es auch nicht auf Anhieb so wie gedacht. Ich bin zwar in Deutschland auch schon regelmäßig gelaufen, aber meist im Wald oder im Park. Hier in den USA muss ich erst einmal ein ganzes Stück auf der Straße laufen, bis ich zu einem See gelange, der einen Rundwanderweg besitzt. Beim ersten Versuch schmerzen beide Knie so sehr, dass ich nach fünf Minuten aufgebe und zurück nach Hause gehe bzw. humpele. Ich beschließe, es am nächsten Tag wieder zu probieren. Diesmal halte ich eine halbe Stunde ohne Schmerzen durch und ab jetzt gehört eine halbe bis dreiviertel Stunde Joggen zu meinem täglichen Training, wann immer es die anderen Programmpunkte des Austauschs zulassen.

Als ich nach knapp vier Wochen wieder in Deutschland bin, stelle ich zufrieden fest, dass sich mein Gewicht nicht verändert hat, obwohl ich in Amerika von meinen Gastgebern, deren Nachbarn und Freunden sowie bei anderen Gelegenheiten kulinarisch verwöhnt worden bin. „Jetzt werde ich weiter so trainieren, ich glaube das tut mir ganz gut", teile ich Linda mit, die schon seit längerer Zeit dreimal in der Woche läuft.

Als wir im Juli unsere Sachen für unseren Portugal-Urlaub packen, landen die Laufschuhe natürlich auch im Koffer. Diesmal begleiten uns meine Eltern zum Flughafen nach Düsseldorf. Sie helfen uns dabei, dass alle Koffer, Taschen, der

Buggy von Thiago und Oscar und Thiago selbst an den richtigen Bahnhöfen ein-, um- und aussteigen, so dass wir gut am Flughafenbahnhof ankommen. Leider ist der „skytrain" mal wieder außer Betrieb, wir müssen also mit einem kleinen Bus vom Flughafenbahnhof zum Terminal fahren. Dort angekommen geben wir unsere Koffer auf, verabschieden uns von meinen Eltern und begeben uns zum Flugsteig. Thiago darf so lange im Buggy sitzen, bis wir das Flugzeug erreicht haben, dort wird der Buggy dann als letztes eingeladen.

Bei strahlendem Sonnenschein und tiefblauem Himmel erreichen wir Porto. Beim Aussteigen können wir den Buggy wieder in Empfang nehmen und gehen so ganz bequem zum Terminal, das sich seit unserer letzten Ankunft völlig verwandelt hat. Es ist eine zweite Etage gebaut worden. Dadurch gibt es jetzt eine Abflug- und eine Ankunftsebene. Mit dem Auto geht es diesmal sofort nach Alvarenga. Auch hier hat sich einiges verändert. Arménio hat begonnen, das alte Haus seiner Schwiegereltern umzubauen. Es gibt ein neues Gästezimmer, wo sich früher mal ein kleiner Heuboden befand. Jetzt können wir endlich auch recht komfortabel in Alvarenga übernachten, was praktisch ist, denn Laurinda und Arménio wohnen jetzt den ganzen Sommer über in Alvarenga, da Arménio vor einem Jahr in Rente gegangen ist.

Am Abend will Opa Arménio den Jungen noch etwas zeigen. „Unsere Kaninchen haben Nachwuchs bekommen. Oscar, Thiago, gucke mal", fordert Arménio seine Enkel in seinem typischen Deutsch auf, ihn zum Kaninchenstall zu begleiten. Die kleinen Kaninchen sind noch winzig und blind und so lassen wir sie erst einmal bei der Mutter.

Wir verbringen noch zwei Nächte in Alvarenga, dann machen wir uns auf den Weg Richtung Küste. Als erstes machen wir Station in Arouca. Hier kaufen wir ein und Linda möchte, wie immer in Portugal, gerne noch zum Friseur gehen.

„Ich nehme die Kinder mit, dann bekommen sie endlich einmal eine pfiffige Frisur."
„Ich warte so lange im Café auf dich", antworte ich, denn da kann ich nicht nur in Ruhe einen Kaffee trinken, es wird auch noch das Achtelfinale der Fußball-WM zwischen Deutschland und Argentinien übertragen. Nachdem ich die erste Halbzeit gesehen habe, kommt Linda mit den beiden Kindern zu mir. Oscar ist zufrieden, aber Thiago, mittlerweile knapp drei Jahre alt, macht einen ganz betrübten Eindruck.
„Thiago hat so eine schöne Frisur, aber ihm gefällt sie nicht. Was sollen wir denn jetzt machen?" fragt Linda.
Thiago hat eine richtige Popper-Frisur. Die Haare sind vorn und oben ziemlich lang, im Nacken hingegen sehr kurz.
„Nimm ihn doch noch einmal mit, und lass die Friseurin noch einmal ran. Vielleicht kann sie den Übergang etwas sanfter gestalten."
So verschwinden die beiden wieder und Oscar und ich schauen uns die zweite Halbzeit an. Nach 90 Minuten steht es 1:1 und Thiago kommt wieder zurück, diesmal deutlich zufriedener. Ich bestelle zwei Croissants und zwei Glas Wasser für die Kinder und wir schauen zu dritt die Verlängerung, in der aber keine Tore fallen. Kurz vor Ende der 120 Minute schläft Thiago in seinem Buggy ein und verpasst so, wie Jens Lehmann beim Elfmeterschießen immer wieder auf einen kleinen Zettel mit Informationen über die argentinischen Schützen schaut und so gegen Ayala und Cambiasso zwei Elfmeter pariert. Auch Linda hat das ganze Spiel verpasst ist aber mit ihrer neuen Frisur sehr glücklich.
Am nächsten Tag verlassen wir Arouca, um zum Meer zu fahren. In diesem Jahr habe ich über das Internet eine Ferienwohnung in Praia da Vagueira gefunden und für eine Woche gebucht. Unterwegs halten wir in einem kleinen Ort, an dem gerade ein Wochenmarkt stattfindet. Wir erstehen frisches Obst, Kuchen und zwei Fußball-Trikots der portugiesischen

Nationalmannschaft. Oscar entscheidet sich für ein Trikot von Cristiano Ronaldo, für Thiago kaufen wir ein T-Shirt des Torwarts Ricardo.

In Praia da Vagueira fahren wir zunächst entsprechend dem Anreisehinweis zu unserer Vermieterin, die uns mit dem Auto zu unsrer Wohnung geleitet. Sie befindet sich im 2. Stock eines Mehrfamilienhauses am zentralen Platz des Ortes. Während Linda und ich die Koffer auspacken, versuchen Oscar und Thiago herauszufinden, welche Programme mit der Satellitenanlage des Hauses zu empfangen sind. Die beiden bleiben am portugiesischen Kinderkanal hängen und so haben wir genügend Zeit, uns in Ruhe einzurichten und das Abendessen vorzubereiten.

Am nächsten Tag gehen wir auf Entdeckungstour. Auf dem großen Platz befinden sich an einer Ecke ein Spielplatz und eine kleine Hüpfburg. An der gegenüberliegenden Ecke steht ein großes weißes Zelt. Am Eingang lesen wir auf einer kleinen Tafel: „*Livraria na praia*" - Bücherei am Strand. Hier hat die örtliche Bücherei für die Sommermonate eine Zweigstelle für die Urlaubsgäste eingerichtet. Im Zelt gibt es eine Bastelecke für kleinere Kinder, hübsch dekoriert mit vielen Pflanzen, einige Bücherregale und eine Leseecke mit Zeitungen. Wir bleiben eine Stunde: Linda malt und bastelt mit den Jungs, ich kann lesen, wie die Viertelfinals der Fußball-WM von der portugiesischen Presse kommentiert werden. Natürlich sind die Journalisten besonders begeistert vom portugiesischen Torwart Ricardo, der im Elfmeterschießen gegen England gleich drei Strafstöße abwehren kann.

Am Nachmittag gehen wir mit Strandmuschel und Handtüchern zum Strand, wo wir in gewohnter Manier Sonne, Sand und Meer genießen. Wir spielen Beachball und Fußball, wobei Oscar die schönsten Szenen der Fußball-Spiele nachstellt, die er im Fernsehen gesehen hat.

Einen vernünftigen Volleyball haben wir nicht dabei; den hoffen wir im nahegelegenen Aveiro zu finden, welches wir auf einem Tagesausflug besuchen. Nach einem Bummel durch die Altstadt finden wir ein schickes neues Einkaufszentrum, wo wir in einem Sportgeschäft einen Beach-Volleyball eines namhaften Herstellers erwerben. Nach dem Einkauf wollen die Kinder wieder zu einem Spielplatz, auf dem die Kinder mit riesigen Plastikrädern spielen können. Linda und Oscar fühlen sich bei strahlendem Sonnenschein pudelwohl, aber Thiago wird es schon bald etwas zu heiß. Auch ich bleibe lieber im Schatten und da bald alle Hunger haben, statten wir einer bekannten Schnell-Restaurant-Kette einen Besuch ab.

Am nächsten Tag können wir uns am Strand von Vagueira von der Qualität des neuen Beach-Volleyballs überzeugen. Zwischendurch wandern Linda und ich zu Muschelfelsen und absolvieren unser Lauftrainingsprogramm. Abends gehen alle nacheinander in die Badewanne im Badezimmer unserer Ferienwohnung um Sand und Sonnenmilch abzuspülen und dann freuen wir uns auf ein leckeres warmes Abendessen. Linda hat inzwischen einen kleinen Markt im Ort entdeckt, auf dem täglich frischer Fisch angeboten wird. Da können wir mal mit Lachs und mal mit Kabeljau richtig schlemmen. Trotzdem habe ich den Eindruck, dass meine Hosen nach und nach immer weiter werden. Vielleicht liegt es daran, dass wir jeden Tag sehr aktiv sind.

Um auch einmal einen anderen Strand zu sehen, fahren wir nach Costa Nova, den Strand mit den vielen bunten Strandhäusern. Hier haben wir noch etwas mehr Platz zum Ballspielen und um kleine Styropor-Drachen steigen zu lassen, die hier von fliegenden Händlern verkauft werden. Am Abend steht dann das erste Halbfinale der Fußball-WM an. Wieder einmal treten Deutschland und Italien gegeneinander an. Diesmal wollen auch Oscar und Thiago zusehen. Aber sie sind enttäuscht, dass es nach 90 Minuten immer noch 0:0 steht. Weder

Klose noch Podolski oder Ballack können ihre Chancen nutzen. So gehen sie ins Bett, ohne ein Tor gesehen zu haben. Am nächsten Morgen berichte ich ihnen dann, dass Italien durch zwei Tore von Grosso und del Piero gewonnen hat und ins Finale eingezogen ist. Aber wir haben am nächsten Abend mit Portugal ja noch ein Eisen im Feuer. Und diesmal sehen wir auch ein Tor, aber leider wieder auf der falschen Seite. Ricardo ahnt zwar die richtige Ecke, ist aber letztlich gegen Zidanes Elfmeter machtlos. In der zweiten Hälfte mühen sich Figo, Deco und Ronaldo vergebens ein Tor zu erzielen und so gehen wir alle traurig zu Bett - auch Portugal ist im Halbfinale ausgeschieden.
Nach einigen weiteren Strandtagen machen wir uns am Samstag wieder auf die Reise nach Alvarenga. Als wir eintreffen, kümmert sich Opa Arménio gerade um seine Hündin, die drei Junge bekommen hat. Zwar humpelt sie seit sie bei einem Unfall von einem Auto am Bein verletzt wurde, kann ihre Welpen aber trotzdem gut mit Milch und Liebe versorgen.
„Wie geht es den Kaninchen-Babys?", wollen Oscar und Thiago wissen. „Jetzt schon viel größer", erklärt Oma Laurinda auf Deutsch und geht mit den beiden zum Stall. Mittlerweile haben sie die Augen geöffnet und ein ganz flauschiges Fell.
„Was würde passieren, wenn wir die kleinen Kaninchen und die kleinen Welpen zusammenkommen lassen?" fragt Linda.
„Da passiert nichts", erklärt ihr Vater. Der Jagdinstinkt ist bei den kleinen Welpen noch nicht da. Sie werden den Kaninchen nicht wehtun."
„Können wir das einmal ausprobieren?"
„Ja, natürlich."
Und so trägt Oscar die Kaninchen vorsichtig zum Haus, wo Thiago eines der Welpen auf dem Schoß hat. Linda nimmt die Kaninchen und setzt sie dem kleinen Hund auf den Rücken.
„Siehst du, sie tun nichts. Dafür sind sie jetzt noch zu klein."
„Und in einem Jahr?"

„Wenn ich sie ausbilde, dann jagen die Hunde die Kaninchen."
Es ist ein heißer Tag und so lassen wir am Nachmittag Wasser ins Planschbecken, damit sich Thiago etwas erfrischen kann. Linda und Laurinda bereiten indessen das Abendessen vor. Es gibt Kartoffeln und grüne Bohnen, dazu grünen Wein (*„vinho verde"*) aus eigenem Anbau. Als wir gerade eine Melone zum Nachtisch essen, kommt Onkel Joaquim vorbei. Er verbringt mit seiner Frau und den beiden Enkelinnen Lucia und Beatrice das Wochenende in Alvarenga und lädt uns für den nächsten Tag ein. Ich schaue mir mit Oscar und Thiago noch das kleine Finale der Fußball-WM an und wir sehen, dass Deutschland sich durch zwei Tore von Schweinsteiger und ein Eigentor von Petit noch den dritten Platz holt, während für Portugal nur die *„medalha da infelicidade"* - die Unglücksmedaille - bleibt, wie das Jornal de Noticias am nächsten Tag titelt.

Das Endspiel zwischen Italien und Frankreich verfolgen wir dann weniger emotional, sind doch unsere beiden Favoriten nicht mehr dabei.

Ein paar Tage später sind wir wieder am Flughafen in Porto. Nachdem wir unseren Mietwagen zurückgegeben haben, schieben wir den Gepäckwagen in die Eingangshalle. Thiago sitzt oben auf den Koffern, Oscar hat den neuen Volleyball unter dem Arm. Als wir in der Warteschlange am Check-in stehen, spielt er mit seinem Bruder mit dem Ball Fußball.

Als wir gerade unsere Koffer abgegeben haben rufen die Kinder: „Der Ball ist weg!" und zeigen nach unten. Ich laufe schnell zu ihnen hin und wir stellen fest, dass der Ball über ein Geländer eine Etage tiefer in die Ankunftshalle des Flughafens geflogen ist. Oscar und ich laufen zum nächsten Fahrstuhl, um eine Etage tiefer nach dem Ball zu suchen. Linda bleibt mit Thiago oben und wartet ab was passiert. Unten angekommen, suchen wir zunächst in einer Sitzecke, dann in einem Café, aber vergebens. Ich erkundige mich bei einem Angestellten des Sicherheitsdienstes, aber er hat keinen Ball gesehen. Als wir die

Hoffnung schon fast aufgegeben haben, frage ich beim Café nach und dort bekommen wir unseren Ball von einem Angestellten zurück. Erleichtert begeben wir uns zur Abflugzone, wo Oscar, Linda und Thiago noch etwas Volleyball spielen, denn dort kann der Ball nicht verlorengehen.

Als ich zu Hause auf die Waage steige, stelle ich fest, dass ich in den drei Wochen in Portugal vier Kilo abgenommen habe. Ich nehme mir vor, weiter regelmäßig zu laufen, um meine Fitness weiter zu steigern und vielleicht noch etwas schlanker zu werden.

2008 - Wo ist der Strand geblieben?

Nachdem wir Tante Alice auf unseren früheren Portugal-Reisen fast jedes Mal besucht hatten, erfuhren wir eines Tages von Lindas Schwester Paula, dass sie für einige Zeit nach Deutschland zurückkehren wolle. Ihre jüngste Tochter sei nun auch ausgezogen und sie fühle sich in ihrem Haus ziemlich allein. So hatte sie beschlossen nach Paderborn zu ziehen, hatte mit Hilfe von Paula Wohnung und Arbeit gefunden und so stand ihr Haus in Portugal nun leer, als wir uns im Sommer auf den Weg nach Porto machten.

Wir kommen nachmittags am Flughafen Sá Carneiro an. Während wir die Architektur bestaunen, hält ein Flughafenmitarbeiter mit einem Elektroauto neben uns und sagt: „*Voces querem vir comigo*? - Kann ich sie ein Stück mitnehmen?"

Wir nehmen dankend an und genießen die kleine Rundfahrt durch das Terminal bis wir am Gepäckband angekommen sind. Diesmal holt uns Onkel Joaquim vom Flughafen ab. Statt zu seiner Wohnung zu fahren, hat er heute etwas anderes vor.

„Heute hat Lúcia Gabriela in der Grundschule ihre Abschiedsfeier. Deshalb fahren wir direkt dorthin, um nichts zu verpassen", erklärt er uns.

„Und Tia Manuela?" fragt Linda.

„Sie ist schon mit unseren Enkelkindern da."

Als wir eintreffen, ist die Aula schon prall mit Eltern, Geschwistern und anderen Verwandten gefüllt. Es geht zu wie in einem Bienenstock. Unsere Kinder sind von der Fahrt schon etwas müde und als sie in das Gebäude voller Menschen kommen, sind sie vor lauter Eindrücken erschlagen. Dann ertönt laute Musik und Lucia und ihre Mitschülerinnen erscheinen auf der Bühne. Lucia trägt eine Jeans und ein rosafarbenes T-Shirt. Wie all ihre Mitschülerinnen hat sie ein pink-

farbenes Halstuch umgebunden. Die Jungen tragen ein orangefarbenes Halstuch. Sie tanzen ziemlich wild durcheinander und eine gemeinsame Choreographie lässt sich nur manchmal erkennen. Dennoch applaudiert das Publikum begeistert und entsprechend glücklich sind die Jungen und Mädchen auf der Bühne. Danach kommen noch mehrere andere Gruppen auf die Bühne und so zieht sich die Feier bis in den Abend hinein.
Irgendwann sage ich: „Linda, Thiago ist schon so müde. Wir müssen ihn jetzt aber bald ins Bett bringen."
Als wir Onkel Joaquim fragen, wann wir fahren, sagt er: „Gleich ist die Feier zu Ende. Habt noch ein bisschen Geduld."
Eine halbe Stunde später sind wir immer noch dort und wir nehmen einen zweiten Anlauf.
„Es dauert bestimmt nicht mehr lange", ist diesmal seine Antwort.
Wir lassen uns noch einmal vertrösten, aber als Thiago fast auf meinem Schoß einschläft, ist unsere Geduld am Ende.
„Tio, kannst du uns jetzt bitte nach Hause bringen?"
„In Ordnung. Ich bringe euch nach Hause, dann könnt ihr die Kinder ins Bett bringen und dann kommen wir zur Feier zurück, OK?"
„Nein, ich glaube, wenn wir die Kinder ins Bett gebracht haben, sind wir auch müde genug, um schlafen zu gehen."
In ihrer Wohnung haben Onkel Joaquim und Tante Manuela für Oscar und Thiago in einem kleinen Zimmer zwei Matratzen vorbereitet.
„Das ist Lucias Spielzimmer. Hier können die Jungen bestimmt gut schlafen", erklärt er uns und fährt zurück.
Die Kinder fallen müde ins Bett und uns geht es genauso. Wir bemerken gar nicht mehr, wie spät die anderen von der Party nach Hause kommen.
Am nächsten Vormittag treffen wir uns im kleinen Stadtpark von Matosinhos mit Tante Alice' Tochter Sandra, die uns die

Schlüssel zum Haus ihrer Mutter und die ihres Autos bringt. Tante Alice hatte uns nämlich freundlicherweise angeboten, ihr Auto zu benutzen und in ihrem Haus zu übernachten. Nach dem Mittagessen bringt mich Onkel Joaquim zum Haus von Tante Alice, wo ich das Auto abhole.

„Es ist alles in Ordnung, ihr müsst nur mit dem Gas geben aufpassen", hatte uns Tante Alice ein paar Wochen zuvor erklärt.

Ich hole den Citroen aus der Garage, tanke und kehre mit Joaquim nach Matosinhos zurück. Dann mache ich mich mit meiner Familie auf den Weg nach Arouca. Nach einigen Kilometern merke ich zum ersten Mal, dass das Auto beim Anfahren das Gas nicht sofort annimmt, aber nach und nach gewöhne ich mich an das etwas ruckelige Fahrgefühl.

In Arouca fahren wir zu Lindas Elternhaus, wo wir jedoch niemand antreffen.

„Nachdem Oma gestorben ist, sind meine Eltern jetzt ganz nach Alvarenga gezogen; Conceição wohnt nun ganz alleine hier, aber jetzt ist sie wahrscheinlich bei der Arbeit", erklärt Linda.

Conceicão hat mittlerweile ihr Studium als Grundschullehrerin abgeschlossen, aber noch keine Stelle gefunden. Wir treffen sie später an der Kasse des „Pingo Doce", dem örtlichen Supermarkt, wo sie arbeitet.

„Ich arbeite noch bis um sechs Uhr", erzählt sie uns, dann komme ich nach Hause und wir können gemeinsam essen.

Beim Abendessen reden wir über unseren bevorstehenden Urlaub.

„Was habt ihr denn in diesem Jahr so alles vor?" will Conceicão wissen.

„Nun, wir wollen ein paar Tage in Arouca und Alvarenga verbringen und dann für ein paar Tage eine Ferienwohnung an der Küste mieten. Dann kommen wir wieder zurück hierher und auf dem Weg nach Porto könnten wir noch Isabel und

António besuchen", beschreibe ich unsere Pläne für die nächsten zwei Wochen.
„Übernächstes Wochenende findet hier in Arouca eine ‚*recriacao historico*' statt. Das solltet ihr auf keinen Fall verpassen."
„Was ist denn eine ‚*recriacao historico*'?" will Oscar wissen.
„Neben dem Kloster wird ein altertümlicher Markt stattfinden, es wird alles so sein wie vor vielen 100 Jahren."
„O ja, da gehen wir auf jeden Fall hin!" ruft Linda begeistert.
„Jetzt müssen wir aber erst noch klären wer wo übernachtet", werfe ich ein.
„Also Oscar kann in dem kleinen Zimmer neben Conceicãos Zimmer schlafen, wo Oma früher ihr Zimmer hatte. Und wir schlafen wieder unten im Gästezimmer," sagt Linda.
„Und Thiago?" werfe ich ein, „willst du in dem kleinen Bett im Gästezimmer schlafen?"
„Nein, ich will lieber bei Oscar schlafen!"
„Dann legen wir die kleine Matratze neben das Bett und du musst dann da auf dem Boden schlafen."
„Ja, kein Problem."
Am nächsten Tag werden wir von der Sonne geweckt, die um sieben Uhr durch die kleinen Fenster im Keller hineinscheint.
„Es scheint wieder ein heißer Tag mit viele Sonne zu werden", ist meine Wettervorhersage, nachdem ich kurz nach draußen geschaut habe.
„Dann können wir heute Nachmittag mit den Jungen ins Freibad gehen!"
Beim Frühstück fragen wir Conceicão ob sie auch mitgehen wolle.
„Heute Morgen gehe ich arbeiten, aber am Nachmittag komme ich gerne mit."
Nach dem Mittagessen packen wir Handtücher, Sonnenmilch und eine große gelbe Luftmatratze ein und machen uns auf den 10-minütigen Fußweg zum Freibad.

„Als erstes müssen wir uns gut eincremen", erinnere ich die Kinder. „Ihr wisst doch, dass die Sonne hier in Portugal viel intensiver scheint als bei uns in Deutschland."

Ein paar Minuten später planschen die beiden begeistert im kleinen Becken, während Linda, Conceição und ich es uns erst einmal auf der Liegewiese bequem machen. Später springen wir ins Schwimmerbecken, wo ich ein paar Bahnen ziehe. Ich bin total begeistert, in dieser herrlichen Umgebung zu sein: blauer Himmel, 35°C und bewaldete Berge rundherum.

Die Bücherei von Arouca hat eine kleine Zweigstelle im Freibad eingerichtet, wo wir zwischendurch Zeitungen und Zeitschriften lesen können.

Einen Tag später geht es endlich nach Alvarenga zu meinen Schwiegereltern Arménio und Laurinda. Es ist der 28. Juni, ein Tag vor „Sao Pedro" und gleichzeitig ein Tag vor dem 66. Geburtstag meines Schwiegervaters. Wir treffen meine Schwiegereltern und Conceicão, die mitten in den Vorbereitungen für den nächsten Tag stecken.

„Was machen wir morgen?" will ich wissen.

„Wir fahren morgen nach Sao Pedro", antwortet Linda. Conceicão weiß noch etwas mehr:

„Hier in der Nähe gibt es eine Kapelle namens „Sao Pedro do Campo". Schon zu Beginn des 18. Jahrhunderts hielten die Einwohner jedes Jahr am 29. Juni ein Fest zu Ehren von „Sao Pedro" ab."

„Als ich klein war, bin ich immer mit meinen Eltern und meiner Oma dorthin gelaufen", erzählt Linda, „wir haben etwas zu essen und zu trinken mitgenommen und dort ein Picknick gemacht."

„Und morgen? Wollen wir auch alle zu Fuß gehen?", frage ich.

„Nein, seit einigen Jahren gibt es eine Straße. Meine Eltern fahren morgen mit dem Auto, aber wir zwei können zu Fuß gehen", antwortet Linda.

Am nächsten Morgen sind Laurinda und Arménio schon zeitig aufgestanden um die Tiere zu versorgen. Gefrühstückt wird heute nur ein Brötchen und eine Tasse Kaffee im Stehen, denn wir wollen möglichst früh bei der Kapelle sein. Das Essen und Trinken wird auf der Ladefläche von Arménios Wagen verstaut. Dazu kommen noch Decken und Körbe mit Tellern und Besteck. Linda und ich machen uns auf den Weg, als alles verstaut ist. Oscar und Thiago werden dann etwas später mit Opa und Oma im Auto fahren.

Wir wandern zunächst ein Stück durch Kastanien- und Eukalyptuswald. Dann geht es relativ steil durch Macchie-Vegetation weiter nach oben. Wir müssen aufpassen, dass uns die Disteln und Heidepflanzen nicht zu sehr stechen. Nach einer halben Stunde erreichen wir eine kleine Straße die zur Kapelle „Senhora da Monte" führt. Von hier haben wir eine wunderbare Aussicht auf Alvarenga und einige benachbarte Dörfer. Wir stärken uns mit einem Käsebrötchen und einem Schluck Wasser, bevor es weiter geht. Jetzt breiten sich nur noch Wiesen vor uns aus und nur die Kappen, die wir aufgesetzt haben, schützen uns vor der Sonne, die nach und nach immer wärmer scheint.

Nach knapp zwei Stunden Wanderung haben wir die Hochfläche „Sao Pedro do Campo" erreicht. Sie besteht aus mehreren Hügeln, auf denen sich riesige Felsbrocken befinden. Auf einem der Hügel steht eine kleine Kapelle.

Oscar und Thiago haben uns schon von weitem entdeckt und kommen uns entgegen.
„Hallo, wie geht es euch?"
„Gut, wir sind schon seit einer halben Stunde hier."
„Habt ihr schon einen Platz für unser Picknick gefunden?"
„Ja, kommt, wir zeigen euch wo."
Irgendwie sehen die beiden aber etwas unglücklich aus.
„Ist irgendetwas nicht in Ordnung?" will Linda wissen.
„Opa hat uns geschlagen!" berichtet Oscar.
„Was? Wieso denn das?"
„Wir sind bloß auf einem der Felsen herumgeklettert. Da hat Opa etwas auf Portugiesisch gesagt und dann ist er gekommen und hat uns da heruntergezerrt und eine Ohrfeige gegeben."
Und schon kullern ein paar Tränen die Wangen herunter.
„Opa hat bestimmt Angst gehabt, dass ihr euch weh tut. Er kennt euch nicht so gut und weiß nicht, dass ihr so gut klettern könnt", versucht Linda sein Verhalten zu erklären. „Kommt, jetzt wollen wir doch den Tag genießen und ich rede später mit ihm darüber."

Wir gehen zu meinen Schwiegereltern, die schon alles vom Wagen geholt haben. Dort treffen wir auch Isabel, Antonio, Manuel und Daniela, die aus Entre-os-Rios hierhergekommen sind. Es gibt einige Decken, auf die man sich setzen kann und eine Tischdecke, auf der das mitgebrachte Essen gestellt wird. Es gibt verschiedene Sorten Fleisch, Kartoffeln und Reis. Da alles am Morgen frisch zubereitet wurde, ist das Essen noch einigermaßen warm. Dazu gibt es Brot und Wein aus eigenem Anbau. Arménio hat für diesen Tag einen „*garafao*" (eine 5-Liter-Flasche) abgefüllt, der den Wein schön kühl hält. Nachdem sich alle satt gegessen haben, kommt der Nachtisch auf den Teppich: ein selbstgebackener Napfkuchen von Isabel sowie eine große Geburtstagstorte vom Konditor mit der Aufschrift „Parabéns Arménio". Dier Kuchen ist wieder so süß, dass man unmöglich mehr als ein kleines Stück davon essen kann.
„*Quem e que quer beber um café?* Wer möchte einen Kaffee trinken?" fragt Arménio in die Runde. Es melden sich alle Männer.
„Dann kommt mit."
Kaffee haben Laurinda und Arménio allerdings nicht selbst mitgebracht. Deshalb gehen wir einige hundert Meter in Richtung Kapelle, wo sich einige Verkaufsstände und ein mobiler Getränkewagen befinden. Alle bestellen einen *café*, nur ich sage, dass ich gern einen *galão* hätte. Die drei *cafés* sind schnell gemacht und schon ausgetrunken, als ich meinen *galão* bekomme. Den kann ich, weil er genauso heiß aber viel größer ist als ein kleiner *café* nicht in wenigen Sekunden herunterspülen und so müssen sich meine Begleiter wohl oder übel gedulden, bis ich fertig bin, wobei ich merke, dass sie schon etwas unruhig geworden sind, als ich endlich mein leeres Glas auf der Theke abstelle. Danach gehen wir zu einigen Verkaufsständen, wo wir Linda und die Kinder treffen.

„Ó Linda, diz aos teus filhos que eles podem escolher um boné – Linda, sag deinen Söhnen, dass sie sich jeder eine Kappe aussuchen können", sagt Lindas Vater. Nach einigem Überlegen und Probieren sind beide schließlich glücklich mit zwei nagelneuen Portugal-Kappen.

Als wir weiterspazieren, treffen wir auch noch Isabel und ihre Familie und da ich meinen Fotoapparat dabei habe, kann ich gleich ein paar Model-Fotos von Linda und Daniela machen. Irgendwann am Nachmittag kommt das Signal zum Aufbruch. Das übriggebliebene Essen, die Decken und Sonnenschirme werden wieder zum Auto gebracht und wir machen uns auf den Heimweg.

„Diesmal müsst ihr aber mit dem Auto fahren", verlangt Oscar, „wir wollen nicht wieder so lange mit Oma und Opa allein bleiben."

Das verstehen wir und so fahre ich im Auto mit zurück nach Alvarenga, während es Linda sich nicht nehmen lässt, auch den Rückweg zu Fuß zurückzulegen.

Am nächsten Morgen erzählt Linda beim Frühstück, dass ihre Mutter heute ein Schaf scheren wolle. Als wir aus dem Haus treten, haben Laurinda und Arménio bereits eine Plane vor dem Haus ausgebreitet und das Schaf dorthin gebracht. Dann bindet Arménio ihm die Beine zusammen und legt es auf die Seite.

„Hier ist doch gar kein Stromanschluss für die Schermaschine", bemerke ich während der Vorbereitungen.

„Das ist auch gar nicht notwendig", antwortet Linda. „Pass mal auf."

Kurze Zeit später zieht Lindas Mutter eine Schere aus der Tasche ihres Kasacks und beginnt, das Fell mit der Schere zu schneiden. Oscar und Thiago haben sich in der Zwischenzeit auf eine kleine Mauer gesetzt und schauen gespannt zu. Vom Bauch aus arbeitet sich Laurinda bis zum Hals vor. Dann muss das Schaf einmal vorsichtig gewendet werden; dann ist die

andere Seite dran. Arménío hält das Schaf die ganze Zeit über am Hals fest, damit es sich nicht bewegt. Nach etwa 20 Minuten ist die Rasur beendet und das Schaf kann wieder zu seiner Herde zurückkehren. „Komm mal her", ruft Arménio auf Deutsch, als er ihnen frisches Heu und Blätter zu essen gibt. *„Ja vistes? - São os unicos ovelhas de Portugal que entendem Alemão.* - Wahrscheinlich sind dies die einzigen Schafe in Portugal, die Deutsch verstehen", meint er und lächelt verschmitzt.
„Können wir bald mal wieder schwimmen gehen?" fragen die Jungen beim Mittagessen.
„Zur Küste ist es von hier aus ziemlich weit, aber von Arouca aus können wir zum Strand fahren", antworte ich.
„Heute Nachmittag können wir einen Ausflug zum Fluss machen", schlägt Linda vor. „Wollt ihr nicht mitkommen?" fragt sie ihre Eltern.
„Ich habe noch einiges auf den Feldern zu tun. Die Kartoffeln und das Gemüse müssen noch gegossen werden", erklärt Laurinda. „Aber Arménio, du kannst doch mit den Kindern fahren."
Wir packen unsere Strandmuschel, zwei leere Plastikflaschen und einen Käscher ein und los geht es zum Rio Paiva, den wir ja schon des Öfteren besucht haben. Diesmal führt uns Arménio aber an eine Stelle, die wir noch nicht kennen.
„Gucke mal, ihr braucht gar nicht bis zur Küste fahren. Hier gibt es auch eine Strand", erklärt er in gebrochenem Deutsch und zeigt stolz auf einen kleinen sandigen Abschnitt am Flussufer.
Wir machen es uns mit einem Teppich und unseren Badetüchern auf den Steinen so bequem wie möglich, während die Kinder den Fluss und seine Bewohner untersuchen. Zwischendurch erfrischen sie sich in verschiedenen kleinen Buchten, die nach und nach entstanden sind.
Am nächsten Morgen ist es überraschenderweise total neblig, aber für einen Lauf vor dem Frühstück sind dies gute Bedin-

gungen. Um 10 Uhr hat die Sommersonne den Nebel weggebrannt und scheint wieder von einem strahlendblauen Himmel.

„Können wir heute wieder schwimmen gehen?" fragt Oscar, nachdem wir eine weitere Runde Kniffel gespielt haben.

„Nein, Oscar, heute schaffen wir das nicht mehr. Wir wollen doch später noch Tante Elsa und Onkel Serafím besuchen, aber ihr könnt euch ein bisschen im Planschbecken erfrischen."

Zum Glück geben sich die Kinder damit fürs erste zufrieden. Am Nachmittag spazieren wir zum Haus von Onkel Serafím, der aber noch bei der Arbeit ist. Wir unterhalten uns mit Tante Elsa, während die Kinder mit den Hunden und Katzen des Hauses spielen.

„Gibt es eigentlich noch die alten Getreidemühlen am Bach, wo die Bauern früher ihren Mais gemahlen haben?" erkundigt sich Linda am Abend bei ihrer Mutter.

„Ja, und einige dieser Mühlen sind mittlerweile restauriert worden", antwortet Laurinda. „Ich kann sie euch morgen einmal zeigen."

Nach dem Frühstück am nächsten Morgen machen wir uns auf den Weg. Wir wandern vom Haus auf einem Weg, der immer auf der gleichen Höhe den Hang entlang verläuft. Nach etwa 20 Minuten erreichen wir ein total verfallenes Gebäude an einem kleinen Bach.

„Das hier ist die erste Mühle", erklärt Laurinda. „Von hier aus verläuft der Mühlenweg bis hinunter nach Várzeas." Wir wandern weiter der Berg hinab wo alle 50 Meter eine weitere Mühle steht. Weiter unten wird der Weg immer besser, es wurden an einigen Stellen Treppenstufen angelegt und einige Gebäude sind bereits instandgesetzt worden. Ganz unten angekommen, machen wir auf einer der Stufen eine kleine Pause und lesen auf einem Hinweisschild der Stadtverwaltung: „*Carreira dos Moinhos*". Es weist darauf hin, dass hier insgesamt 17 Wassermühlen gebaut wurden und dass dies der einzige Weg dieser Art in Portugal sei.

Als wir wieder zurückkommen, will Arménio gerade mit seiner Traktinette zu einem Feld weiter oben fahren.

„Linda, diz aos teus filhos para subir. - Linda, sag deinen Söhnen, dass sie auf den Anhänger klettern sollen. Ich nehme sie mit", sagt Arménio.

Und so machen sie einen kleinen Ausflug mit ihrem Großvater, der ihnen stolz seine Felder zeigt. Inzwischen haben unsere Söhne ihrem Großvater wieder verziehen.

Abends gehen wir noch einmal zum Haus von Onkel Serafím und diesmal ist er endlich zu Hause. Wir gehen ins Haus, wo wir bei Super Bock und Erdnüssen von unserem bisherigen Urlaub in Portugal erzählen.

„Wollt ihr eure restliche Urlaubszeit in Alvarenga verbringen?", erkundigt sich Serafím.

„Nun, wir wissen es noch nicht so genau. Die Kinder würden gern noch ein paar Tage am Strand verbringen", erkläre ich.

„Aber wir haben noch nichts gebucht", ergänzt Linda. „Im letzten Jahr hat Ben über das Internet eine Ferienwohnung gebucht. Die Wohnung war recht schön, aber auch nicht ganz billig. Mal sehen, ob wir auf eigene Faust einen besseren Preis bekommen."

„Wir wollen morgen zur Küste fahren und nach einer Unterkunft suchen", sage ich.

„Jetzt, Anfang Juli, werdet ihr bestimmt noch etwas finden."

Am nächsten Morgen brechen wir also in Richtung Küste auf.

„Hast du dir schon überlegt, wo wir nach einer Ferienwohnung suchen wollen?" fragt Linda unterwegs.

„Wir waren doch vor ein paar Jahren schon einmal in Esmoríz. Da hat es mir ganz gut gefallen", schlage ich vor. Wir fahren über Santa Maria da Feira nach Esmoríz und als wir die Hauptstraße Richtung Strand fahren, sind wir überrascht, dass das Dorf wie ausgestorben ist. Als wir die Küste erreichen, sind wir schockiert. Dort, wo sich vor ein paar Jahren noch ein schöner Strand befand, sehen wir nur Steine und Wasser.

„Der Strand ist verschwunden", erkläre ich. „Das ist unglaublich."

Wir erholen uns nur langsam von diesem Anblick und überlegen, was wir nun tun könnten.

„Dann fahren wir eben nach Espinho. Da ist bestimmt mehr los."

Eine Viertelstunde später haben wir den Badeort Espinho erreicht. Der Strand ist noch da, er erscheint uns aber ebenfalls recht schmal. Zwei Jahre später lese ich im *Jornal da Notícias*, dass der Strand seit mindestens 100 Jahren immer schmaler wird und durch aufwändige Baumaßnahmen vor der vollständigen Erosion geschützt werden muss. In den letzten Jahren wurde dieser Schutz für über sieben Millionen Euro weiter ausgebaut, wie die Zeitung berichtet.

Aber Espinho ist auch eine richtige Stadt und damit eigentlich nicht das, was wir uns für unseren Urlaub vorgestellt haben: eine Ferienwohnung in einem kleinen Ort mit einem schönen, nicht zu vollen Strand. Wir gehen trotzdem zur Touristeninformation.

„Eine Ferienwohnung für zwei bis drei Tage? Da werden sie nichts finden. Sie könnten es höchstens in einem Hotel oder in einer Pension versuchen", teilt uns die Frau am Schalter mit.

Wir entschließen uns, es noch an einem anderen Ort zu versuchen. Wir fahren die Küste entlang, diesmal in südlicher Richtung und kommen nach etwa 20 Minuten nach Furadouro. Hier waren wir ebenfalls bereits einmal auf einer früheren Reise. Die Touristeninformation hat bereits geschlossen, als wir am späten Nachmittag ankommen. Daher gehe ich mit Linda in ein Café an der Hauptstraße.

„Wir suchen eine Ferienwohnung für zwei oder drei Nächte", erklärt Linda dem Wirt an der Bar.

„Das wird schwierig, aber fragt doch meine Frau, vielleicht kann sie euch weiterhelfen", antwortet er und beschreibt uns die Lage eines kleinen Modegeschäftes in der Nähe. Wir fahren hin und fragen wieder.

„Ich habe noch eine Wohnung, die frei ist, aber wir vermieten immer nur wochenweise."

„Nein, soviel Zeit haben wir nicht, wir wollen in spätestens drei Tagen wieder in Arouca sein."

„Tja, dann werden sie wohl kein Glück haben."

Wir sind ratlos. Mittlerweile ist es schon kurz vor sechs Uhr. Wir sind den ganzen Nachmittag nur herumgefahren und haben doch nichts erreicht.

„Hier in der Nähe gibt es doch eine Jugendherberge. Da könnten wir wenigstens eine Nacht bleiben", schlage ich vor. Nach den Enttäuschungen des Tages sind alle gleich einverstanden und wir haben Glück, dass noch ein Zimmer für uns frei ist. Wir bringen unsere Sachen ins Zimmer und entspannen uns bei einer heißen Dusche. Abends fahren wir noch einmal in den Ort und essen eine leckere Pizza.

Am nächsten Tag verbessern wir unsere Beachball-Rekorde, die Kinder bauen Sandburgen und spielen mit zwei portugiesischen Kindern, die ein bisschen Deutsch und Englisch verstehen. Nach einem leckeren Eis in der Strandbar treten wir am Nachmittag die Rückfahrt nach Arouca an. Conceicão ist überrascht, uns so schnell wieder zu sehen.

„Ihr wolltet doch ein paar Tage an der Küste verbringen", sagt sie.

„Wir haben aber leider keine Ferienwohnung gefunden", entgegnet Linda. „Alle Vermieter wollen für mindestens eine Woche vermieten. Damit haben wir nicht gerechnet. Jetzt übernachten wir eben wieder hier und vielleicht waren wir in der nächsten Woche noch einmal zum Strand."

Statt zum Meer fahren wir am nächsten Tag aber erst einmal in die Berge. In der *Serra da Freita* waren wir vor einigen Jahren auch schon einmal zum Baden. Jetzt ist das Wetter aber nicht so toll. Es ist wolkig und windig und so sind wir an diesem Tag fast die einzigen Touristen, die dort oben auftauchen. Obwohl die Sonne nicht so andauernd scheint wie an den Tagen zuvor, freuen sich die Kinder darauf, über die Felsen zu klettern.

„Mama, Papa, dürfen wir auf den Berg da hinten klettern?" fragt Oscar, nachdem wir aus dem Auto ausgestiegen sind.

„Ich weiß nicht, ob wir das schaffen", antworte ich.

„Ihr müsst gut aufpassen, dass ihr nicht abrutscht", ist Linda manchmal etwas besorgt.

Aber die Jungen klettern fast so gut wie die Bergziegen, die hier oben ebenfalls unterwegs sind. Zur Mittagszeit essen wir Obst an einem der neuen Picknicktische, die vor kurzem hier aufgestellt worden sind. danach spielen wir noch ein paar Runden Mau-Mau, was aber wegen des Windes nicht so einfach ist.

Am Wochenende ist dann endlich die „*recriacao historico*". In Arouca ist es noch etwas voller als üblich. Neben dem „*convento*" ist der Eingang zum historischen Markt, wo es vom Korbflechter über Hersteller von Kannen und Windlichtern bis hin zu Steinmetzen, die Mühlsteine und Waschbecken aus Granit anbieten, allerlei alte Handwerksberufe zu bestaunen. Im Hof stehen Esel, beladen mit Töpfen und Pfannen und auf einem kleinen Markt gibt es Obst und Gemüse, wie z.B. Äpfel, Pflaumen, Gurken und Zwiebeln zu kaufen. Es gibt auch einige warme Gerichte und wir essen Pfannkuchen, frisch gebackenes Brot und trinken dazu Wasser und Wein aus altertümlichen Tonkrügen. Nach dem Essen spazieren wir durch die Räume des *Convento* wo ein Chor der Nonnen ein kleines Konzert gibt. Als wir den Markt wieder verlassen wollen, gibt es noch ein Highlight für Linda und die Kinder: Ein Hufschmied fertigt neue Hufeisen an und beschlägt damit ein Pferd. Alle drei schauen dem Paar bestimmt zehn Minuten lang gebannt zu.

„Was machen wir morgen?" will Thiago am Abend wissen, als er müde ins Bett geht.

„Wir besuchen Tante Isabel in Entre-os-Rios", gibt Linda zurück.

„Ist das eine kurvige Strecke?" will er noch wissen.

„Wir sind die Strecke schon einmal vor sechs Jahren gefahren. Vielleicht ist sie jetzt etwas besser ausgebaut als damals", antworte ich.

Nach dem Frühstück machen wir uns auf den Weg. Es geht zunächst nach Burgo, wo die Straße in Richtung Castelo de Paiva abzweigt. Dann kommen die bekannten Kurven: nach und nach windet sich die Straße die Serra de Montemuro hinauf. Es hat sich in sechs Jahren eigentlich nichts verändert. Auf der Rückbank wird es immer stiller, bis Oscar sich meldet.

„Papa, kannst du mal anhalten? Mir ist schlecht."

„OK, da vorn ist eine Parkmöglichkeit."

Wir halten an und Oscar und Linda steigen aus.

„Musst du dich übergeben?"

„Nein, ich glaube so schlimm ist es nicht, aber ich brauchte unbedingt eine Pause und frische Luft. Nach etwa 5 Minuten frage ich, ob wir weiter fahren können.

„Ja, aber fahr bitte nicht so schnell", lautet die kleinlaute Antwort.

Wir steigen alle wieder ein und es geht ganz vorsichtig um die letzten Kurven bergab nach Castelo de Paiva. Hier biegen wir auf die neu erbaute Ortsumgehung ab und sehen schon nach wenigen Minuten die neue Brücke über den Rio Douro. Nach weiteren 10 Minuten haben wir Rio de Moinhos erreicht, wo sich Isabel und Antonio inzwischen ein stattliches Haus gebaut haben. Als wir eintreffen, hat Isabel schon mit den Vorbereitungen für das Essen angefangen. Bevor es losgehen kann, muss Daniela aber noch ein paar Dinge im örtlichen Supermarkt einkaufen. Sie hat vor kurzem ihren Führerschein gemacht und ich begleite sie auf ihrer Fahrt mit dem Land Rover, mit dem sie hier in Portugal unterwegs sind. Als wir zurückkehren, hat Antonio bereits den Grill vorbereitet nach und nach treffen noch einige andere Verwandte von Antonios Familie ein: seine Schwester und zwei Brüder mit Familie und seine Eltern. Nach dem Hauptgang (Fleisch, Kartoffeln, Gemüse, Salat) gibt es noch eine Suppe. Dazu trinken die meisten roten *vinho verde*, der aus einem *garrafao* eingeschenkt wird. Danach wird der Tisch komplett abgeräumt und alles für den Nachtisch vorbereitet: Es gibt Obst, *Mousse de Chocolate* und vier verschiedene Kuchen. Alle essen, bis nichts mehr hineinpasst und machen es sich dann auf dem Sofa oder auf einer Bank im Garten gemütlich.

Da am nächsten Tag der Feiertag zu Ehren von „Nosso Senhor dos Remédios" begangen wird, findet am Vorabend ein Fest in dem kleinen Städtchen statt. Als wir gegen acht Uhr losgehen wollen, sind die anderen noch nicht ganz fertig.

„Wir gehen schon mal vor und treffen uns dann später im Ortszentrum", verkündet Linda.

Vom Haus ihrer Schwester laufen wir etwa 10 Minuten bis zum Zentrum. Hier sind schon eine Menge Leute unterwegs. Es gibt Stände, an denen man Kuchen, Süßigkeiten, CDs, T-Shirts und Tausend andere Sachen kaufen kann. Auf einem Plakat lese ich, dass um 21.30 Uhr ein Platzkonzert mit einem Blasorchester stattfindet.

„Das müssen wir uns unbedingt anhören", erkläre ich als Hobby- Posaunist.

Als das Konzert beginnt, suche ich mir eine Bank, von der aus ich gut sehen und hören kann. Linda und die Kinder gehen lieber noch etwas spazieren und wollen nach der Verwandtschaft Ausschau halten. Bei der großen Menschenmenge ist dies aber nicht so leicht. Da Linda als Kind ein Paar Jahre in

Rio de Moinhos gewohnt hat, trifft sie einige Bekannte, mit denen sie sich erst einmal ausgiebig unterhält.

„Ich habe meine Schwester und meinen Schwager am Brunnen getroffen", berichtet mir Linda etwas später. Es ist mittlerweile schon ziemlich spät geworden und als das Konzert um halb zwölf zu Ende ist, schlage ich vor, dass wir nach Hause gehen. Thiago war inzwischen so müde, dass er nicht mehr laufen konnte. Ich muss ihn also tragen und nach wenigen Minuten ist er an meiner Schulter eingeschlafen. Plötzlich gibt es jedoch einen großen Knall. Es ist Mitternacht und damit Zeit für ein großes Festfeuerwerk.

Oscar und Linda sind begeistert und bestaunen die bunten Raketen am Nachthimmel. Thiago wird von diesem Lärm wieder wach und so bekommt er auch noch etwas davon mit. Als das Feuerwerk sich dem Ende zuneigt, haben wir auch wieder das Haus von António und Isabel erreicht. Als wir hineingehen wollen, stellen wir allerdings fest, dass niemand zu Hause ist und alle Türen abgeschlossen sind.

„Isabel und Antonio sind noch auf dem Fest", stellt Linda fest. „Ich gehe zurück und versuche sie zu finden, damit sie mir einen Hausschlüssel geben."

„Wir warten so lange hier", gebe ich zurück und ich versuche es mir mit den Kindern im Hauseingang so gemütlich wie möglich zu machen.

Zum Glück dauert es nicht lange, bis Linda zurückkehrt und wir können endlich unser Nachtlager, das aus drei Matratzen im Wohnzimmer besteht beziehen.

Für den nächsten Tag haben wir gleich Verabredungen. Als erstes treffen wir Lindas Onkel Almerindo, der ein kleines Café an der Nationalstraße, die von Castelo de Paiva nach Porto führt. Er lädt uns zum Mittagessen ein und wir essen Reis, Bratkartoffeln, Würstchen und Salat; dazu gibt es gut gekühltes Mineralwasser. Für den Nachmittag haben wir uns mit Conceicão in einem Tierpark verabredet. Nachdem wir den Rio Douro überquert haben, fahren wir auf der N 222 in Richtung Gaia. Ich sehe an der Straße ein Hinweisschild zum Zoo Santa Ignacia. Als wir auf den Parkplatz fahren, ist der aber sowohl auto- als auch menschenleer.

„Der Zoo hat heute geschlossen und deine Schwester ist auch nicht zu sehen", bemerke ich.

„Sie hatte aber gesagt, dass wir uns um drei Uhr am Zoo treffen würden", antwortet meine Frau.

„Ruf' sie doch bitte noch einmal an, um zu erfahren wo sie ist."

Nach einem kurzen Telefonat berichtet Linda: „Conceicão und André warten am *„Jardim Biológico de Gaia"* auf uns. Wir müssen auf der Hauptstraße noch zwei Kilometer weiter fahren; dann sind wir am verabredeten Ort."

„OK, let's do it", antworte ich und tatsächlich sehen wir uns keine fünf Minuten später am Eingang des *„Jardim Biológico"*. Es ist ein schöner Park mit kleinen Gehegen für Schildkröten, Otter oder Adlern und wir bestaunen auch die Palmen und andere exotische Pflanzen. Nach einem ausgiebigen Rundgang dürfen sich die Jungen noch jeweils ein Eis und ein Andenken aus dem Souvenir-Shop aussuchen.

„Wir fahren dann weiter zu meinen Eltern", erklärt André, als wir wieder auf dem Parkplatz angekommen sind. „Ihr könnt einfach hinterherfahren. Wir essen dann gemeinsam zu Abend. Meine Mutter kocht für uns."

„Ja, gerne", antworten Linda und ich wie aus einem Mund, denn die Kochkünste von Andrés Mutter sind uns bereits bekannt.

Nach etwa einer halben Stunde haben wir die Wohnung von Andrés Eltern erreicht, die in einem viergeschossigen Mehrfamilienhaus in einem Vorort von Vila Nova de Gaia liegt. Wir machen uns etwas frisch und setzen uns dann an den Tisch, wo zunächst einmal einige „*aperitívos*" auf uns warten: Oliven, *Bolinhos de Bacalhau*, *Gambas* und frisches Stangenweißbrot.

Als Hauptgericht hat Andrés Mutter Adelina „*Bacalhau com natas*" gemacht.

„Das ist aber toll", meint Linda. „Dieses Gericht haben wir zuletzt vor zwei Jahren zu unserem Hochzeitstag im „*Manjar de Arouca*" gegessen. In diesem Jahr werden wir zu unserem Hochzeitstag schon wieder in Deutschland sein. Da ist es super, dass wir das jetzt hier essen können." Linda und ich werden nicht enttäuscht, denn es schmeckt vorzüglich. Dazu serviert Andrés Vater Mario einen leckeren gut gekühlten Wein. Ich muss allerdings mit einem Glas Vorlieb nehmen, denn ich muss ja mit dem Wagen am Abend noch fahren. Auch unsere Kinder kommen auf ihre Kosten, denn für sie hat Adelina einen großen Berg Kartoffeln extra gekocht. Nach der „*sobremesa*" (dem Nachtisch) fahren wir nach Ermesinde, wo wir im Haus von Tante Alice die beiden letzten Nächte verbringen wollen.

Am nächsten Tag telefoniert Linda mit ihrer Cousine Sandra und verabredet mit ihr, dass wir gegen 19 Uhr zum Abendessen bei deren Eltern eintreffen würden. Dies ist für Portugiesen eine sehr frühe Essenszeit, aber da wir mit unseren beiden Kindern (inzwischen 4 und 9 Jahre alt) unterwegs sind, erscheint mir die Zeit durchaus angemessen. Fast den ganzen Tag verbringen wir am Strand in der Nähe von Porto, aber da ich meinen Söhnen versprochen hatte, noch eine Runde Minigolf mit ihnen zu spielen, machen wir uns um halb sechs Uhr mit dem Auto auf den Weg zum Stadtpark von Porto, wo der Minigolf-Club der Stadt eine kleine Anlage unterhält, auf der wir vier Jahre zuvor schon einmal gespielt hatten.

Wir parken den Wagen am Nordeingang des Parks, von wo aus es meiner Erinnerung nach nur ein paar Schritte zur Minigolfanlage sind. Wir spazieren auf einem Kiesweg am „*pavihao de agua*" vorbei, fragen zwei Portugiesen, die die Abendsonne genießen, nach dem Weg und finden die Anlage schließlich um kurz nach sechs. Eigentlich werden Anlage, Kasse und Café um diese Zeit gerade geschlossen, aber der Mann, der an diesem Nachmittag zuständig ist, erklärt sich bereit, uns noch eine schnelle Runde spielen zu lassen. Wir bekommen sogar noch ein paar Tipps zur Schlägerhaltung und zu den Spielregeln, denn, wie sich herausstellt, ist er selbst passionierter Spieler und hat schon bei vielen Meisterschaften mitgespielt und gewonnen.

Als wir unsere Runde beendet haben, ist es schließlich schon halb acht. Mit dem Auto geht es auf dem schnellsten Wege zum Appartement von Onkel Joaquim und Tante Manuela in Matosinhos. Wie gewöhnlich sind alle Parkplätze der Straße um diese Zeit belegt, so dass ich die Familie vor dem Haus aussteigen lasse, das Auto in einer Nebenstraße parke und dann nachkomme. Als ich vor dem Haus eintreffe, sitzen Linda und die Kinder vor der Eingangstür und behaupten, es sei niemand zu Hause. Nun, wir sind fast eine Stunde später da als verabredet, aber das sollte in Portugal doch kein Problem sein. Ich klingele also noch einmal und die Tür wird uns doch geöffnet.

Mit etwas schlechtem Gewissen fahren wir mit dem Aufzug in den zweiten Stock. Als wir die Wohnung betreten, entschuldigen wir uns für die Verspätung, aber wir erfahren, dass Lindas Cousine uns nicht für 19 sondern erst für 21 Uhr angekündigt hat. Dadurch lässt sich meine Tante aber nicht aus der Ruhe bringen. In wenigen Minuten werden Nudeln (für die Kinder) gekocht, ein Salat angerichtet, ein Obstteller zusammengestellt und der Tisch gedeckt. Lindas Cousine hatte am Nachmittag bereits einige Flaschen Bier kaltgestellt und trifft eine halbe Stunde später mit einer großen Tüte aus einem nahe gelegenen Imbissrestaurant ein. Darin befinden sich mehrere Portionen Pommes frites und gebratene Hühnchen. Außerdem werden noch mit Fisch, Fleisch, Gemüse, Käse und Schinken gefüllte Teigtaschen (*rissois*) aufgewärmt und schon steht das schönste Essen auf dem Tisch. Die Kinder dürfen sich als erste an den

Tisch setzen, um ihren Hunger und Durst zu stillen. Nach und nach treffen noch andere Verwandte ein, so dass die Erwachsenen schließlich gegen halb zehn essen.

In Deutschland müssen unsere Kinder am Abend immer gedrängt werden, ins Bett zu gehen. Hier in Portugal höre ich zum ersten Mal: „Papa, wann dürfen wir endlich ins Bett gehen?" Aber wo man schon einmal so nett zusammensitzt, wird erst noch die eine oder andere Anekdote erzählt, ein paar Telefonanrufe getätigt und so vergeht die Zeit im Nu und erst um kurz nach elf Uhr sitzen wir wieder mit unseren Kindern im Auto und machen uns auf den Weg zum Haus von Alice, wo uns deren Tochter Sandra netterweise zwei Schlafzimmer zum Übernachten hergerichtet hat. Um Mitternacht schlafen die Kinder ein und wir lassen uns schließlich um ein Uhr in die Betten fallen.

Morgens beim Frühstück stelle ich nochmals fest, dass man es in Portugal mit der Zeit nicht immer so genau nimmt. Meine Armbanduhr zeigt die aktuelle Zeit von 8.35 Uhr. Auf der Küchenuhr ist es aber erst viertel vor acht. So kann man auch vorgehen, um der vergehenden Zeit ein Schnäppchen zu schlagen.

2010 - Essen und Trinken hält Leib und Seele zusammen

Ich bin seit etwa 20 Jahren Vegetarier; ich esse lieber Obst, Gemüse, Käse sowie andere Milchprodukte und hin und wieder essen wir zu Hause Fisch. In Portugal gilt jedoch: ob in Restaurants oder zu Hause, es gibt eigentlich immer entweder Fisch oder Fleisch als warme Mahlzeit. Vegetarier gibt es so gut wie keine. Seit ich meinen Verwandten mitgeteilt habe, dass ich kein Fleisch esse, machen sie sich immer Gedanken darüber, ob ich auch satt werde, wenn sie kochen. Fast immer gibt es daher bei der Familie meiner Frau auch Fisch zu essen, wenn wir in Portugal zu Besuch sind: zu Reis und Bohnen öffnet meine Schwiegermutter zwei oder drei Dosen Thunfisch; wenn gegrillt wird, gibt es auch Sardinen usw.

Am zweiten Abend unseres Portugal-Urlaubs sind wir im Ferienhaus von Onkel Joaquim in Alvarenga zu einer *„sardinhada"* eingeladen. Wir verabreden, dass wir um acht Uhr abends kommen.

„Lass uns pünktlich hingehen, damit es nachher nicht zu spät für unsere Jungs wird", ermahne ich meine Frau.

Als wir um kurz vor acht ankommen, spielen die Enkelkinder Lúcia und Beatrice noch im Swimming-Pool.

„Ich dachte, wir wären zum Essen gekommen", raune ich Linda zu.

„Ja, ja, es wird schon gleich etwas geben", antwortet sie. "Sei nicht so ungeduldig."

„Ah, da seid ihr ja", freut sich Joaquim über unsere Ankunft. Wie immer ist der mittlerweile 70-jährige schlank und braungebrannt, trägt eine kurze weiße Sporthose, ein weißes, ärmelloses T-Shirt und Turnschuhe. „Ich werde gleich den Grill anheizen", ergänzt er und verschwindet in den Garten.

„Soll ich die Kartoffeln schälen oder wollen wir Pellkartoffeln machen?" will Tante Manuela wissen.
„Habt ihr schon neue Kartoffeln?" fragt Linda zurück.
„Ja, es sind neue Kartoffeln hier aus Alvarenga."
„OK, dann machen wir Pellkartoffeln."
Die Kartoffeln werden also gewaschen und in heißes Wasser gegeben und während sie im Topf kochen, schneiden Linda und Manuela Zwiebeln und Knoblauch in kleinste Stückchen und vermischen sie mit Olivenöl. Kopfsalat, Tomaten und Zwiebeln werden mit Salz, Essig und Öl zu einem Salat verarbeitet und nach einer halben Stunde verkündet Joaquim die Sardinen seien fertig. Um kurz nach neun setzen wir uns somit an einen großen Tisch und das Essen beginnt. Dabei füllen sich die Erwachsenen immer wieder ein paar Kartoffeln, Sardinen und Salat auf den Teller. Zwischen jedem Bissen wird aber auch ausführlich über die Ereignisse der vergangenen Tage berichtet oder es werden alte Familiengeschichten aufgewärmt. Ich höre aufmerksam zu und verstehe auch das meiste, kann aber selbst meist nur wenig zur Unterhaltung beitragen. Somit habe ich meinen Teller viel schneller leergegessen als die anderen. Das birgt die Gefahr, dass ich auch viel häufiger aufgefordert werde, nachzunehmen. Da ich mir aus Sardinen allerdings nicht allzu viel mache, versuche ich, besonders langsam zu essen, um mich dem portugiesischen Rhythmus einigermaßen anzupassen.
Normalerweise wollen unsere Jungen abends möglichst lange aufbleiben. Nach einer Stunde Essen - es ist mittlerweile kurz nach zehn und schon dunkel - drängen sie aber zum Aufbruch.
„Was? Ihr wollt jetzt schon gehen?" wundern sich Joaquim und Manuela, als ich ihnen mitteile, dass ich die Kinder zu Bett bringen wolle.
„Die Kinder sind es nicht gewöhnt, so spät zu essen und so lange aufzubleiben", erkläre ich und wir machen uns auf den

Weg. Wir gehen etwa fünf Minuten ganz vorsichtig den steinigen und spärlich beleuchteten Weg zurück zum Haus meiner Schwiegereltern. Linda bleibt noch etwas und berichtet mir am nächsten Morgen, was wir verpasst haben: weitere interessante Gespräche, den Nachtisch und einige Runden „*bagaco*" (Tresterschnaps).

„Wir waren alle sehr lustig, weil wir einen schönen Abend hatten", erzählt sie. „Da mein Onkel normalerweise keine hochprozentigen Sachen trinkt, hat er sich ab der zweiten Runde Wasser statt *bagaco* eingeschenkt. Weil ich auch nicht betrunken werden wollte habe ich heimlich das meiste von dem *bagaco* in die Blumen geschüttet. Und weil mein Glas immer schnell leer war, hat mein Onkel dauernd nachgeschenkt und wunderte sich, dass ich so gut durchgehalten habe. ,Das liegt daran, dass du in Deutschland regelmäßig Bier trinkst', sagte mein Onkel und lachte dabei."

Nach dem Frühstück machen wir einen kleinen Spaziergang zu einer Quelle, die sich in etwa 2 km Entfernung und etwa 100 Höhenmeter oberhalb des Hauses befindet. Von hier aus fließt das Wasser in Leitungen, die Arménio angelegt hat, zu zwei Tanks, von wo aus er seine Felder bei Bedarf bewässern kann. Er erklärt den Jungs genau wo das Wasser entlang fließt und wir nehmen einige Flaschen frisches Quellwasser mit zum Haus.

Lindas Mutter hat in der Zwischenzeit Pflaumen geerntet und Linda hilft ihr mit Gelfix aus Deutschland einige Gläser Pflaumenkonfitüre herzustellen.

„Der Supermarkt in Arouca hat leider keinen Gelierzucker im Sortiment. Gut, dass du etwas aus Deutschland mitgebracht hast", freut sich Laurinda.

Oscar, Thiago und ich vertreiben uns die Zeit so lange mit einem Ferien-Rommé-Turnier. Nach dem Mittagessen und einer kleinen Siesta fahren wir zum Baden zum Rio Paiva. Die Kinder sind begeistert, dass man hier in Portugal einfach so in einem Fluss schwimmen und plantschen kann. Wir schwimmen zu einer kleinen, etwa 300m von unserer Badestelle entfernten Flussinsel und wieder zurück. Das Wasser hat eine angenehme Temperatur und die umgebende Landschaft einfach traumhaft.

Am nächsten Tag haben wir ungefähr das gleiche Programm; statt eines Spaziergangs nach dem Frühstück jogge ich mit Linda eine Runde vor dem Frühstück.

„Kannst du heute Mittag Pfannkuchen machen?", fragen Oscar und Thiago um kurz vor zwölf.

„Wenn wir hier alle Zutaten haben, mache ich das gerne", antworte ich. „Linda, die Kinder haben gefragt, ob ich heute Mittag Pfannkuchen machen könnte. Haben wir Eier, Mehl und Milch im Haus?"

„Also, Mehl steht bestimmt im Vorratsschrank, Milch müsste im Kühlschrank sein und Eier gibt es jeden Tag bei den Hühnern."

„Gut, dann brauche ich nur noch eine Waage, eine Rührschüssel, einen Rührbesen, eine gute Pfanne und einen Pfannenwender."

„Das wird schon schwieriger", meint Linda, „du weißt doch, dass man hier in Alvarenga immer ein bisschen improvisieren muss."

Ich finde eine Plastikschüssel im Geschirrschrank, aber Waage und Rührbesen suche ich vergeblich. Also muss ich bei den Zutaten ungefähr die Mengen abschätzen. Als der Teig fertig ist, suche ich mir die beste Pfanne aus und stelle sie auf den Herd. Da er mit Gas betrieben wird, hilft mir Linda beim Entzünden der Herdflamme. Ich fülle den Teig für den ersten Pfannkuchen vorsichtig ein. Nach einer halben Minute muss der Pfannkuchen natürlich gedreht werden. Ohne Pfannenwender ist das allerdings etwas schwieriger, aber mit Löffel und Gabel gelingt auch das und so habe ich nach 20 Minuten

den letzten Pfannkuchen aus der Pfanne geholt und die Kinder sowie Conceicão können sie probieren.
„Mmh, köstlich", sind sich alle einig. „Du könntet gleich morgen wieder welche machen", schwärmen sie, aber bei den Bedingungen in der Küche reicht mir das eine Mal für diese Ferien aus.
Am Freitag packen wir Sachen für eine Woche ein und fahren zunächst nach Arouca. Unterwegs machen wir noch eine kleine Führung in einem Schiefermuseum. Hier hat man in einem Steinbruch Trilobiten und andere Fossilien gefunden, die über 300 Millionen Jahre alt sind. Sie wurden eingeschlossen, als sich an dieser Stelle ein tropisches Meer befand. Heute gibt es hier eine kleine Ausstellung mit den interessantesten Fundstücken und einigen Hintergrundinformationen. Nachmittags trifft Linda Dona Amélia und verabredet mit ihr, dass wir uns am kommenden Samstagabend in Arouca treffen wollen. Dann gehen wir noch im Supermarkt einkaufen.
„Wir sollten noch ein paar Dinge kaufen, die wir in der nächsten Woche essen wollen: Müsli, Saft und Jogurt für dich und Butter für Thiago", schlägt Linda vor.
Als wir vor dem Kühlregal stehen, suchen wir erst eine Weile nach Joghurt mit normalem Fettgehalt und Früchten (und nicht nur 0,1 % Fett und Aromastoffen) und ungesalzener Butter. Schließlich entdecke ich das vorletzte Päckchen in diesem Markt, das wir natürlich kaufen. In Portugal wird traditionell fast nur gesalzene Butter konsumiert, wahrscheinlich weil sich diese auch ohne Kühlung relativ lange hält. Aber auch insgesamt ist der Butterkonsum in Portugal viel geringer als in Deutschland. Wie ich zu Hause EU-Statistiken entnehme, beträgt der Verbrauch von Butter je Kopf der Bevölkerung in Deutschland rund 6,4 kg pro Jahr, während es in Portugal nur genau ein Viertel davon, also 1,6 kg, sind.
Am nächsten Tag fahren wir für eine Woche nach Praia da Vagueira, wo wir vor Jahren schon einmal eine Woche ver-

bracht haben. Ich habe die Wohnung wieder über das Internet gebucht, aber diesmal ist es eine andere Wohnung. Sie liegt drei Straßen vom zentralen Platz entfernt, aber ebenfalls in fußläufiger Entfernung zum Strand. Als wir gegen Mittag eintreffen, ist unsere Vermieterin noch nicht da, so dass wir erst einmal den Strand in Augenschein nehmen. Es hat sich in den vergangenen vier Jahren nicht allzu viel geändert. Lediglich der Küstenschutz ist etwas verstärkt und zwei neue Zugänge zum Strand sind angelegt worden. Als wir eine Stunde später zur Wohnung zurückkehren, ist die Vermieterin da und gibt uns die Schlüssel. Wir richten uns ein und überprüfen, welche Fernsehsender wir empfangen können, denn in drei Tagen beginnen die Leichtathletik-Europameisterschaften und da wollen wir natürlich live dabei sein. Wir stellen zufrieden fest, dass sowohl portugiesische als auch einige deutsche Sender im Angebot sind. Abends stärken wir uns mit einem großen Topf Spaghetti mit Butter und spielen Karten.

In der folgenden Woche gehen wir morgens meist als erstes zu einer nahe gelegenen Bäckerei, um Brötchen für das Frühstück zu besorgen. Meist begleitet mich Thiago, um die richtige Auswahl zu treffen. Wir sind begeistert, dass wir eine große Tüte leckerer Brötchen und Croissants für knapp zwei Euro bekommen. Was nach dem Frühstück überbleibt, nehmen wir anschließend zum Strand, wo wir den Rest des Vormittags und den Nachmittag mit Lesen, Sandburgen bauen, Beachball spielen und Baden verbringen. Manchmal machen wir eine kleine Mittagspause und holen uns einige *pasteis* aus der Bäckerei; manchmal holen wir uns etwas Leckeres auf dem Weg zur Ferienwohnung. Danach müssen alle nacheinander ins Badezimmer, um Sand, Schweiß und Sonnenmilch abzuduschen. Anschließend essen wir Reis oder Kartoffeln mit Fisch und Salat; dann wollen die Kinder meist noch eine Runde Kniffel oder Karten mit uns spielen.

Natürlich wollen wir die Ferienwoche am Meer auch zum Laufen nutzen. Am Montagmorgen sind Linda und ich beide schon ziemlich früh wach, während die Kinder noch schlafen.

„Hast du Lust, vor dem Frühstück eine Runde laufen zu gehen?" frage ich.

„Ja, klar, jetzt ist die beste Zeit dafür. Es ist noch nicht so warm und Oscar und Thiago liegen noch im Bett. Wo können wir denn laufen?"

„Ich habe mal auf unserer Portugal-Karte nachgeschaut. Wir könnten an der Hauptstraße entlang ein paar Hundert Meter landeinwärts laufen, die *Ria de Aveiro* überqueren, dann rechts an der Bucht entlanglaufen, bis zur nächsten Brücke und dann auf der anderen Seite wieder zurück."

„Und wie weit wäre das?"

„So, acht oder neun Kilometer."

„Ja, solche Strecken laufen wir doch sonst auch. Dann lass uns am besten sofort loslaufen."

Wir starten um zwanzig vor acht und merken bereits nach wenigen Minuten, dass schon um diese Zeit vom Landesinneren her ein warmer Wind weht.

„Es ist doch schon wärmer als ich dachte", meint Linda. „Gut, dass wir nicht noch später losgelaufen sind."

Wir finden die geplante Strecke ohne Probleme, aber die Temperaturen machen uns schon etwas zu schaffen. Nach etwa einer halben Stunde haben wir die zweite Brücke erreicht und machen uns auf den Rückweg, während meine Beine immer schwerer und meine Kehle immer trockener wird. Auch Linda japst immer lauter. Nach etwa 50 Minuten, wir wollten eigentlich längst zurück sein, laufen wir immer noch zwischen Dünen und Feldern an einer schattenlosen Straße entlang und die Sonne steigt immer höher.

„Linda, ich kann nicht mehr. Ich muss ein Stück gehen", sage ich.

„Mir geht es genauso." Wir gehen etwa fünf Minuten, bis wir uns wieder etwas erholt haben und laufen dann die restliche Strecke im langsamsten nur denkbaren Tempo weiter. Kurze Zeit später kommen die ersten Häuser von Praia da Vagueira in Sichtweite und wir erreichen die Ferienwohnung nach über einer Stunde völlig erschöpft wieder. Diesmal müssen Oscar und Thiago allein zum Bäcker gehen, während sich Linda und ich nach und nach erholen.

Am nächsten Tag laufen wir lieber direkt am Strand, denn da weht immer ein leichter Seewind. Da unsere Vorräte nach und nach zur Neige gehen, fahre ich gegen Mittag zum Einkaufen nach Vagos, wo ich schnell einen Geldautomat und einen Supermarkt finde. Hier merkt man gut, dass Portugal mal wieder eine sommerliche Hitzewelle erreicht hat. Ein Thermometer in der Stadt zeigt eine Temperatur von 38°C an. Daher halte ich mich hier nur so lange wie nötig auf und kehre so schnell wie möglich nach Praia da Vagueira zurück, wo es deutlich angenehmer ist.

Inzwischen haben die Leichtathletik-Europameisterschaften in Barcelona begonnen und wir verfolgen die Wettkämpfe jeden Tag am Fernseher unserer Wohnung. Am meisten interessieren uns die Langstreckenrennen der Frauen, denn da sind zwei chancenreiche Portugiesinnen am Start.

Am Mittwochabend findet der 10.000m-Lauf der Frauen statt. Die in Äthiopien geborene Türkin Elvan Abeylegesse übernimmt ab dem vierten Kilometer die Führung und gibt sie bis zum Schluss nicht mehr ab. Jéssica Augusto liegt lange Zeit auf dem zweiten Platz, wird aber in der Schlussphase noch von der russischen Titelverteidigerin Inga Abitowa überholt. Sie wird allerdings 2012 vom russischen Verband gesperrt und alle Ergebnisse von 2010 werden gestrichen. So gewinnt Jéssica Augusto am Ende doch noch die Silbermedaille. Da auch Meryem Erdogan wegen Verstößen gegen die Dopingbestimmungen disqualifiziert wird, landet Sabrina Mockenhaupt aus Köln am Ende auf dem vierten Platz.

Vom vier Tage später stattfindenden 5.000m-Lauf erfahren wir später nur aus der Zeitung. Hier haben sich mit Jéssica Augusto und Sara Moreira gleich zwei Portugiesinnen für den Endlauf qualifiziert. Auf der letzten Runde setzen sich die beiden aus Äthiopien stammenden Türkinnen Alemitu Bekele und Elvan Abeylegesse von den beiden Portugiesinnen ab. Abeylegesse kann ihren Erfolg vom 10.000-Meter-Lauf scheinbar nicht wiederholen und muss sich im Endspurt Bekele geschlagen geben; Sara Moreira läuft auf dem dritten Platz ein. Beide rücken jedoch nachträglich um einen Rang vor, als Bekele 2013 wegen Dopings gesperrt und nachträglich disqualifiziert wird. Jéssica Augusto erhält dadurch noch die Bronzemedaille.

Mit Verena Sailer (100m), Linda Stahl (Speerwurf) und Betty Heidler (Hammerwurf) holen die deutschen Sportlerinnen sogar drei Goldmedaillen; komplettiert wird die deutsche Gold-Ausbeute durch Christian Reif, der mit 8,47 m die Weitsprung-Konkurrenz gewinnt.

Nach einer Woche verlassen wir Praia da Vagueira wieder und machen uns auf den Rückweg nach Arouca. Unterwegs machen wir aber noch einen interessanten Zwischenstopp in Aveiro. Schon von der Autobahn her sieht man viele kleine weiße Hügel, denn hier wird in der *Ria de Aveiro* in Salzgärten Meersalz gewonnen. Zur Gewinnung wird das Meerwasser in Becken geleitet. Hier verdunstet nach und nach mit Hilfe der Sonne und des Windes das Wasser. Ist das Wasser verdunstet, wird das auskristallisierte Meersalz zu Haufen zusammengerecht und anschließend entweder direkt für den Verkauf verpackt oder für die industrielle Herstellung von Kochsalz gereinigt und getrocknet.

Der Beginn der Salzgewinnung in Portugal liegt lange zurück. Bereits vor 2000 Jahren legten die Römer Salinen in der Region an und trieben mit dem so gewonnen Meersalz regen Handel. Das Salz wurde überwiegend zur Konservierung von Fleisch und Essen verwendet. Schriftliche Erwähnungen der Gewinnung gehen auf das 10. Jahrhundert zurück. Im 15. und 16. Jahrhundert verhalf der Handel mit dem Salz Portugal den Status einer Weltmacht zu erlangen. Die Erntesaison beginnt im Juli und endet im September mit dem Einsetzen der ersten Herbstregen.

Am Nachmittag sind wir wieder in Arouca, gerade rechtzeitig zum Termin beim Friseur, den Linda kurz vor unserer Fahrt ans Meer gemacht hatte. Gegen 16 Uhr ist sie wieder zu Hause und erzählt von einer Hochzeit in der Stadt. Als wir bei Dona Amélia klingeln, öffnet niemand die Tür. Wir lesen, spielen Karten, essen zu Abend - Dona Amélia ist immer noch nicht da. Um 20.00 Uhr machen wir einen Spaziergang in die Stadt, gehen in ein Café und nehmen dann zu einem abendlichen Sommerkonzert Platz, dass vor dem *Convento* mitten in Arouca stattfindet. Der Nachbar meiner Schwiegereltern, António Costa, lässt ein Sinfonieorchester Werke von Schostakowitsch spielen. Es ist ein ganz besonderes Erlebnis, hier einem Konzert beizuwohnen. Um halb elf bringen wir die Kinder nach Hause. Während Linda noch einen Pudding kocht, den sie für das morgige Mittagessen nach Alvarenga mitnehmen will, ruft Conceicão an. Sie berichtet unter anderem, dass Dona Amélia zu einer Hochzeitsfeier gegangen sei und darüber unsere Verabredung wohl vergessen habe.

Am Sonntag wollen wir dann wieder zurück nach Alvarenga, wo wir die letzten drei Tage unseres Urlaubs verbringen wollen. Vorher geht es noch nach Arouca zum Einkaufen. Die Innenstadt ist voll, da viele Geschäfte, insbesondere Supermärkte geöffnet sind. Ich lasse Linda aussteigen und suche mit den Jungen nach einem freien Parkplatz, aber leider vergebens: der Parkplatz vor dem Supermarkt ist voll, der Parkplatz neben dem *Convento* ist bis auf den letzten Platz gefüllt und selbst an der *Alameda* finden wir keinen freien Platz. Daher parke ich in der zweiten Reihe. Thiago macht mich darauf aufmerksam, dass zwei Polizisten in der Nähe spazieren gehen, also bleibe ich lieber im Auto. Während Thiago und Oscar zum Supermarkt gehen, um Linda Bescheid zu geben, wird glücklicherweise ein Parkplatz frei und ich kann endlich einparken.

Vollbeladen fahren wir nach Alvarenga. Unterwegs erhalten wir einen Anruf von Conceicão: unser Schwager Antonio sei mit dem Auto liegen geblieben und Lindas Vater sei hingefahren, um zu helfen. Wir sollten besonders vorsichtig fahren, damit uns nichts passiere. Das machen wir und als wir in Vila Galega eintreffen sind Antonio und Arménio auch schon da.

„Der Motor war heiß geworden", berichtet António, „nach einer Weile konnten wir aber langsam weiterfahren."

Jetzt sind alle vier Schwestern da; sie treffen sich zum ersten Mal seit 17 Jahren wieder an einem Ort in Portugal. Bei einem gemeinsamen Mittagessen erzählen wir von unserer Woche an der Küste und Laurinda ist erstaunt, wie braun wir in sieben

Tagen geworden sind. Nach dem Essen gibt es noch den obligatorischen Nachtisch (außer unserem Pudding auch noch Tiramisu und Melone), eine kleine Siesta und um vier Uhr fahren wir noch einmal zum Rio Paiva. Dort treffen wir diesmal auf Toníto, der den Sonntag ebenfalls in Alvarenga verbringt. Während wir schwimmen, verabreden wir uns für 19 Uhr zum Lauftraining. Er erzählt mir noch, dass er vor wenigen Wochen Vize-Europameister der Senioren über 3000m Hindernis geworden ist und ich denke darüber nach, ob ich wohl mit ihm mithalten kann. Als wir uns um 19 Uhr treffen, bin ich erleichtert, dass er seinen Sohn Duarte und einen Hund dabei hat. Dadurch ist unser Lauftempo relativ gemütlich. Dennoch bin ich froh, dass ich nach 7 km Laufstrecke nur eine Minute nach ihm am Haus seiner Eltern ankomme. Er läuft allerdings noch 2 km weiter, um seinen heutigen Trainingsplan zu erfüllen.

„Habt ihr eigentlich schon das neue Altenheim in Alvarenga gesehen?" fragt Laurinda, als wir abends zusammen sitzen.

„Morgen könnten wir uns ja mal ein bisschen im Ortskern umschauen", schlage ich vor.

„Geht doch so gegen zehn Uhr ins *Café Pelorinho*, da trefft ihr bestimmt den Bürgermeister, der zeigt euch bestimmt gern, wie weit der Bau schon vorangeschritten ist", wirft Arménio ein.

Als wir um kurz vor zehn Uhr eintreffen, fährt auch gerade der Bürgermeister in einem Renault 4 vor und geht sogleich ins Café um die Zeitung zu lesen und einen Espresso zu trinken. Susanne spricht ihn gleich an um zu erfahren, was sich in letzter Zeit in Alvarenga so alles verändert hat. Er erzählt mit Stolz, dass zurzeit ein Altenwohnheim gebaut würde.

„Vieles ist nur möglich, weil viele Menschen dieses Projekt mit Spenden unterstützen", erklärt er. „Es wurde zum Beispiel ein großes Konzert veranstaltet und der ganze Gewinn in diesen

Bau investiert. Neben dem Altenwohnheim wird auch noch ein Kindergarten gebaut."

„Das ist aber eine schöne Kombination", erwidert Linda. „Da können die alten Menschen die Kinder beim Spielen beobachten und sich an ihre eigene Kindheit erinnern."

Linda freut sich sehr mit dem Bürgermeister zu sprechen und möchte das Gespräch am liebsten gar nicht beenden. Aber wir wollen uns noch ein paar andere interessante Ecken von Alvarenga anschauen und auch der Bürgermeister hat an diesem Tag noch etwas anderes zu erledigen. Bevor wir uns verabschieden, hat er aber noch Zeit, uns im Bürgermeisteramt ein paar Broschüren über Alvarenga zu geben.

Danach will Linda mir noch eine Kapelle zeigen, zu der sie in ihrer Kindheit immer samstags nachmittags mit ihrer Oma gegangen ist.

„Ich kann mich noch daran erinnern, dass ich manchmal während der Predigt eingeschlafen bin", erinnert sie sich. „Wenn die Kapelle sehr voll war, bin ich extra draußen geblieben, damit ich während der Messe etwas schaukeln gehen konnte. So konnte meine Oma nicht bemerken, dass ich mich in der Zeit woanders vergnügt habe. Irgendwann fand meine Oma es dann aber doch heraus, weil sie mich fragte, worüber in der Kirche gesprochen wurde und ich ihre Fragen nicht beantworten konnte. Meine Oma war aber trotzdem nicht wirklich böse auf mich."

Während wir vor der Kapelle stehen, kommt eine Frau aus dem Nachbarhaus und fragt, ob wir interessiert wären, die Kapelle von innen zu sehen. Wir bejahen und gehen hinein. Es ist ein ganz kleiner Raum mit Platz für höchstens 20 Personen.

„Hier hat sich im Prinzip nichts verändert", berichtet Linda. Sie erzählt, dass unten die Frauen gesessen haben und oben die Männer.

„Es ist aber alles sehr schön restauriert worden", stellt sie fest.

Danach gehen wir noch ein bisschen in diesem Teil des Dor-

fes spazieren und kehren dann zum Auto zurück. Am Nachmittag fahre ich noch einmal mit den Kindern zum Rio Paiva, während Linda die Koffer für die Rückreise packt.
Am nächsten Tag fahren wir nach Porto, wo wir mit den Kindern noch ein bisschen am Rio Douro entlang schlendern wollen. Als erstes wollen wir mit ihnen aber eine Portweinkellerei besuchen. Nachdem wir unseren Wagen unweit der *Avenida da República* abgestellt haben, gehen wir auf die Suche. Wir spazieren die *Rua do Choupelo* herunter und finden *Offley's*, müssen aber leider feststellen, dass gerade die Mittagspause angefangen hat. Da wir nicht anderthalb Stunden auf die nächste Führung warten wollen, gehen wir weiter. Die nächste Kellerei, an der wir vorbeikommen, hat zwar geöffnet, hat heute aber nur noch Führungen in Französisch und Portugiesisch anzubieten. Also marschieren wir weiter hinunter zum Rio Douro. Hier liegt der Eingang zur Kellerei *Sandeman*, die wir vor einigen Jahren bereits einmal mit Alberto und Conceição besichtigt hatten. Auch hier ist noch Mittagspause, aber die nächste Führung soll in englischer Sprache stattfinden; das verstehe zumindest ich ziemlich gut und somit entscheiden wir uns zu bleiben.
Bis zur Führung setzen wir uns auf die Terrasse eines benachbarten Cafés und spendieren den Kindern ein Eis. Dann geht es endlich los und zur Belohnung fürs Laufen und Warten dürfen Linda und ich zum Abschluss zwei Gläser Portwein probieren. Thiago ersteht als Souvenir noch eine Mini-Portwein-Flasche und so setzen wir unseren Spaziergang erholt und etwas beschwingt fort. Wir überqueren den Rio Douro erst auf der unteren Fahrbahn der Ponte Dom Luís, und kehren später auf der oberen Fahrbahn auf die Seite zurück, wo wir geparkt hatten. Abends essen wir bei Tante Alice, die mittlerweile wieder in Portugal lebt und die uns eingeladen hatte, die letzte Nacht vor unserem Abflug in ihrem Haus zu übernachten.

„In diesem Urlaub habe ich noch gar nichts Schönes eingekauft", sagt Linda beim Frühstück in etwas vorwurfsvollem Ton.

„Wie spät geht euer Flug nach Deutschland?" will Tante Alice wissen.

„Wir fliegen um halb sechs, das heißt wir müssen um halb vier am Flughafen sein."

„Dann haben wir doch noch genügend Zeit, gemeinsam etwas einkaufen zu gehen", bemerkt Tante Alice.

„*E voces tem tempo de ir conosco as compras?* - Und ihr habt Zeit, heute mit uns einkaufen zu gehen?", fragt Linda.

„*Eu estou hoje libre* - Ich habe heute frei", antwortet sie.

Eine halbe Stunde später sind wir schon unterwegs.

„Wohin fahren wir?" will Oscar wissen.

„*Vamos a um centro commercial* - Wir fahren zu einem Einkaufzentrum", erklärt Tante Alice. „Es heißt ‚*Parque Nascente*' und ist erst vor ein paar Jahren eröffnet worden."

Nachdem wir geparkt haben, trennen wir uns für eine Stunde. Während die Jungen mit mir in ein Sportgeschäft und einen Technikladen gehen wollen, zieht Linda mit ihrer Tante durch einige Boutiquen und Modegeschäfte. Als wir uns wieder treffen, kommt Linda mit einer prall gefüllten Einkaufstasche freudestrahlend auf uns zu.

„Meinst du, das passt alles noch in unser Reisegepäck?" frage ich.

„Ich nehme das einfach noch als Handgepäck mit", erwidert Linda.

Vollbeladen, aber glücklich, treten wir am Nachmittag den Heimflug nach Deutschland an.

2012 - Noch eine Hochzeit mit kleinen Hindernissen

Während wir im November 2011 unsere Urlaubstermine 2012 abstimmen, nimmt Linda an den 10 km-Straßenlauf-Kreismeisterschaften teil. Während wir auf die Siegerehrung warten, entdecke ich auf einem der Tische einen Prospekt eines Sportreise-Veranstalters, der eine Reise zum Halbmarathon in Lissabon im März 2012 anbietet.

„Das wäre doch etwas für dich", schlage ich vor und Linda ist gleich Feuer und Flamme.

„Ich brauche aber nur den Flug zu buchen und du meldest mich für den Lauf an. Dann kann ich bei meiner Schwester in Sintra wohnen und kann auf ein Hotelzimmer verzichten."

In den nächsten Tagen folgen einige Telefonate mit Freundinnen im Ort und anderswo, bis feststeht, dass eine Freundin aus Nordhorn und eine Bekannte dieser Freundin auch mitfliegen und -laufen wollen. Als ich den Flug für Linda und ihre Freundinnen nach Lissabon buche, stelle ich fest, dass es aus unserer Region keine Direktflüge nach Porto mehr gibt. Ich buche daher neben den Flügen im März auch gleich vier Tickets nach Lissabon für unseren Sommerurlaub im Juli.

Lindas Laufreise nach Lissabon ist ein voller Erfolg. Die drei Frauen sind begeistert von der Stadt und als die Sommerfreien näherkommen meint Linda: „Wir könnten doch auch eine Woche in Lissabon verbringen und dann nach Alvarenga fahren. Wir brauchen auch kein Auto in Lissabon. Man kann alle Orte bequem zu Fuß oder mit öffentlichen Verkehrsmitteln erreichen."

Mittlerweile habe ich aber bereits einen Mietwagen für die ganze Urlaubszeit gebucht und außerdem gebe ich zu bedenken, dass eine Stadt wie Lissabon für drei erwachsene Frauen doch noch etwas interessanter sei als für eine Familie mit zwei Kindern und ob wir in der Hauptsaison ohne Probleme eine Ferienwohnung in Strandnähe in der Region Lissabon finden würden?

Schließlich bleiben wir also bei unserer ursprünglichen Planung nach Lissabon zu fliegen und dann etwa auf halbem Weg zwischen Lissabon und Alvarenga eine Ferienwohnung zu suchen. Und obwohl wir die Flüge rechtzeitig gebucht haben, wird es doch eine Reise mit einigen kleinen Hindernissen.

Als wir in der Abflughalle des Flughafens von Düsseldorf eintreffen, ist es, wie samstags üblich, ziemlich voll. Am Lufthansa-Schalter erfahren wir, dass wir nur mit Bordkarten einchecken können.

„Meine Freundin hat doch gesagt, dass wir das schon zu Hause hätten machen können", erklärt Linda.

„Ja, OK, aber das können wir doch jetzt auch noch erledigen."

Wir gehen also zum Computer-Terminal und geben unsere Daten ein. Nach wenigen Minuten sind unsere Bordkarten fertig, allerdings sagt der Computer, dass möglicherweise nicht alle zusammensitzen können.

„Ich will aber auf jeden Fall bei euch sitzen", erklärt Thiago sofort.

„Lass uns mal abwarten, was man uns beim Check-in sagt", entgegne ich.

Als wir dort unsere Koffer abgeben wollen, sagt uns die Boden-Stewardess, dass am Flugzeug noch gearbeitet werde und unsere Koffer daher im Moment nicht entgegengenommen werden können. Wir müssen also nochmals einige Minuten warten. Dann geht es endlich weiter: unsere Koffer verschwinden auf dem Gepäckfließband und auf unseren Bordkarten haben wir Plätze in der ersten Reihe. Wie wir beim Betreten des Flugzeugs feststellen, sind dies eigentlich Plätze der Business Class und somit haben wir so viel Beinfreiheit im Flugzeug wie schon lange nicht mehr. Da können wir auch leicht verschmerzen, dass das Flugzeug erst mit 20 Minuten Verspätung abhebt und diese Verspätung wegen Gegenwind auch nicht mehr aufholt. Im Gegenteil: Als wir uns Lissabon nähern muss der Pilot noch auf die Landeerlaubnis warten, so dass wir schließlich eine halbe Stunde später landen als geplant. Dafür fliegt das Flugzeug vor der Landung noch eine große Schleife über die Stadt, bei der wir die Tejo-Brücken, den Cristo Rei auf der Südseite des Flusses, die Serra da Sintra und die beiden großen Fußball-Stadien der Stadt sehen.

Nach der Landung geht dann alles relativ schnell. Wir müssen kaum auf unsere Koffer warten, beim Autoverleih gibt es keine Warteschlange und mit unserem Kia Rio kommen wir schnell aus der Stadt auf die Autobahn A8 Richtung Leiria. Nach knapp einer Stunde nähern wir uns Obidos. Hier wollten wir unsere erste Pause machen und den Kindern die schöne Stadt zeigen, die uns vor 17 Jahren so begeistert hat. Aber wir stellen fest, dass die beiden auf dem Rücksitz eingeschlafen sind.

„Dann lass uns doch einfach weiterfahren", schlägt Linda vor. „Es sind sowieso nur noch 50 km bis Marinha Grande. Da können wir dann die Autobahn verlassen und uns eine Wohnung suchen."

Eine halbe Stunde später steuern wir auf die „Costa da Prata" zu. Zunächst aber durchqueren wir noch den „Pinhal de Leiria".

„Im Internet habe ich gelesen, dass dieser Wald schon im 13. Jahrhundert durch König Afonso III. angelegt wurde, um das Voranschreiten der Dünen abzubremsen und die dahinterliegenden Felder vor Sandverwehungen zu schützen", erzähle ich. „Durch König Dinis wurde er dann auf die heutigen Ausmaße erweitert. Später konnte man das Holz gut für den Schiffbau gebrauchen, achtete aber immer darauf, rechtzeitig neue Bäume nach zu pflanzen."

Als wir Praia da Vieira erreichen, wo ich 22 Jahre zuvor mit meinen Freunden schon einmal Urlaub gemacht hatte, wollen wir zum „*posto de turismo*", um uns nach freien Wohnungen zu erkundigen. Daraus wird jedoch nichts, da der „*posto*" geschlossen ist.

„Dann schauen wir uns zuerst den Strand an", schlage ich vor. Es ist Samstagnachmittag und dementsprechend voll sind die Parkplätze an der Strandpromenade.

„Da vorn ist eine Polizeistreife. Vielleicht können die uns weiterhelfen", sage ich.

„Na gut, ich frag' mal nach", antwortet Linda.

Als sie wieder zum Auto zurückkehrt, erzählt sie: „Also, Ferienwohnungen gibt's genug. Wir müssen einfach die Telefonnummern von Leuten anrufen, die Zimmer vermieten. Die sind hier überall angeschlagen."

Wir versuchen es also gleich mit der ersten Nummer, die wir finden. Wir verabreden uns mit einer Frau in einem nahe gelegenen Café. Sie trifft fünf Minuten später ein und zeigt uns zwei Wohnungen in der Nähe, die frei sind. Wir sind noch nicht so begeistert von den Wohnungen und erbitten Bedenkzeit.

Danach fahren wir in einen anderen Teil des Ortes und suchen dort weiter. Wir sehen weitere Schilder mit der Aufschrift „*Aluga-se apartamentos*" (Wohnungen zu vermieten), halten an und fragen nach. Eine andere Frau zeigt uns eine kleine Wohnung, die morgen frei wird, aber die gefällt uns überhaupt nicht.

„Mein Schwager hat auch noch einige Wohnungen zu vermieten. Ich rufe ihn einmal an." Nach dem Telefonat erklärt sie: „Mein Schwager ist heute nicht da, aber er hat mir erzählt, dass er eine freie Wohnung in der Nähe hat. Ich habe den Schlüssel und kann sie ihnen zeigen."

Die Frau steigt in unseren Wagen ein und gemeinsam geht es zur nächsten Besichtigung. Wir halten in der Nähe einer Kapelle und sehen uns die Wohnung an.
„*E muito bonito*", meint die Vermieterin.
„*Sim, mas eu nao sei.*" Linda und ich sind noch nicht wirklich zufrieden und so fahren wir wieder weiter.
„So schwer hatte ich es mir nicht vorgestellt, eine Wohnung zu finden", stöhnt Linda. „Ich glaube wir müssen ganz woanders suchen."
„Nein", protestieren Thiago und Oscar. „Hier ist es doch schön und die erste Wohnung die wir gesehen haben, war doch gut."
„Wir schauen uns noch eine Wohnung an und dann entscheiden wir uns", sage ich und als wir überlegen, wo wir als nächstes anrufen wollen, werden wir angesprochen.
„*Voces querem alugar um apartamento?* - Wollen Sie eine Wohnung mieten?" fragt uns eine kräftige, braungebrannte Frau.
„Ja, wir suchen schon seit fast einer Stunde, und haben noch nicht das Richtige gefunden. Es gibt zwar viele Wohnungen, aber sie sollte auch schön sein."
„*Sim, a casas e casas.* - Es gibt solche und solche Häuser", stimmt sie zu. „Ich habe noch eine schöne Wohnung frei für eine Woche."
„Das ist das, was wir suchen", antwortet Linda.
Wir fahren einige hundert Meter weiter und halten vor einem großen Haus mit gepflegtem Vorgarten. Der gute Eindruck, den es von außen macht, hält es auch von innen. Die Wohnung ist geräumig, hat sogar ein Schlafzimmer mehr als wir benötigen, Küche, Bad mit Duschkabine und ein Wohnzimmer mit Fernseher. Wir werden uns schnell über den Preis einig und die Vermieterin will uns auch noch Bettwäsche und Handtücher vorbeibringen.
Nachdem wir die Koffer und Taschen ins Haus gebracht haben, machen wir einen Einkaufszettel, mit dem ich mich auf

den Weg zum Supermarkt nach Vieira mache. Linda will mit den Jungen in der Zwischenzeit den Strand begutachten. Nach einer Stunde bin ich zurück, packe alle Sachen in den Kühlschrank bzw. auf den Küchentisch und gehe ebenfalls in Richtung Strand. Auf halbem Weg kommen mir Thiago, Oscar und Linda entgegen. Wir gehen gemeinsam zurück zur Ferienwohnung und unterwegs berichten die drei begeistert vom Strand. „Nun, da ist es doch gut, dass wir hier geblieben sind, nicht wahr?" freue ich mich für uns.

In der Wohnung angekommen, machen wir uns frisch, dann koche ich eine große Portion Nudeln. Satt und zufrieden begeben wir uns in die Betten. Während die Jungen mit ihren beiden Betten sehr zufrieden sind, hadere ich mal wieder mit der Tatsache, dass portugiesische Betten für Mitteleuropäer meist nicht groß genug sind. Wir müssen uns irgendwie arrangieren, dass das Bett nun einmal nur 140 x 190 cm groß ist und trotz der Enge schlafen auch wir bald ein.

Am nächsten Morgen wecken mich die ersten Sonnenstrahlen, die durch die Rollläden des Schlafzimmers hindurch schimmern. Ich ziehe mir meine Joggingschuhe an und begebe mich auf eine Entdeckungsrunde durch den Ort. Ich laufe die Straße, an der wir wohnen, bis zum Ende, biege links ab und erreiche nach wenigen Minuten die jetzt noch verlassene Strandpromenade. Immer entlang der Küste laufe ich bis zum Ende des Ortes. Hier geht es links ab durch den wahrscheinlich ältesten Teil von Praia da Vieira, vorbei an alten Fischerhütten, zur Markthalle und weiter zu einigen Gemüsegärten, entlang derer ich mich wieder der Ferienwohnungsgegend nähere, wo auch wir unsere Unterkunft gefunden haben.

„Habt ihr schon Brötchen geholt?" will ich wissen, als ich zurückkehre. „Nein, wir sind gerade erst aufgestanden", entgegnen Oscar und Thiago. „Dann gehe ich jetzt zum Bäcker."

„Ich komme mit", meldet sich Thiago. Ich freue mich, denn so muss ich nicht allein gehen und auf diese Weise kann er ein weiteres Mal erleben, wie Portugiesen mit der Zeit umgehen.
Als wir uns um 8.15 Uhr der Bäckerei nähern, wartet bereits eine Gruppe von fünf oder sechs Portugiesen vor der Tür. Laut Schild am Eingang öffnet die Bäckerei täglich um 8.00 Uhr, aber noch macht niemand Anstalten dies auch zu tun. Nach fünf Minuten klopft eine der wartenden Frauen ans Fenster und fragt: „*Demora muito?* - Dauert es noch lange?" Sie erhält eine Antwort, die nicht verstehe und sagt dann „*Obrigada*."
Nach weiteren drei Minuten geht die Tür endlich auf. Jetzt müssen aber erst die Brotkisten aus der Bäckerei in den davor stehenden Lieferwagen geladen werden, bevor der Sohn des Bäckereimeisters den Eingang mit den Worten frei macht: „*Pode entrar.* - Sie können eintreten."
Dann begeben sich die Kunden hinein, formieren sich aber nicht zu einer Schlange, sondern schwärmen in alle Richtungen aus. Wie sich herausstellt, sind nur zwei Frauen zum Brötchen kaufen gekommen, während es sich die anderen an einem Tisch bequem machen, um dort zu frühstücken. Nachdem wir unsere Brötchen gekauft haben, kehren wir zur Ferienwohnung zurück und frühstücken dort gemütlich. Danach gehe ich mit Linda und Thiago zur Markthalle, wo wir uns mit Kartoffeln, Gemüse, Obst, Käse und Fisch eindecken.
Kurz vor Mittag sind wir endlich bereit für den Strand. Da heute Sonntag ist und es entsprechend voll ist, gehen wir am südlichen Ende des Strandes weiter an den Dünen entlang, bis wir ein ruhiges Plätzchen gefunden haben, wo die Jungen auch genügend Platz zum Beach-Soccer spielen haben, denn wie schon in den Vorjahren hat Oscar wieder einen Spielplan für eine Beach-Soccer-WM vorbereitet, den es in den folgenden Tagen für Thiago und ihn abzuarbeiten gilt.

Leider haben wir unsere Strandmuschel in Deutschland gelassen und nach kurzer Zeit stellen wir fest, dass es ohne Windschutz ziemlich ungemütlich ist. Linda macht sich also noch einmal auf den Weg zurück in den Ort, wo sie ein schönes blaues Exemplar ersteht. Gegen vier Uhr haben wir genug Sonne getankt und machen uns wieder auf den Rückweg, nicht jedoch ohne vor der Konditorei noch einen „*Galão*" zu trinken und ein Stückchen Kuchen zu essen. Zu Hause geht es dann erst einmal unter die Dusche, dann kochen und braten wir einige der Dinge, die wir morgens auf dem Markt erstanden haben. Es gibt frischen Lachs mit Kartoffeln und Salat. Dazu trinken wir einen portugiesischen Rotwein aus dem Alentejo und der Abend ist perfekt. Nach dem Essen will Linda noch einmal an den Strand.

„Wir müssen uns heute unbedingt den Sonnenuntergang anschauen", sagt sie.

„Dann sollten wir uns aber warm anziehen, denn abends wird es am Meer schnell kühl", mahne ich.

In drei Minuten sind wir wieder an der Strandpromenade und sind begeistert, wie die Sonne Stück für Stück im Meer versinkt.

Nach zwei Tagen bemerke ich, dass wir schon ziemlich viel Sonne abbekommen haben. „Linda, ich glaube die Jungen und ich könnten morgen eine Strandpause gebrauchen. Unsere Haut muss sich erst langsam an die Sonne gewöhnen."

„Gut, dann lass uns doch einen Ausflug machen. Es ist ja auch unser Hochzeitstag."

Nach dem Frühstück steigen wir in unseren Leihwagen und steuern zunächst Leiria an. Schon von weitem sieht man eine Burg, die sich hoch über der Stadt erhebt. Diese soll unser erstes Ziel sein. Wir fahren zunächst zum Zentrum, sehen dann auch schon Hinweisschilder zum „*castelo*". Es geht immer weiter bergauf und dann führt eine kleine, steile Straße direkt bis zum Burgportal. Allerdings gibt es hier keinen Parkplatz.

„Du kannst doch hier an der Straße parken", schlägt Oscar vor.

„Nein, hier ist es zu eng und zu steil", wehre ich ab. „Ich fahre ein Stück zurück. Vor der Polizeischule habe ich noch einen freien Parkplatz gesehen."

„Dann müssen wir ja den ganzen Weg zurücklaufen", stöhnt Thiago, „und das bei 35°C!"

„Das sind doch nur ein paar hundert Meter. Ihr seid doch noch jung. Das schafft ihr schon", entgegne ich.

Und tatsächlich ist es kein Problem zum Portal zurückzulaufen und auf dem Burggelände sind Oscar und Thiago immer die ersten, die den nächsten Aussichtspunkt erreichen. Von oben hat man einen schönen Ausblick auf die Stadt und das unterhalb der Stadt gelegene Stadion, das anlässlich der Fußball-EM 2004 erbaut wurde.

„Da müssen wir gleich als nächstes hin", hat Oscar schon den nächsten Programmpunkt geplant. Zwischendurch erfahren wir in einer kleinen Ausstellung noch etwas mehr über die Geschichte der Burg und verschiedene Waffen und Rüstungen, die im Lauf der letzten Jahrhunderte verwendet wurden. Die Ausstellung wird auch von einer Kindergartengruppe besucht.

„Die sehen ja lustig aus", meint Oscar und spielt auf die Uniformen an, die die kleinen Kinder angezogen haben: Alle Jungen tragen blaue Pullover und einen blauen Sonnenhut; die Mädchen tragen das Gleiche in rosa.

Wir kehren zum Auto zurück und fahren zum Stadion. Neben dem Stadion gibt es einen riesigen Parkplatz, wo wir das Auto abstellen können. Als wir ausgestiegen sind, entdecken wir, dass eines der Stadiontore geöffnet ist.

„Vielleicht können wir einmal auf den Rasen", hofft Oscar.

Wir gehen zum Stadioneingang und treffen auf eine Angestellte des Vereins, die uns mitteilt, dass gerade eine Leichtathletikgruppe trainiere. Wir könnten bis zur Laufbahn gehen, aber nicht weiter und dürften auch nicht fotografieren. Wir schauen den Leichtathleten ein paar Minuten beim Training zu. Das wir keine Fotos machen dürfen, stört uns nicht so sehr, denn zum Glück haben wir von der Burg aus schon tolle Fotos gemacht.

Auf dem Parkplatz neben dem Stadion findet ein Markt statt.

„Darf ich mir ein Portugal-Trikot aussuchen?" bittet Thiago.

„OK, schauen wir mal, ob wir etwas Passendes für dich finden", antwortet Linda.

Aber Thiago ist enttäuscht, denn es gibt hier keine Markenprodukte.

„Wir müssen zu Decathlon gehen, da vorne ist es schon", meint Oscar. Aber er hat nur ein Werbeplakat gesehen, welches uns mitteilt, die nächste Filiale befände sich an der IC 2 in Richtung Fátima.

„Da wollten wir doch sowieso heute Nachmittag hinfahren", sagt Linda. Also, los! Es geht durch einige Kreisverkehre und als wir die Hoffnung schon fast aufgegeben haben, das Geschäft zu finden, taucht wieder das große blau-weiße Firmenlogo am Straßenrand auf. Und Thiago hat Glück: In der Fußball-Abteilung findet er tatsächlich das Originaltrikot der portugiesischen Nationalmannschaft in seiner Größe. Es ist zwar das Modell der letzten Saison, kostet dafür aber auch nur die Hälfte. Da muss er seine Eltern nicht weiter bearbeiten. Oscar hätte am liebsten ein Trikot der 1. Mannschaft von Uniao Leiria, aber da muss ihn der Verkäufer enttäuschen.

„Der Verein hat zurzeit große finanzielle Probleme. Es ist noch nicht sicher, ob für die kommende Saison eine Profi-Mannschaft gemeldet werden kann. Deshalb gibt es auch noch keine Trikots. Wir haben aber schöne Trikots vom FC Porto.

E o melhor clube - por mim. - Es ist der beste Club - für mich."

Leider gibt es sie nur in Erwachsenengrößen und daher muss Oscar diesmal auf einen Trikotkauf verzichten.

Nach etwa 30 weiteren Autominuten erreichen wir Fátima. Hier soll am 13. Mai 1917 den drei Hirtenkindern Lucia dos Santos, Jacinta und Francisco Marto auf einem freien Feld eine rätselhafte Frauengestalt erschienen sein, die heute als die Jungfrau von Fátima bekannt ist. Seitdem kommen an jedem 13. eines Monats Tausende von Pilgern nach Fátima. Heute ist der Platz auf dem sich die Pilger versammeln weitgehend verlassen und auch in der Basilika machen nur zwei Dutzend Menschen eine Runde oder knien zum Gebet nieder.

Besonders beeindruckend findet Thiago die neue Dreifaltigkeitskirche (*„Igreja da Santissima Trindade"*). Sie wurde gegenüber der alten Basilika auf der anderen Seite des Pilgerplatzes errichtet. Der Neubau bietet Platz für etwa 9000 Besucher. Das Gotteshaus wurde am 90. Jahrestag der ersten Erscheinung, also am 13. Mai 2007, eingeweiht. Nach einem kurzen Rundgang verlassen wir das Pilgergelände wieder und gehen wir zurück zum Auto.

Als wir aus Fátima herausfahren, sehen wir am Straßenrand ein Hinweisschild mit der Aufschrift „Grutas".

„Guckt mal - hier geht es zu einer Höhle. Im Reiseführer habe ich gelesen, dass es hier in der Nähe einige interessante Höhlen gibt, die man besichtigen kann. Wäre das was für euch?" frage ich unsere Kinder.

„Au ja, da ist es bestimmt angenehm kühl", meint Oscar.

Also biegen wir ab und nach wenigen Minuten haben wir den Parkplatz vor den *„Grutas da Moeda"* erreicht. Wir gehen zum Eingang und erfahren, dass die nächste Führung in fünf Minuten beginnt. Da bleibt gerade noch genug Zeit, um zwei kleine Flaschen Wasser für unsere durstigen Jungs zu kaufen und dann geht es auch schon los. Unser Führer erklärt uns, dass die Höhlen 1971 von Jägern entdeckt wurden. Sie fanden zuerst eine große Höhle mit Tropfsteingebilden, die sie Schäferhalle nannten. Von schmalen Öffnungen dieser Höhle ausgehend gruben die Männer fast zwei Monate und stießen auf weitere Hallen, die heute zum System der *„Grutas da Moeda"* gehören. Die Grotten wurden nach und nach ausgebaut und nach den Tropfsteingebilden benannt, zum Beispiel Wasserfall, Meerlandschaft oder Hochzeitstorte. Der Weg durch die Grotten die besichtigt werden können beträgt etwa 350 m und geht in bis zu 45 m Tiefe. Die Temperatur in den Grotten beträgt immer etwa 18 °C. Nach einer Dreiviertelstunde sind wir am Ausgang angekommen und werden fast von der Wärme er-

schlagen, die draußen herrscht, denn hier ist es ungefähr 36°C warm. Nach der Führung gibt es für jeden Erwachsenen noch ein kleines Glas Honiglikör, der so gut schmeckt, dass wir eine Flasche für zu Hause mitnehmen.
Über Batalha fahren wir wieder zurück nach Praia da Vieira. Auch hier will Linda unbedingt noch einmal aussteigen und sich die großartige Kathedrale mit den unvollendeten Kapellen anschauen. So kommen wir erst um halb sieben wieder an unserer Ferienwohnung an. Da wir den ganzen Tag über wenig gegessen haben, koche ich uns eine riesige Portion Spaghetti. Währenddessen geht Linda mit den Kindern noch für ein Stündchen zum Strand und kommt ganz begeistert wieder.
„Es war gar nicht so voll wie gestern und die Luft ist um diese Zeit so angenehm!"
Die nächsten Tage vergehen meist nach dem gleichen Ritual. Morgens gehe ich mit Oscar oder Linda Joggen, danach holen wir Brötchen, packen unsere Sachen und verbringen den Tag am Strand. Abends kochen wir etwas Leckeres oder holen uns noch eine Kleinigkeit im Ort. Mittlerweile hat durch den Tourismus auch ein Ort wie Praia da Vieira eine Pizzeria, eine Döner-Bude und einen Crêpes-Stand am Meer. Am letzten Abend will ich der Familie einen besonderen kulinarischen Genuss bereiten. Ich lade alle zum Essen ins „*Flor de Lis*" ein.
„Da bin ich vor 22 Jahren mit meinen Freunden auch ein paar Mal Essen gegangen."
Der Rest der Familie ist nicht ganz so enthusiastisch wie ich, freut sich aber auf einen schönen Abend. Wie vor 22 Jahren suchen wir einen Tisch am Fenster in der 1. Etage, von wo aus wir einen herrlichen Blick auf den Atlantischen Ozean haben und den Sonnenuntergang beobachten können. Zunächst müssen wir aber das Richtige zu essen finden. Für die Jungen bestellen wir einfach eine große Portion Pommes frites.
„Wir könnten uns doch eine Portion ‚*bacalhau*' bestellen. Hier gibt es ‚*Bacalhau com migas*'. Weißt du was das ist?" frage ich.

„Nein", antwortet Linda, „da müssen wir die Bedienung fragen."
Eine junge Frau, die, wie sie uns erzählt, während der Sommermonate im Restaurant arbeitet, erklärt uns, dass es Stockfisch mit Bohnen und Brot sei, das mit Knoblauch und Olivenöl, geröstet wird.
„Das hört sich gut an. Wir bestellen eine Portion für uns beide", sage ich. „Sind Sie sicher, dass das reicht?" will die junge Dame wissen. „Eine Portion ist normalerweise für eine Person gedacht."
„Ja, ich glaube schon", bestätige ich. Wir haben nämlich schon reichlich bei den Vorspeisen zugelangt. „Und wenn wir noch nicht ganz satt sein sollten, gibt es sicherlich noch leckeren Nachtisch!"
Als erstes kommen die Pommes frites für die Jungen. Die haben auch nur eine Portion für zwei bekommen, also bestellen wir gleich noch eine nach. Dann kommt unser *Bacalhau* und wie es sich herausstellt, müssen wir uns sogar zu zweit anstrengen, die eine Portion zu schaffen. Danach will Linda gar nichts mehr essen. Ich bin zwar eigentlich auch schon satt, will aber unbedingt noch eine Portion der hausgemachten *Mousse de Chocolate* probieren, die das Menü wunderbar abrundet. Zum Glück ist es noch ein Spaziergang von etwa 10 Minuten zurück zur Ferienwohnung, was nach so einem Mahl besonders gut tut.
Am nächsten Tag verlassen wir Praia da Vieira und setzen unsere Reise in Richtung Norden fort. Wir machen eine kleine Einkaufspause in Estarreja und kommen am Nachmittag in Alvarenga an. Wir bemerken sofort, dass die Straße zum Haus meiner Schwiegereltern neu gepflastert wurde. Sie ist allerdings immer noch genauso schmal wie vorher, so dass ich ganz vorsichtig fahren muss, um nirgendwo an einer Steinmauer anzustoßen. Nachdem wir unsere Sachen ausgepackt haben, zeigt uns Arménio stolz, wie sich das Haus seit unserem letzten

Besuch vor zwei Jahren verändert hat. Neben dem Wohnzimmer hat er ein neues Badezimmer gebaut. Die Veranda hat er verlängern lassen, damit man von hier besser ins Tal blicken kann. Darunter gibt es ebenfalls ein neues Badezimmer, aber im alten Stil, wie er betont. Das Duschwasser für dieses Badezimmer befindet sich in einem kleinen Tank über dem Bad. Hier wird es tagsüber von der Sonne erwärmt, so dass man abends nach getaner Arbeit warm duschen kann - die portugiesische Sparvariante von Solarthermie. Den Innenhof des Hauses hat er mit Natursteinen ausgelegt.
"Habe ich alles selber gemacht mit ein paar Männer hier aus Vila Galega", erzählt er uns auf Deutsch.
Dann gehen Thiago, Oscar und ich mit ihm in seinen Weinkeller, wo er uns die beiden Tanks zeigt, in denen er seinen Wein lagert.
„Dieser hier ist ganz leer. Hör mal", sagt er und klopft an die Wand, von wo sich ein hohles Geräusch vernehmen lässt.
„Der Wein ist schon in die Flaschen, die dort im Weinregal liegen, abgefüllt. Der andere Tank ist noch halb voll. Da können wir gleich ein Gläschen probieren."
Die Kinder können sich einige Nüsse knacken und Arménio und ich machen eine kleine Weinprobe.
„Diesen Wein kann man zu jeder Tageszeit trinken. Er enthält nur wenig Alkohol und macht nicht betrunken", erklärt er.
Tatsächlich ist er ähnlich leicht wie Federweißer, aber deutlich weniger süß.
„Außerdem benutze ich keine Spritzmittel, also sehr gesund."
Arménio trinkt mittags und abends immer ein oder zwei Gläser Wein zu den Mahlzeiten und tatsächlich ist er noch erstaunlich fit für sein Alter von 72 Jahren.
Nach dem Abendessen machen wir einen Spaziergang zu den Schafen. Sie haben in diesem Jahr einen anderen Platz als zwei Jahre zuvor und so ist der Weg ein klein wenig weiter. Unterwegs zeigt uns Arménio seine Werkstatt. Hier stehen zwei

neue Bänke, die er für Conceicãos Hochzeitsfeier angefertigt hat und er demonstriert Oscar und Thiago zunächst eine große Poliermaschine, dann eine kleinere Poliermaschine, eine Stichsäge, eine Kreissäge und zum Schluss die Sirene, die er außen an der Werkstatt befestigt hat. Sie sollte eigentlich nur im Notfall benutzt werden, aber auch mit 72 macht man noch gern einen Spaß mit seinen Enkeln.

Während wir weiter gehen, erklärt er uns wieder einmal das Bewässerungssystem für die Felder seiner Grundstücke: Etwa 200m oberhalb befindet sich ein Wasserspeicher. Von dort aus führt eine Wasserleitung zu den Kastanienbäumen.

„Bei jedem Baum hat die Leitung ein kleines Loch. Wenn ich den Wasserhahn hier aufdrehe, sind alle Bäume innerhalb von fünf Minuten bewässert. Das ist sehr praktisch, nicht wahr?", fragt er, allgemeine Zustimmung erheischend.

Am Wegesrand passieren wir weitere Brunnen für die Wasserversorgung des Hauses, die 14m und 33m tief sind.

Fui eu que fiz isso, com a Laurindinha. - Das habe ich alles mit Laurinda zusammen gemacht", erklärt er stolz. „Und hier, gucke mal", sagt er zu Oscar und Thiago auf Deutsch, „die Kastanien, sind veredelt, neue Qualität, und diese und diese, habe gemacht letzte Jahr, und hier ein Kirschbaum, auch neue Qualität."

Damit versucht er, die Erntemengen jedes Jahr ein klein wenig zu steigern.

„Was ist in diesem Fass, Opa", will Oscar wissen, als wir endlich bei den Schafen angekommen sind.

„Wasser, wenn einmal ein Feuer kommt", antwortet sein Großvater.

„Hat es denn hier schon einmal gebrannt?"

„Ja, guck dir doch die Bäume da unten an, die sind noch ganz schwarz von einem Waldbrand vor einigen Jahren."

„Und, was hast du gemacht als es brannte?"

„Die Feuerwehr gerufen, und die hat mich ganz schnell nach Hause geschickt, damit ich keine Rauchvergiftung bekomme!"
Oma Laurinda gibt den Schafen Heu und Kohlblätter und wir kehren zum Haus zurück, gerade noch rechtzeitig, damit ich ein Foto vom Sonnenuntergang machen kann.

Den darauffolgenden Sonntag verbringe ich hauptsächlich damit, mit den Kindern Karten zu spielen. Nachmittags fahren wir zum Rio Paiva, wo wir im klaren Flusswasser wieder herrlich schwimmen können. Abends gehen wir zeitig ins Bett, denn am nächsten Morgen wollen wir bei Sonnenaufgang aufstehen.

Meine Schwiegereltern hatten nämlich entschieden, dass es Zeit für die Kartoffelernte sei. Als ich am Morgen aufwache, wird es gerade hell und ich höre die Traktinette meines Schwiegervaters.

„Linda, deine Eltern sind schon auf dem Feld", wecke ich Linda.

Sie zieht sich sofort an und sagt: „Ich gehe schon mal zum Kartoffelfeld. Du kannst gleich mit den Kindern nachkommen, wenn du willst." Mittlerweile sind auch die Kinder wach geworden und Thiago ist wie immer der erste der auf den Beinen ist. Oscar lässt sich etwas mehr Zeit, aber nach einigen Minuten sind wir alle drei bereit. Wir gehen ums Haus herum und sehen, dass Linda, Conceicão und deren Eltern schon angefangen haben, das Feld umzugraben und die Kartoffeln aufzulesen. Aber auch für uns ist noch genügend Arbeit da, denn die Kartoffeln müssen aus den Eimern in große Säcke umgefüllt und dann zum Haus getragen werden. Nach gut zwei Stunden und noch bevor die Sonne richtig auf das Feld scheint, haben wir alle Kartoffeln zum Haus gebracht, wo Laurinda sie sortieren will. Die Arbeit hat sich gelohnt: Es sind ungefähr drei Zentner zusammen gekommen.

Nachmittags erfrischen wir uns wieder am Rio Paiva und abends treffen wir uns bei Onkel Serafim und Tante Elsa. Als wir ankommen, treffen wir Serafim im Garten.

„Ich versuche gerade, drei entflohene Kaninchen wieder in den Stall zurückzubringen", erklärt er uns. Nachdem die drei an den Ohren wieder in ihren Stall getragen worden sind, gehen wir in die Küche, wo schon ein selbst gebackener Pflaumenkuchen auf dem Tisch steht. Danach gibt es noch Bier und Erdnüsse und Zeit, Neuigkeiten auszutauschen und über die gemeinsame Verwandtschaft zu reden.

Für den nächsten Morgen haben wir uns mit Almerindo dem anderen Onkel, der in Alvarenga wohnt, verabredet. Wir wollen, wie schon vor vier Jahren, gemeinsam zur Kapelle Sao Pedro do Campo wandern, diesmal aber mit den Kindern. Nachdem wir im letzten Sommer einen Wanderurlaub in Südtirol verbracht haben, sind wir zuversichtlich, dass auch Thiago die etwa 8 km lange Strecke schaffen wird.

Als wir um acht Uhr starten, ist es noch angenehm kühl, zumal das erste Stück des Weges noch im Schatten liegt. Ab neun Uhr wandern wir die zweite Hälfte der Strecke in der Sonne. Da zahlt es sich aus, dass wir alle einen Sonnenhut dabei haben. Wir haben auch reichlich Wasser mitgenommen, was aber nicht nötig gewesen wäre, denn nach etwa 5 km Wegstecke passieren wir eine Quelle, aus der klares kühles Wasser fließt. Das schmeckt noch besser als das Wasser, welches wir mitgebracht haben. Wir lassen uns unsere mitgebrachten Brötchen und das Quellwasser schmecken und wandern mit nur noch halb so schweren Rucksäcken weiter.

Um etwa 11 Uhr haben wir die Kapelle und die sie umgebenden Felsen erreicht. Anders als vor vier Jahren sind wir jetzt die einzigen Menschen hier oben. Nur eine Gruppe streunender Hunde ist ebenfalls heute auf dem Berg unterwegs. Wir machen eine ausgiebige Mittagspause und treten dann den Rückweg an.

Wir wandern über Noninha und Bustelo zurück nach Vila Galega. Es ist mittlerweile halb zwei und entsprechend heiß. Da entdecken wir auf der rechten Straßenseite ein kleines Café.

„Hier könnten wir doch eine kleine Pause machen", schlage ich vor.

„Ja, eine gute Idee", sagt Linda. „Was möchtest du trinken, Almerindo? Wir laden dich ein."

„Ich will gar nichts, vielen Dank."

„Komm, willst du ein Bier oder lieber etwas anderes?"

„Na, gut, dann nehme ich einen Orangensaft."

„Und ihr, Kinder, wollt ihr etwas trinken oder lieber ein Eis?"

„Lieber ein Eis", sagen Oscar und Thiago wie aus einem Mund."

„Dann sucht euch etwas von der Eis-Karte aus."

Wir setzen uns an einen kleinen Tisch und warten auf die Bedienung. Als sie an den Tisch kommt, begrüßt sie meine Frau mit den Worten „Hallo Linda, wir sind doch zusammen in die Schule gegangen. Kennst du mich auch noch?"

„Dein Gesicht kommt mir bekannt vor", antwortet Linda, bist du Carla, nein, Patricia!"

„Richtig, wie geht's euch?"

„Ich wohne mit meiner Familie in Deutschland. Wir machen Urlaub in Portugal und kommen gerade von Sao Pedro", antwortet Linda.

„Seid ihr den ganzen Weg gelaufen?"

„Ja, und jetzt haben wir richtig Durst. Ich glaube, ich trinke ein Bier. Möchtest du auch eins, Ben?", fragt Linda.

„Ja, gerne."

„Dann also zwei Super Bock, einen Orangensaft und für die Kinder ein Eis."

Als sie mit den Getränken kommt, fragt Linda: „Und dir gehört jetzt dieses Café?"

„Ja", antwortet Patricia. „Ich habe einige Jahre in Luxemburg gelebt. Und seit drei Jahren wohnen wir wieder hier in Bustelo.
„Und hast du auch Kinder?"
„Ja, zwei Stück - ein Junge und ein Mädchen."
Nach einer Viertelstunde haben wir alle unsere Gläser geleert und sind bereit für die letzte Etappe unserer Wanderung. Als wir wieder bei meinen Schwiegereltern sind, meint Oscar: „Jetzt müssen wir uns aber noch erfrischen."
„Willst du duschen gehen?", frage ich.
„Nein, am liebsten würde ich wieder zum Fluss fahren. Und so verbringen wir auch an diesem Tag wieder einige Stunden am Rio Paiva bis wir zum Abendessen wieder zurückkommen.
„Wollen wir uns in diesem Jahr nicht mit Onkel Tonito treffen?", frage ich beim Abendessen.
„Ja, das wäre schön. Ich weiß aber nicht, ob er Zeit für uns hat."
„Ruf ihn doch mal an", erwidere ich.
Nach dem Telefonat berichtet Linda: „Also, Tonito muss morgen noch arbeiten, aber am Donnerstag hat er frei. Er schlägt vor, dass wir morgen Abend zu ihm fahren, dann könnten wir am Donnerstag gemeinsam etwas unternehmen."
Wir packen also am nächsten Vormittag die wichtigsten Dinge in eine Reisetasche, legen sie zusammen mit Kissen und Oberbetten in den Kofferraum und machen uns nach dem Mittagessen auf den Weg nach Carvalhal da Louca, welches etwa anderthalb Autostunden entfernt in der Nähe des Rio Mondego liegt. Zunächst geht es auf der uns bereits bekannten, kurvigen Bergstraße nach Castro Daire, dann nehmen wir die Nationalstraße 2 nach Viseu.
„Wollen wir hier nicht eine kleine Pause machen?" fragt Linda.
„Ja, gut, aber ich habe keine Lust, jetzt lange nach einem Parkplatz in der Stadt zu suchen", antworte ich.

„Dann parke doch gleich hier an der Straße und wir suchen uns ein Café, wo wir einen „*Galão*" trinken können.

Wir parken an der Einfallstraße und finden in der Nähe des nächsten Kreisverkehrs ein Café. Es liegt zwar direkt an der Straße, dafür scheint aber auch die Nachmittagssonne auf die Café-Terrasse. Wir bestellen etwas zu essen und zu trinken an der Bar und suchen uns einen Tisch aus. Der Verkehr ist gar nicht so schlimm wie befürchtet, aber trotzdem verziehen Oscar und Thiago nach kurzer Zeit die Gesichter.

„Was ist mit euch los?", fragt Linda.

„Es stinkt", erklärt Thiago.

Linda dreht sich um und entdeckt, dass sich der Mann am übernächsten Tisch eine Zigarette angezündet hat.

„Thiago, wir sind doch hier draußen, da gibt es kein Rauchverbot und außerdem weht der Wind den Rauch doch auch schnell weg."

„Es ist trotzdem schlimm", will er sich nicht so schnell beruhigen.

„Mit euch kann man aber auch nirgendwo hingehen, ohne dass es irgendein Problem gibt", regt sie sich auf.

„Komm, wir essen jetzt schnell auf und dann fahren wir weiter. Ich bin sicher, dass bei meinem Onkel niemand raucht. In seiner Familie sind alle Sportler und achten auf ihre Gesundheit", versuche ich die Stimmung etwas aufzuheitern.

Nach einigen Minuten fahren wir weiter, besorgen unterwegs noch ein kleines Gastgeschenk und erreichen Carvalhal gegen halb sieben. Wir klingeln an der Tür seines Hauses, wo uns Helena, Tonítos Lebensgefährtin, begrüßt.

„Ihr könnt das Auto hinter dem Haus parken", erklärt sie uns. Nachdem wir ausgestiegen sind, berichtet sie: „Ich bin noch mit Salomé allein zu Hause. Die beiden Jungen sind noch beim Training und Tonito kommt erst gegen Mitternacht von seiner Tour nach Hause."

Danach beginnt sie zu kochen und als Edgar und Dinis da sind, wird der Tisch gedeckt. In der Zwischenzeit zeigt die fünfjährige Salomé Thiago und Oscar das Haus und insbesondere ihr Kinderzimmer. Wir essen gemeinsam und überlegen dabei, wo wir übernachten können. Wir haben noch eine Wohnung in Tazém, wo ich arbeite. Da könntet ihr nach dem Essen hinfahren und die Betten beziehen."

„Ich habe noch eine bessere Idee", mischt sich Edgar ein. „Dinis und ich bringen zwei Matratzen für uns hier ins Untergeschoss und Linda und ihre Familie können in unseren Zimmern übernachten. Mein Bett ist so breit, dass dort ein Paar übernachten kann, Oscar schläft in Dinis' Bett und für Thiago können wir eine Matratze auf die Empore legen."

„Das ist eine prima Idee", findet seine Mutter. „Dann brauchen wir heute Abend nicht mehr zu fahren."

Wir sind sehr angetan von der Großzügigkeit der Jungen und stöhnen am nächsten Morgen nur darüber, dass es nachts ziemlich heiß war und uns ein paar Mücken gestochen haben.

Als wir aufgestanden sind, treffen wir Tonito, der in der Küche Kaffee kocht. Ich hole gleich Brötchen, dann können wir zusammen frühstücken", schlägt er vor.

„Ja, aber wir würden vorher gern eine Runde joggen", meint Linda. „Wollt ihr vorher gar nichts essen?"

„Nein, lieber nicht", antworte ich, „ich laufe am liebsten nüchtern."

„Ok, dann esse ich eine Kleinigkeit und dann können wir gleich los." „Laufen wir direkt von hier aus los?", will ich wissen.

„Hier sind die Wege ziemlich hügelig. Am besten wir fahren ein paar Kilometer mit dem Jeep zu einem verlassenen Steinbruch. Von da aus können wir super laufen und uns hinterher auch gleich erfrischen."

Nachdem er seinen Kaffee getrunken hat, holt Tonito seinen Jeep aus der Garage, wir laden zwei Fahrräder für Salomé und

Thiago auf und ich steige zu Tonito in die Fahrerkabine. Die anderen Familienmitglieder klettern auf die Ladefläche, suchen sich einen Platz, wo sie sich gut festhalten können und schon geht die abenteuerliche Fahrt durch den Wald los. Nach 10 Minuten rasanter Fahrt halten wir an einem aufgegebenen Steinbruch, der mit Wasser vollgelaufen ist.

„Das ist unser privater Swimming-Pool", erklärt Tonito.

Aber erst wollen wir laufen. Es geht in flottem Tempo durch ein Waldstückchen; die beiden jüngsten versuchen mit dem Fahrrad so gut mitzuhalten wie möglich. Während das für Thiago kein Problem ist, bleibt Salomé mit ihrer Mutter nach und nach etwas zurück. Auch ich halte mit Tonito und Linda zunächst gut mit, am Ende muss ich allerdings den warmen Temperaturen (es ist mittlerweile schon nach elf Uhr) Tribut zollen und komme eine Minute später an als die anderen.

Jetzt können wir uns endlich erfrischen. Ich gehe an einer flachen Stelle in Wasser, Edgar und Dinis stürzen sich aus drei Metern Höhe in das kühle Nass. Auch Oscar springt von dort ins Wasser.

„Komm, Papa, jetzt bis du dran", will er mich locken.

„Ich bin gar nicht so scharf darauf zu springen", wende ich ein.

„Das macht aber einen Riesenspaß!"

Ich sehe einen Felsvorsprung etwa einen Meter über der Wasseroberfläche.

„OK, ich werde von dort springen", und deute auf die von mir gefundene Stelle. Aber erst einmal muss ich es schaffen, dort hin zu kommen. Ich stehe mit zittrigen Knien auf der Felskante und endlich überwinde ich mich. Ich bin nicht so begeistert, wie meine Söhne, aber froh, dass ich die Herausforderung angenommen habe.

„Auf der anderen Seite gibt es noch eine bessere Stelle zum Springen", melden sich Edgar und Dinis.

Sie laufen mit Oscar eine halbe Runde um den Steinbruch und springen schließlich alle drei von einem schätzungsweise acht Meter hohen Felsen ins Wasser. Da hat Oscar zu Hause in Deutschland auf jeden Fall etwas zu erzählen. Schließlich treten wir wieder den Heimweg an. Diesmal komme ich mit auf die Ladefläche des Jeeps und erlebe die rasante Fahrt auf diese Weise. Gegen zwölf Uhr kommen wir dann endlich zum Frühstücken, was dann zum Brunch wird. Danach will Oscar mit den Jungen von Onkel Tonito spielen und so machen sich Thiago, Linda und ich zu dritt auf den Weg zur Serra da Estrela. Thiago möchte gern einmal zum höchsten Punkt des portugiesischen Festlands. (Wie man auf *wikipedia* nachlesen kann, ist der höchste Punkt des **ganzen** Landes der Gipfel des Pico mit einer Höhe von 2351 m auf den Azoren.)

Nach einer halben Stunde Autofahrt machen wir eine kleine Pause und kaufen einige Souvenirs und Postkarten. Außerdem muss Thiago zur Toilette - er hat ziemlichen Durchfall. Trotzdem wollen wir die Fahrt fortsetzen und eine weitere halbe Stunde und zig Kurven später haben wir den Torre erreicht. Wir machen ein paar Fotos und Thiago ersteht im Andenkenladen ein kleines Modell des 7 m hohen Turms, der auf dem Gipfel steht. Da es hier oben relativ kühl ist und Thiago sich nicht richtig gesund fühlt, bleiben wir nicht lange, sondern fahren bald wieder zurück. Wir nehmen eine andere Straße für den Rückweg und kommen bald an einer Felsformation vorbei, die an den Kopf eines alten Mannes erinnert. Das ist das letzte, das Thiago auf dieser Fahrt sieht, denn danach schläft er auf der Rückbank ein und somit haben wir eine ausgesprochen ruhige Rückfahrt. Unterwegs tanken wir noch, holen Geld an einem Geldautomaten und erreichen das Haus von Lindas Onkel rechtzeitig vor dem Abendessen.

Linda will nun alles einpacken, damit wir direkt nach dem Essen wieder zurück nach Alvarenga fahren können, aber Tonito fragt: „Warum bleibt ihr nicht einfach noch eine

Nacht? Dann könnt ihr morgen in aller Ruhe nach dem Frühstück fahren."

„Das ist eine gute Idee, aber ich will meiner Schwester noch bei den Hochzeitsvorbereitungen in Arouca helfen", wendet Linda ein.

„Wann willst du sie treffen?"

„Morgen Nachmittag."

„Dann fahrt ihr morgen früh nach Alvarenga und dann weiter nach Arouca."

„Gut, so können wir es machen."

Und so wird es ein entspannter Abend auf der Terrasse mit leckerem Essen und gutem Rotwein aus der Region Daõ.

Am nächsten Morgen starten wir wie verabredet. Die Rückfahrt geht auch noch etwas schneller, da wir zwischen Viseu und Castro Daire die neue Autobahn A 24 benutzen. In Alvarenga packen wir die Decken und Kissen aus und unsere Koffer und Taschen ein und eine Stunde später sind wir schon abfahrtbereit. Auf dem Weg zur Hauptstraße treffen wir den Dirigenten Antonio Costa. Er will gerade zum Altenheim von Alvarenga fahren, um seine Mutter zu besuchen. Kurzentschlossen steigt Linda in sein Auto ein und fährt mit ihm in Richtung Alvarenga. Bevor ich hinterher fahren kann, muss ich erst noch einen Geländewagen vorbeilassen. Es ist Isabel, die mit ihrer Familie ihre Eltern in Vila Galega besuchen will. So geben wir uns sozusagen die Klinke in die Hand und machen uns gut gelaunt auf den Weg nach Alvarenga.

Linda und ich begleiten Antonio Costa ins neu erbaute Altenheim und begrüßen seine mittlerweile 90-jährige Mutter. Wir unterhalten uns ein paar Minuten, dann verabschieden wir uns und fahren endlich nach Arouca, wo wir am frühen Nachmittag eintreffen. Conceicão wartet schon mit einem langen Einkaufszettel für ihre Hochzeitsfeier und während sie mit Linda zum Supermarkt fährt, gehe ich mit Oscar und Thiago zum Friseur.

Die Kinder hatten im Frühling gesagt, ich solle mir doch mal den Bart ganz abrasieren lassen, weil sie mich einmal anders sehen wollten. „OK", hatte ich gesagt, „aber nur während der Ferien, damit der Bart in den Wochen danach wieder wachsen kann."
Also lasse ich mir beim Friseur in Arouca diesmal nicht nur die Haare schneiden, sondern auch komplett einseifen und schick machen für die beiden noch ausstehenden Feiern. Vorher muss aber noch das Haus schick gemacht werden. Bei ihren Einkäufen hatten Linda und Conceição nämlich nicht nur Lebensmittel und Deko-Material besorgt, sondern auch noch mehrere Eimer beiger Farbe für die Mauer, die das Grundstück einfasst und einige Töpfe braune Farbe für die Türen.
Als wir am nächsten Morgen aufstehen, ist Conceição schon fast damit fertig, die erste Tür im Untergeschoss zu streichen. Wir überlegen, wie wir helfen können und entscheiden, dass ich mich um die weiteren Türen kümmere, während Linda mit Conceição und den Kindern die Mauern weißt. Wir kommen gut voran und als die Sonne gegen Mittag um das Haus herumkommt, sind wir mit der Arbeit gerade fertig. So haben wir uns den Nachmittag im Freibad richtig verdient.
Am Abend beginnen die Olympischen Spiele in London. Leider hat Conceição keinen funktionstüchtigen Fernseher im Haus. Aber wir wissen, dass die Nachbarin, Dona Amelia, einen Fernsehraum in ihrem Haus hat.
„Kannst du nicht fragen, ob wir dort heute Abend fernsehen können?" wollen Oscar und Thiago wissen.
Wir klingeln an der Nachbartür, aber es meldet sich niemand.
„Wir müssen es später noch einmal versuchen. Nach dem Abendessen folgt der zweite Versuch. Diesmal haben wir Glück. Dona Amelia ist zu Hause und hat nichts dagegen, dass wir ein Stündchen bleiben. Es wird hauptsächlich Schwimmen übertragen und die Deutschen schwimmen meist hinterher.

Trotzdem sind Oscar und Thiago begeistert, hier die Spiele auf einer großen Leinwand verfolgen zu können. Als wir gehen, fragen wir gleich, ob wir am nächsten Abend wiederkommen dürfen.

Am Sonntagmorgen wache ich gegen sieben Uhr auf, als es draußen gerade hell wird. Damit ist es die ideale Zeit, um vor dem Frühstück eine Runde Joggen zu gehen, denn noch ist es angenehm kühl.

Nach dem Frühstück machen wir uns auf den Weg nach Rio de Moinhos. Isabel und Antonio haben uns eingeladen, ihre Silberhochzeit mit ihnen zu feiern. Wir erreichen das Haus nach einer guten Stunde Autofahrt ohne Probleme und treffen im Haus auch auf einige Verwandte, die mit den ersten Vorbereitungen für das Mittagessen beschäftigt sind, aber das Jubelpaar treffen wir nicht.

„Die beiden sind noch in der Kirche", erklärt uns Armando, Antonios Schwager.

„Wir haben gar nichts davon gewusst, dass es in der Kirche auch noch eine Feier gibt", meint Linda etwas enttäuscht.

„Vielleicht sehen wir die beiden noch, wenn sie aus der Kirche kommen", sagt sie und wir machen uns gleich auf den Weg.

Wir parken unseren Wagen im Ortszentrum und als wir in Richtung Kirche gehen, kommen uns Isabel, Antonio, Daniela und Manuel entgegen.

„Ist die Messe schon zu Ende?" fragt Linda ihre Schwester Isabel.

„Ja, wir kommen gerade von dort."

„Das ist aber schade, dass du uns nicht Bescheid gegeben hast."

„Tut mir leid", antwortet Isabel, „aber das hat sich erst in den letzten Tagen ganz kurzfristig ergeben. Aber wir wollen jetzt noch Fotos machen. Da könnt ihr mit dabei sein."

Wir begeben uns zu einem kleinen Park, wo die Fotos gemacht werden. Nachdem alle Bilder im Kasten sind, geht es zurück zum Haus. Es dauert allerdings noch eine Stunde, bis alles vorbereitet ist. Dann setzen sich alle 40 Gäste an die langen Tische im schön geschmückten Tisch im Untergeschoss des Hauses. Es gibt zunächst „*Canja*", eine portugiesische Hühnersuppe, auf die ich gern verzichte. Der zweite Gang ist „*Cozido Portugues*" (gekochte Kartoffeln mit Möhren, Kohl und Eiern; dazu gibt es verschiedene Sorten Fleisch). Als alle satt sind und alles abgeräumt ist, kommt die „*sobremesa*" (der Dessert) auf den Tisch. Hier gibt es die größte Vielfalt zu bewundern. Deshalb habe ich genau aufgepasst: es gibt einen Hochzeitskuchen aus der Konditorei, darüber hinaus eine Nusstorte, zwei Eistorten, einen Kekskuchen, einen Orangenkuchen, *Mousse de Chocolate* und *Pudim Flan* (Karamell-Pudding).

Nach dem Essen machen sich die Frauen gemeinsam an den Abwasch, die Kinder spielen in der Einfahrt Fußball oder Tischtennis und die Männer fahren mit dem Auto ins Café. Dort gibt es eine *bica*, einen *galão* und für einige auch einen Whisky. Bevor wir zurückfahren, will uns Armando noch sein neues Haus zeigen. Beim Hausrundgang treffe ich auch Linda und die Kinder wieder, die ebenfalls das neue Haus bewundern wollen.

Schließlich ist es an der Zeit, wieder nach Arouca zurückzufahren. Den Rückweg treten wir gemeinsam mit Paula an, die sich ein Auto von Onkel Tonito geliehen hat. Das ist aber schon etwas älter und hat keine Servolenkung, weswegen wir nicht zu schnell durch die kurvigen Straßen zurück nach Arouca fahren dürfen. Das wiederum finden Oscar und Thiago prima, denn so wird wenigstens niemandem schlecht.

Am nächsten Morgen steht dann schon die nächste Feier auf dem Programm: Conceicãos Hochzeit. Schon vor dem Frühstück hat sie mit Linda das Festzimmer geschmückt und ist weggefahren, um sich die Haare frisieren zu lassen. Nach und nach treffen André, der Bräutigam, und die anderen Gäste ein. Arménio und Laurinda kommen aus Alvarenga und bewundern zunächst, wie schön das Haus geworden ist. Andrés Mutter hat zwei große Auflaufformen mit „bacalhau" sowie eine Ananascreme als Nachtisch mitgebracht, die wir in den Kühlschrank stellen.

Nach einer Stunde Warten und Small Talk im Garten werden wir unruhig, denn bis zum Hochzeitstermin sind es nur noch 15 Minuten und die Braut ist immer noch nicht da. Fünf Minuten vor dem Termin kommt sie endlich, aber statt sich zu beeilen, nimmt sie sich erst einmal ausgiebig Zeit, die Gäste zu begrüßen.

„Wir sind schon so spät dran, jetzt kommt es auf drei Minuten mehr oder weniger auch nicht mehr an", meint sie.

Schließlich setzt sich der Konvoi in Bewegung und wir erreichen den Justizpalast, in dem sich das Standesamt befindet, um genau 11 Uhr. Während wir auf die anderen Gäste warten, erfahre ich plötzlich: „Du musst noch einmal zurück. Conceicão hat den Brautstrauß vergessen."

Als ich etwa zehn Minuten später wieder eintreffe, befürchte ich, dass ich die ganze Zeremonie bereits verpasst habe, aber als ich ins Trauzimmer komme, warten noch alle auf die Standesbeamtin. Als sie kommt, müssen am Computer erst noch einige Formulare ausgefüllt werden, dann kann die Trauung endlich mit 30-minütiger Verspätung vollzogen werden.

Danach gehen wir in den nahe gelegenen Park um die obligatorischen Hochzeitsfotos zu machen. Conceicão und André können gar nicht genug davon bekommen, aber Arménio und Laurinda drängen schon darauf, nach Hause zu fahren. Unterwegs holen wir das Essen ab, damit es bis zum Beginn des Mittagessens nicht mehr so lange dauert. Wieder kommen viele leckere portugiesische Spezialitäten auf den Tisch wie z.B. *bacalhau con natas* oder *torta de limao* und eine wunderschöne Hochzeitstorte, so dass Linda und ich beschließen, nach der Feier erst einmal eine Woche Diät einzulegen.

Zunächst müssen wir aber zurück nach Lissabon, wo wir uns mit Lindas Cousine Carla verabredet haben. Wir fahren nach dem Frühstück los und erreichen die portugiesische Hauptstadt nach etwa drei Stunden Fahrt. Als erstes fahren wir in Richtung Belém, wo wir unseren Wagen in der Nähe des Fußballstadions abstellen. Wir gehen mit den Jungen zunächst vorbei am *„Mosteiro dos Jerónimos"* zum *„Padrao dos Descrobrimentos"* am Rio Tejo. Von hier spazieren wir am Wasser entlang zum *„Torre de Belém"*. Linda und ich waren vor ein paar Jahren schon hier und daher lassen wir die Jungs allein hinein, denn für Kinder ist die Besichtigung kostenlos. Wir setzen uns derweil auf eine schattige Bank in Sichtweite und sehen ab und zu, wie uns die beiden zuwinken.

Nachdem sie mit ihrer Besichtigung fertig sind, gehen wir an der Avenída da India zurück zum Zentrum von Belém, denn Linda will unbedingt noch, dass ich ein paar „*Pasteis de Belém*" probiere. Unterwegs ersteht Thiago noch zwei kleine Modelle vom „*padrao*" und vom „*torre*" für seine Sehenswürdigkeiten-Sammlung auf dem heimischen Klavier. Gestärkt mit „*pasteis*" (für Linda und mich) sowie Eis (für Oscar und Thiago) machen wir noch einen kleinen Abstecher in die Innenstadt. Von Belém aus gibt es eine praktische Bahnverbindung entlang des Rio Tejo bis zum „*Estacao do Cais do Sodré*". Von da sind es nur noch ein paar hundert Meter bis zum „*Praco do Comércio*". Wir

wandern eine Stunde durch die Straßen der Stadt und mischen uns in das geschäftige Treiben der Großstadt. Dann geht es wieder zurück nach Belém, von wo aus wir mit dem Auto zu Lindas Cousine fahren wollen. Sie hatte uns vor ein paar Tagen den Weg zu ihrem Haus in Verdizela am Telefon beschrieben.
Wir fahren also wie besprochen über die „*Ponte do 25 Abril*" auf die Südseite des Rio Tejo. Trotz des abendlichen Berufsverkehrs kommen wir ganz gut voran. Bei Fogueteiro verlassen wir die Autobahn, fahren zunächst links, an der ersten Ampelkreuzung wieder links, an einem Lidl-Markt vorbei und gelangen dann an einen Kreisverkehr mit Tankstelle.
„Deine Cousine hat gesagt, dass wir hier rechts abbiegen sollen, das Schild sagt aber, dass es nach Verdizela halblinks weiter geht", sage ich.
„Ich weiß es auch nicht", antwortet Linda. „Fahr doch lieber so, wie Carla den Weg beschrieben hat."
Ich mache, was Linda vorgeschlagen hat, aber irgendwie passt die weitere Beschreibung nicht zu dem Weg auf dem wir uns befinden, so dass wir nach einigen Minuten wieder umkehren. Diesmal nehmen wir die andere Ausfahrt aus dem Kreisverkehr, aber auch sind wir nach einem Kilometer nicht mehr sicher, auf dem richtigen Weg zu sein und ich beschließe, wieder zu dem Kreisverkehr zurückzukehren. Entnervt bitte ich Linda, ihre Cousine noch einmal anzurufen.
„Carla, wir finden den Weg zu eurem Haus leider nicht allein. Kannst du uns helfen?" fragt Linda.
Als sie das Gespräch beendet hat, sagt sie: „Also, wir sollen auf dem Parkplatz vor dem Lidl-Markt warten und sie wird uns dann dort abholen."
„OK, super, dann bin ich gespannt, welcher Weg nun der Richtige sein wird", antworte ich.
Wir fahren ungefähr einen Kilometer zurück und stellen unseren Wagen auf dem Parkplatz ab. Dann steigen wir aus und

warten. Langsam wird es dunkel und nach etwa einer Viertelstunde kommt Carla. Nachdem wir uns begrüßt haben, fährt sie los und wir fahren hinterher. Wir fahren wieder zurück zu dem Kreisverkehr, von wo aus wir telefoniert hatten und biegen dort **halblinks** in Richtung Verdizela ab. Nach etwa zwei Kilometern überqueren wir eine Schnellstraße, danach geht es weiter rechts, dann wieder links, nochmal rechts und noch einmal links, bis wir die Straße erreicht haben, an der sie mit ihrem Lebensgefährten wohnt. Ich bin froh, dass wir endlich da sind und ein bisschen froh, dass es nicht an meiner Orientierungslosigkeit gelegen hat, dass wir das Haus nicht allein gefunden haben.
Als erstes begrüßt uns ein großer Rottweiler, dann Carlas Freund José.
„Schade, dass ihr so spät kommt", sagt er. „Ich hatte mir heute Nachmittag frei genommen, damit ich etwas Zeit für euch habe."
„Davon hatte Carla gar nichts erzählt", entgegnet Linda. „Wir hätten auch schon ein paar Stunden früher hier sein können."
„Na ja, macht nichts. Wenn ihr euch frisch gemacht habt, kommt in den Garten. Wir können gleich essen."
Als wir nach draußen kommen, begrüßen wir auch Carlas Mutter, die ein paar Tage bei ihrer Tochter verbringt. Auf der Terrasse ist der Tisch gedeckt; es gibt zunächst Gambas in einer leckeren scharfen Soße, danach Hähnchen vom Grill mit Kartoffeln und zum Abschluss portugiesischen Käse und Brot. Ich halte mich an die Vorspeisen und den Käse und genieße den gut gekühlten Wein, den José uns dazu anbietet.
Nach dem Essen zeigen uns Carla und José einige Fotos von ihrem letzten Sommerurlaub in Mexiko. Sie sind die einzigen Portugiesen, die ich bislang getroffen habe, die einen längeren Urlaub im Ausland gemacht haben. Die meisten Portugiesen ziehen es vor, den Urlaub im eigenen Land zu verbringen. Es ist schon nach Mitternacht als wir uns zur Nachtruhe begeben.

Am nächsten Morgen ist zum Glück noch Zeit für ein ausgiebiges Frühstück mit frischen Brötchen und Müsli sowie Rührei für Linda und unsere Kinder. Wir packen unsere Sachen in die Koffer und verstauen alles im Auto. José bringt uns noch bis zum nächstgelegenen Kreisverkehr, wo wir noch ein letztes Mal tanken, bevor wir den Flughafen ansteuern. Nachdem wir den Wagen und unsere Koffer abgegeben haben, machen wir noch ein paar Fotos und genießen dann den Rückflug nach Deutschland.

2013/2014 - Sechs Männer und ein Hund

Die Zahl 17 hat meine Frau und mich schon lange begleitet - am 17.12. haben wir standesamtlich geheiratet, am 17.7. fand die kirchliche Hochzeit statt und jetzt wohnen wir in unserer Straße im Haus Nr. 17.
Am 17. Juni des Jahres 2013 bekamen wir Besuch aus Portugal. Es war aber kein gewöhnlicher Besuch für ein paar Tage oder Wochen. Lindas Onkel Tonito war gekommen um zu bleiben.
„*Estou aqui parado* - ich kann hier nichts machen", hatte er ein paar Wochen zuvor am Telefon mitgeteilt. Er hatte in den letzten Jahren mit Käse gehandelt: *Queijo da Serra* von kleinen Käsereien in Gegend von Seia abgeholt und an Restaurants und Feinkostgeschäfte in ganz Nordportugal geliefert. Jetzt war es damit schwieriger und schwieriger geworden. Wegen der Wirtschaftskrise hatten die Restaurants viel weniger Gäste - einige mussten ganz schließen - und so war auch die Nachfrage nach *Queijo da Serra* deutlich zurückgegangen. Jetzt wollte er in Deutschland auf Arbeitsplatzsuche gehen. Linda hatte sich schon einmal bei uns in der Stadt und im Bekanntenkreis umgehört, aber ohne ihn zu sehen, wollte auch niemand Lindas Onkel einstellen. So kam er am Montagabend bei uns im Dorf an.
Als erstes geht Linda mit ihm am nächsten Tag zum Bürgerbüro und zum Arbeitsamt. Abends gehen wir zusammen zum Training unserer Hobby-Volleyball-Gruppe, einen Tag später veranstaltet der Sportverein auf dem Sportplatz die Kreisstaffelmeisterschaften und am Wochenende findet das Dorf-Schützenfest statt. Innerhalb von wenigen Tagen hat er fast unseren gesamten Freundeskreis kennengelernt. Wir nutzen natürlich alle Gelegenheiten, um uns nach Arbeitsmöglichkei-

ten umzuhören, aber zunächst erfolglos. Ich erkundige mich auch in unserem Freibad und frage nach, ob noch ein Schwimmmeister für die Sommerferien gesucht wird.

„Wir haben schon eine Schwimmmeisterin eingestellt", erklärt mir Ralf, der stellvertretende Vorsitzende des Freibadvereins", aber wir könnten noch jemanden gebrauchen, der morgens die Becken reinigt."

„Ich werde Tonito fragen, ob er interessiert ist", antworte ich.

„Na klar, das mache ich", sagt Tonito, als ihn abends auf diesen Job anspreche. Wir verabreden einen Termin im Freibad, bei dem ihm die Technik erklärt wird und einen Tag später steht er zum ersten Mal morgens um 5 Uhr auf, um zum Freibad zu radeln und dort alles sauber zu machen, bevor um sieben Uhr die ersten Badegäste eintrudeln. Abends sitzen wir zusammen am Esstisch und unterhalten uns über Deutschland und Portugal, über Sport und Gott und die Welt.

Einige Wochen später wollen wir in den Urlaub fahren, aber eine richtige Stelle hat er immer noch nicht. Dafür erleben wir am Morgen unserer Abreise noch eine lustige Begebenheit. Um sechs Uhr klingelt das Telefon. Als sie wieder aufgelegt hat, erklärt Linda: „Das war Tonito. Er sagt, es seien Jugendliche ins Freibad eingebrochen. Jetzt kann er nicht mehr weiterarbeiten, weil sie sich weigern, das Bad zu verlassen. Ich fahre mal hin, und schaue ob ich helfen kann."

Ich lege mich wieder hin, denn ich will später ausgeruht in den Urlaub starten. Eine halbe Stunde später höre ich Stimmen im Haus, fünf oder sechs Personen unterhalten sich angeregt und lachen vergnügt. Anscheinend kommen die Stimmen aus unserem Wohnzimmer. Ich warte ein wenig ab, irgendwann bin ich neugierig und schaue nach, wer da ist. Als ich ins Wohnzimmer trete, traue ich meinen Augen kaum. Linda sitzt mit vier jungen Männern und einer jungen Frau, die alle nur mit Badehosen und T-Shirts bekleidet sind, rund um unseren Esstisch und frühstückt mit ihnen.

Wie sich herausstellt, kamen die fünf von einer Party und hatten Lust, sich etwas zu erfrischen. Sie kletterten über den Zaun des Freibades und sprangen in das große der beiden Schwimmbecken, das gerade nicht gereinigt wurde. Da einer von ihnen bei der Renovierung des Bades im Frühjahr mitgeholfen hatte, hatte er einen Schlüssel vom Technikraum und schaltete sogar die Wasserrutsche ein. Tonito hatte versucht, sie weg zu schicken, aber ohne Erfolg. Daher hatte er Linda angerufen, die ebenfalls nicht viel ausrichten konnte. Erst als Ralf ebenfalls eingetroffen war, trotteten sie endlich in Richtung Ausgang - aber nur unter der Bedingung, dass sie bei uns noch frühstücken könnten. Sie holen bei einem Bauernhof, der auf dem Weg lag, eine Palette mit 30 Eiern und Linda machte dann für die ganze Truppe Rührei. Dazu gab es Brötchen und portugiesischen Käse.

Alle begrüßen mich freudig und erklären, dass sie keinen Ärger machen wollten und auch bald aufbrechen würden. Einen der jungen Männer erkenne ich noch als einen ehemaligen Schüler. Nach einer weiteren Viertelstunde machen sich unsere Überraschungsgäste endlich auf den Weg; wir räumen die Küche auf und packen die restlichen Taschen ins Auto. Dann wecken wir die Kinder und als alle fertig sind, verabschieden wir uns von meinen Eltern und starten in Richtung Provence, wo ich in Avignon, am Lac de Sainte-Croix und in der Nähe von Saint Tropez auf drei Camping-Plätzen je einen Stellplatz für uns reserviert habe.

Als wir uns von unterwegs bei meinen Eltern melden, erfahren wir, dass Tonito in der Zwischenzeit eine volle Stelle gefunden hat, und zwar als Hilfskraft auf einem Bauernhof in der Nachbarstadt. Da wir nicht in Deutschland sind, um zu übersetzen, übernehmen meine Eltern diese Aufgabe.

Als wir aus dem Urlaub zurückkehren, hat Tonito bereits seine erste Arbeitswoche hinter sich. Ab jetzt sehen wir uns während der Woche nur noch beim Abendessen. Nur am Wo-

chenende hat er manchmal etwas mehr Zeit, die er hauptsächlich zum Laufen und Fahrradfahren nutzt. An einem Samstag machen wir beispielsweise eine Radtour ins 40 km entfernte Münster, auf der uns auch Oscar begleitet. Ich staune, über welche Kondition Tonito auch beim Fahrradfahren verfügt. Wenn wir uns abends unterhalten, reden wir meistens portugiesisch und insbesondere Oscar lernt schnell dazu und kann sich nach einigen Wochen auch an den Gesprächen beteiligen.
Im Herbst erklärt uns Tonito, dass er über Weihnachten nach Portugal fahren wolle. Er will mit dem Auto fahren, da er einige Dinge aus Portugal transportieren möchte.
„*Quero trazer azeite, queijo, chorico, vinho e batatas da minha terra.* - Ich will Olivenöl, Käse, Wurst, Wein und Kartoffeln von meinem Feld mitbringen. Oscar, du könntest deine Großcousins besuchen und mit ihnen portugiesisch sprechen", schlägt Tonito vor.
„Wann fährst du denn?" fragt Oscar.
„Am 16. Dezember."
„Das ist zu früh, die Weihnachtsferien beginnen erst am 21.12., außerdem möchte ich Weihnachten gern mit meiner Familie verbringen", meint Oscar.
„Dann komm doch mit dem Flugzeug nach", schlägt Tonito vor.
„Das ist eine gute Idee", mische ich mich ein, „aber du darfst mit 14 noch nicht alleine fliegen. Ich könnte dich jedoch begleiten."
„Dann willst du mich Silvester allein lassen?" fragt Linda.
„Komm, das sind doch nur ein paar Tage und Thiago bleibt doch bei dir."
„Na gut, ich denke, das wird gehen."
Am nächsten Tag mache ich mich im Internet auf die Suche nach einem günstigen Flug. Zunächst finde ich einen Flug am 31.12. von Weeze nach Porto.

„Das wäre nicht so gut, denn am 31.12. mache ich jedes Jahr eine Wanderung in der Serra da Estrela, zur Erinnerung an den Geburtstag meines Großvaters", meint Tonito.
„Dann müssten wir am 29.12. fliegen", erkläre ich.
„Aber das ist doch mein Geburtstag", meint Linda.
„Ja, aber der Flug geht erst um 17:10 Uhr. Da haben wir noch Zeit, morgens gemütlich zu frühstücken und am Nachmittag könnten wir dann gemeinsam nach Weeze fahren."
Nach etwas Überlegungszeit ist Linda einverstanden und ich kann zwei Tickets buchen. An Lindas Geburtstag kommen meine Eltern zum Geburtstagsfrühstück, danach packe ich meine Tasche und als mittags sogar noch die Sonne herauskommt, machen wir auch noch einen gemeinsamen Lauf durch die Felder.
„Hast du genug warme Sachen eingepackt?" fragt Linda bevor wir uns auf den Weg zum Flughafen machen. „Im Winter ist es in Portugal immer richtig ungemütlich."
„Ja, habe ich", antworte ich, „aber die Sonne scheint in Portugal im Schnitt doppelt so lange wie in Deutschland. Da wird es schon nicht so schlimm werden." Die Klimatabelle im Internet vermeldet für Lissabon 2800 Sonnenstunden pro Jahr, während sie im Münsterland nur durchschnittlich 1500 Stunden lang scheint.
Wie vom Routenplaner vorhergesagt erreichen wir nach anderthalb Stunden den Flughafen Weeze am Niederrhein. Wir steuern den „Kiss-and-fly-Parkplatz" direkt vor dem kleinen Terminal an, laden unsere Rucksäcke aus, verabschieden uns und gehen hinein.
„Da wir keine Koffer dabei haben, brauchen wir uns nicht in der Schlange am Check-in-Schalter anstellen, sondern können sofort zum Abflug-Gate gehen" erkläre ich meinem Sohn.
Genauso haben es sich aber auch fast alle anderen Fluggäste gedacht und so stellen wir uns an eine lange Schlange an, bei der die Tickets kontrolliert werden. Nach etwa zehn Minuten

sind wir durch. Danach stehen wir weitere zehn Minuten in der Schlange vor der Sicherheitskontrolle. Dort gibt es aber nichts zu beanstanden. Ich muss nicht meine Schuhe ausziehen und es gibt auch keine Probleme mit dem Mini-Fußball, den mir Linda als Mitbringsel für ihren Cousin Duarte mitgegeben hat. Jetzt müssen wir nur noch durch die Duty Free-Einkaufszone und erreichen pünktlich das Abfluggate. Dort steht aber bereits eine Schlange aus etwa 100 Passagieren, die schon etwas früher als wir zum Flughafen gekommen sind. Da das Boarding aber noch nicht begonnen hat, stehen wir erst einmal weitere zehn Minuten einfach so herum; das heißt: ich stehe und Oscar macht es sich auf den Sesseln der Wartezone gemütlich und spielt etwas mit seinem neuen Smartphone, das er zu Weihnachten geschenkt bekommen hat. Danach setzt sich die Schlange endlich langsam in Bewegung und nach etwa, sie ahnen es schon, zehn Minuten haben wir Boarding Gate, den Ausgang des Flughafenterminals, erreicht. Dann gehen wir über das Rollfeld zum Flugzeug.

„Es ist ziemlich kühl geworden, aber schön. Ich mache noch ein paar Fotos vom Sonnenuntergang und vom Flugzeug", meint Oscar. Wir ahnen noch nicht, dass es längere Zeit dauern sollte, bis wir die Sonne wieder zu Gesicht bekommen würden.

Nachdem endlich alle kleinen Koffer in den Gepäckfächern des Flugzeugs verstaut sind, heben wir fast pünktlich ab. Ich lese unterwegs einen französischen Kriminalroman, Oscar schaut sich einen Film auf seinem neuen iPhone an. Nach etwa zwei Stunden kündigt der Kapitän die Landung an und um 18:30 Uhr setzen wir etwas unsanft aber sicher auf der Landebahn auf. Ich melde unsere Ankunft bei Tante Alice, die sich gleich auf den Weg machen will um uns abzuholen, und wir verlassen das Flugzeug über eine Treppe.

Auf dem Weg zum Terminal sage ich: „Hier in Porto ist es doch etwas milder als in Deutschland."

„Ja, aber vor allen Dingen riecht es hier nach Portugal", erwidert Oscar.

„Wonach riecht es denn hier?"

„Nach Meer und Eukalyptus."

„Den Eukalyptus riecht man in Alvarenga noch deutlicher. Mal sehen, ob wir da in diesem Urlaub noch hinkommen werden."

Mittlerweile haben wir das Terminal erreicht und begeben uns sofort zum Ausgang. Oscar hält Ausschau nach bekannten Gesichtern, aber noch ist niemand zu sehen. Wir gehen daher zum Ausgang und warten. Nach (wie könnte es anders sein) etwa zehn Minuten kommt Tante Alice mit Fátima und Duarte. Wir fahren gemeinsam zum Haus von Tante Alice, wo wir alles unverändert seit unserem letzten Besuch vorfinden.

„Hier neben der Garage steht das Auto von Almerindo. Er ist heute nach Deutschland geflogen, um eine Freundin zu besuchen und bleibt acht Tage dort", erklärt uns Tante Alice.

„Schade, dann werden wir ihn in diesen Ferien nicht sehen", meint Oscar. „Almerindo ist immer sehr lustig."

Er sollte mit dieser Vorhersage nicht ganz Recht behalten.

Dann tauschen wir einige Geschenke aus. Wir haben außer dem Mini-Brazuca für Duarte deutsche Pralinen für Fátima und Tante Alice mitgebracht. Duarte hat einen FC Porto-Kugelschreiber für Oscar besorgt und Fátima schenkt mir zwei Geschirrtücher mit einer aufwändigen Stickerei. Von Tante Alice bekommen wir eine Flasche Portwein.

„Den kannst du mit Linda genießen, bevor ihr abends zu Bett geht. *Faz bem, uma sardeira.-* Es tut gut noch einen Schlummertrunk zu nehmen."

„Essen wir gleich gemeinsam zu Abend?", will Oscar von mir wissen.

„Ja, ich denke schon. Auf dem Tisch stehen aber sieben Teller und wir sind nur zu fünft. Mal sehen, wer noch zum Essen erscheint."

Bis es soweit ist, dauert es aber noch ein bisschen und so können wir noch etwas fernsehen. Dort läuft heute, am 29.12., schon eine Sendung mit dem Titel *„Festa do Ano Novo"* - ausnahmsweise sind die Portugiesen hier der Zeit schon ein Stück voraus.

Um halb neun klingelt es an der Tür; Tonito und sein Sohn Dinis erscheinen als Überraschungsgäste des Abends. Fátima hatte Tonito vorgeschlagen, zum Essen zu kommen und uns dann am nächsten Tag mit dem Auto mit nach Carvalhal zu nehmen.

„Dann braucht ihr morgen nicht mit dem Zug zu fahren", erklärt Tonito. „Und wir können über Alvarenga fahren; dann könnt ihr Arménio und Laurinda treffen."

„Das ist eine gute Idee, aber morgen früh um zehn sind wir noch mit Conceicão am Bahnhof verabredet", antworte ich.

„Ich will euch auch noch gern unsere Wohnung zeigen und Oscar ist doch Fan vom FC Porto, da könnten wir uns morgen doch das *‚Estádio dos Dragoes'* anschauen", mischt sich Duarte in die Planungen ein.

„Für eine Stadionführung haben wir morgen aber keine Zeit, denn wir wollen noch im Hellen in Carvalhal ankommen; wir können uns wohl das Stadion von außen ansehen."

„Na gut", muss Duarte wohl oder übel klein beigeben.

Dann kommt endlich das Essen auf den Tisch. Es gibt *„Bacalhau a Brasa"* (gegrillten Stockfisch), dazu gemischten Salat mit Tomaten und Oliven sowie leckeren Rotwein. Für Oscar haben die beiden Frauen Nudeln und Gemüsestäbchen zubereitet. Als Nachtisch gibt es, Weihnachten ist ja noch nicht ganz vorbei, *„Bolo Rei"* (Königskuchen), Orangenkuchen und *„Pudim de Claras"*, ein Pudding aus geschlagenen Eiweißen und Zucker.

Mittlerweile hat im Fernsehen die Übertragung des Pokalspiels zwischen Sporting Lissabon und dem FC Porto begonnen, auf die Duarte schon den ganzen Abend gewartet hat. Obwohl

Oscar und ich nach der Reise und dem Essen schon ziemlich müde sind, warten wir geduldig bis das Spiel 0:0 zu Ende gegangen ist, bevor wir gegen elf Uhr endlich zu Bett gehen.
Am nächsten Morgen sind Tante Alice und ich die ersten, die Oscar zum Geburtstag gratulieren. Nach dem Frühstück kommt Tonito, um uns abzuholen. Wir schenken Tante Alice zum Abschied noch ein Windlicht und fünf Päckchen „Gelfix", damit sie im Sommer wieder Konfitüre machen kann. Wir bekommen noch eine Flasche Wein und machen uns um kurz vor zehn Uhr endlich auf den Weg. Um fünf Minuten nach zehn ruft Linda auf Oscars Handy an: „Wo seid ihr? Conceicão wartet schon auf euch."
„Wir sind unterwegs. Wir sind gleich da", antwortet er.
„*Fazemos isto na moda Portuguesa* - wir machen das auf portugiesische Art", ergänzt Tonito und meint damit, dass wir eine Viertelstunde später als verabredet eintreffen.
Tonito lässt uns in der Nähe des Bahnhofs aussteigen und will einen Parkplatz suchen. Conceicão wartet in der Eingangshalle des Bahnhofs auf uns. Sie trägt eine modische Winterjacke und ist deutlich schlanker als bei unserem letzten Treffen.
„*Muitos parabens, Oscar* - herzlichen Glückwunsch zum Geburtstag, Oscar. Schön, dass ich dir endlich einmal persönlich zum Geburtstag gratulieren kann."
Conceicão ist begeistert, dass sie sich mit Oscar auf Portugiesisch unterhalten kann. Wir gehen nach draußen und halten nach Tonito Ausschau. Er hat am Rand eines kleinen Kreisverkehrs vor dem Bahnhof geparkt und steht neben dem Auto. Wir unterhalten uns ein paar Minuten, als eine Polizeistreife vorbeikommt.
„Ich darf hier nicht parken, wir müssen jetzt weiter, sonst bekommen wir noch Ärger", drängt Tonito zum Aufbruch.
„Wir wollen auf dem Weg nach Carvalhal noch deine Eltern besuchen, Conceicão. Kannst du uns sagen, wo wir sie antreffen?" fragt er.

„Besser wir rufen sie an", antwortet Conceicão. "Sie wollten heute nach Arouca fahren, aber ich weiß nicht genau wie lange sie dort bleiben werden."

Zunächst spricht Conceição mit ihrer Mutter, dann ist Oscar an der Reihe, die nächsten Glückwünsche entgegenzunehmen, schließlich bekomme ich das Handy in die Hand gedrückt.

„Wir sind noch bis etwa zwei Uhr heute Nachmittag in Arouca; dann wollen wir wieder nach Alvarenga zurückfahren", berichtet Laurinda.

„Dann kommen wir so gegen ein Uhr zu eurem Haus in Arouca."

„Soll ich etwas zu essen für euch vorbereiten?" will sie wissen.

„Nein, das ist nicht nötig, wir essen unterwegs etwas."

Wir verabschieden uns von Conceicão und machen uns auf den Weg zum Stadion, das wir einmal zu Fuß umrunden. Wir gehen zum Eingang des Stadion-Museums und schauen uns ein bisschen im Laden um.

„*Pai, posso ir com voces a Carvalhal?* - Papa, kann ich mit euch nach Carvalhal fahren?" erkundigt sich Duarte bei seinem Vater.

„Dann musst du aber gleich schnell deine Sachen zusammenpacken", sagt Tonito. „Du weißt, dass wir noch ein ganzes Stück fahren müssen."

Wir fahren also zur Wohnung, wo Duarte mit seiner Mutter wohnt und, nachdem er alles für einen Kurzurlaub bei seinem Vater eingepackt hat, geht es weiter über die N1 und die N326 nach Arouca, wo wir (diesmal pünktlich) um ein Uhr ankommen.

Wir treffen Oscars Opa Arménio im Garten. Er zeigt uns einen neuen Schuppen, den er vor einigen Wochen gemauert hat.

„Es fehlt nur noch das Dach, das mache ich noch fertig bevor es schneit. Das Material liegt bereits in der Garage", erzählt er uns. „*Queres ver? Olha!* – Willst du es sehen? Guck mal! Dann reiße ich nach und nach alle anderen alten Hütten ab und baue noch ein oder zwei neue Schuppen. Dann sieht das hier alles viel schöner aus."

Mit diesen Worten nimmt Arménio mich mit zur Garage, wo die Materialien für das Dach lagern. Nebenan, im Keller des Hauses, liegt ein großer Berg Kiwis, von denen er uns etwa 20 in eine Tüte packt.

„Hier, die kannst du mit nach Deutschland nehmen. Linda wird sie gerne essen und willst du noch eine Flache Portwein mitnehmen? Guck mal hier, such' dir eine aus."

Meine Wahl fällt auf eine Flasche der Weinkellerei *Graham*. Ich hatte kurz vor unserer Ankunft in Burgo ein „*Pão de Ló*" (portugiesischer Hefekuchen) besorgt, das ich ihm im Gegenzug schenken kann.

Dann machen wir uns wieder auf den Weg und fahren über die Serra da Freita, São Pedro do Sul, Viseu und Nelas nach Carvalhal do Louca. Hier lebt Tonitos Lebensgefährtin Helena mit ihren gemeinsamen Kindern Salomé (mittlerweile sieben Jahre alt), Dinis (16) und Edgar (18). Wir begrüßen Salomé und Helena, die aber wenig begeistert ist, dass Tonito nicht nur Oscar und mich sondern auch noch seinen Sohn Duarte mitgebracht hat.

„Du weißt, dass ich nichts gegen den Jungen habe. Er ist ein lieber Kerl, aber ich will, dass du vorher mit mir besprichst, wen du hier zu uns einlädst."

Während sich Helena und Tonito weiter aufgeregt unterhalten, gehen die Kinder spielen und ich gehe etwas im Dorf spazieren, da ich es im Haus bei dieser Stimmung nicht aushalte. Als ich wiederkomme, steht ein Polizeiwagen vor der Tür. Die Polizeibeamten überprüfen die Personalien und reden abwechselnd mit Tonito und Helena. Er erklärt mir, seine Lebensgefährtin habe die Polizei gerufen, da sie sich von Tonito provoziert gefühlt habe. Später erklärt mir Helena, dass sie traurig sei, dass sich Tonito seit seiner Abwesenheit so selten gemeldet habe, sich so wenig für die Kinder zu interessieren scheine und jetzt noch einen weiteren Sohn aus einer anderen Beziehung mitgebracht habe ohne sie zu fragen, ob sie einverstanden wäre.

Als Edgar später am Abend vom Leichtathletiktraining kommt, gibt es noch einen Geburtstagskuchen für Oscar. Dann gehe ich mit den Jungen im Dorfcafé noch eine Stunde Billard spielen und später spiele ich mit Tonito noch eine Partie Schach im Wohnzimmer. Ich verliere, vielleicht auch weil es mir an diesem Abend nicht so leicht fällt, mich auf das Schachspiel zu konzentrieren.

Am nächsten Morgen (es ist der 31. Dezember) frühstücken wir bereits um acht Uhr und verlassen Carvalhal eine Stunde später. Außer Tonito, Dinis, Duarte, Oscar und mir, kommt auch noch Ringelas, einer von Tonitos Hunden mit. Nachdem es gestern Mittag angefangen hat zu regnen, hängen die Wolken noch immer tief über den Bergen des Sternengebirges. Bevor wir zu unserer Wanderung aufbrechen, geht es erst noch in eine *pasteleria* in Seia, wo wir unsere Wegzehrung einkaufen wollen. Wir kaufen vier Stück Pizza, vier gefüllte Brötchen, drei Milchbrötchen und sechs normale Brötchen. Außerdem hat Tonito Äpfel, Bananen und Orangen eingepackt.

„Wasser brauchen wir nicht einzukaufen", erklärt uns Tonito, „es reicht, wenn wir eine leere Flasche mitnehmen - die können wir unterwegs auffüllen."

Um zehn Uhr haben wir unser Auto auf einem kleinen Parkplatz am Rand von Loriga auf etwa 800 m Höhe geparkt und die Wanderung zum Torre beginnt. Mittlerweile hat sich das Wetter deutlich verbessert. Im Tal erkennt man einige Wolkenlücken, durch die die Sonne scheint. Vielleicht zieht das gute Wetter ja jetzt auch zu den Bergen, denke ich.

Viel Zeit darüber nachzudenken habe ich aber nicht, denn es geht sofort steil nach oben; Antonio läuft vorne weg, dann kommen die drei Jungen und Ringelas, ich laufe am Schluss

und muss versuchen, den Abstand nicht sofort am Anfang zu groß werden zu lassen. Schon bald verlassen wir den Weg und es geht weiter über Stock und Stein, zwischen Ginsterbüschen hindurch und über Wiesen.
„Wo ist der Weg?" will ich von Tonito wissen.
„Oh, das ist eine kleine Abkürzung, wir erreichen den Weg gleich wieder."
Tatsächlich gehen wir schon bald wieder auf dem Wanderweg, der mit einer rot-gelben Markierung versehen ist. Bald müssen wir zum ersten Mal einen kleinen Bach überqueren.
„Du versuchst immer, deine Schuhe nicht nass werden zu lassen. Das lohnt sich nicht", sagt Tonito, der beobachtet hat, dass ich recht vorsichtig laufe.
„Ich versuche, die Schuhe möglichst lange trocken zu halten", erwidere ich.
„Aber bald werden wir breitere Bäche überqueren. Du musst dich darauf einstellen, dass dir das nicht mehr lange gelingen wird."
Und leider hat er Recht. Es kommen breitere Bäche, die man nicht überqueren kann, ohne nasse Füße zu bekommen - es sei denn man hat wasserdichte Stiefel an. Aber die zählen nicht zu unserer Ausrüstung.
Nach etwa anderthalb Stunden und 4 km Weg machen wir eine Pause an einer windgeschützten Stelle.
„Ab jetzt wird es immer ungemütlicher", stimmt uns Tonito auf die nächsten Kilometer ein.
Wir haben die Wolkendecke erreicht, es weht ein kalter Wind und es gibt nach und nach immer mehr Schneeflecken auf dem Weg. Bald weiß ich nicht mehr was schlimmer ist: durch Bäche zu wandern oder in kleinen Schneefeldern einzusinken.

Immerhin erreichen wir nach einiger Zeit einen Stausee. Dort gibt es eine Treppe und einen gut ausgebauten Weg mit kleinen Brücken, die allerdings teilweise vereist und dementsprechend rutschig sind. Dann geht es wieder über einen felsigen, verschneiten Weg zu einer Seilbahnstation. Antonio und Dinis wollen querfeldein unter der Seilbahn entlang wandern. Ich protestiere. Lieber nehme ich einen Umweg in Kauf als weiter durch Bäche zu waten und Schneefelder zu durchqueren. Entlang der Straße zu wandern ist aber auch keine Freude. Schuhe und Strümpfe sind inzwischen völlig durchgeweicht und es weht ein richtiger Sturm, der anfangs von hinten, auf dem letzten Kilometer schräg von vorn weht Es ist die bislang schrecklichste Wanderung meines Lebens.

Endlich, nach vier Stunden, kommt allmählich der Torre in Sicht, den wir glücklich aber auch müde und mit nassen Füßen erreichen. Ich gehe mit den Kindern in den kleinen Laden oben auf dem Gipfel um mich ein bisschen aufzuwärmen; Tonito wartet mit dem Hund draußen. Er hat mittlerweile seinen Sohn Antonio angerufen, der uns abholen wird. In der Zwischenzeit schauen wir uns im Geschäft um, trinken einen warmen Kakao und ich kaufe Oscar ein Paar warme Hausschuhe.

Nach einer halben Stunde gehen wir zum Ausgang und erfahren, dass Antonio gerade angekommen ist. Er hat einen Toyota Starlet, in den wir nun alle hineinpassen wollen. Tonito setzt sich nach vorne und nimmt Ringelas mit in den Fußraum; ich sitze mit Dinis und Oscar auf der Rückbank. Für Duarte bleibt so nur der Kofferraum, für den er sich auch noch mal extra klein machen muss. So werden wir eine halbe Stunde auf kurvigen Bergstraßen nach Loriga zurückgebracht. Noch weitere 45 Minuten benötigen wir zu fünft in Tonitos Auto bis nach Carvalhal da Louca.

Das Duschen und die Möglichkeit, trockene Sachen anzuziehen, sind an diesem Nachmittag eine besondere Wohltat. Und das Silvesteressen am Abend ist nach einer solchen Wanderung ein besonderer Festschmaus: es gibt *Bacalhau com Cozido Portugues* (also Stockfisch mit gekochten Kartoffeln, Kohl, Möhren und gekochten Eiern). Dazu hat Tonito einen alentejanischen Rotwein ausgesucht. Zum Nachtisch werden verschiedene Kuchen, verschiedene Sorten Nüsse, Kekse und Schokolade auf den Esstisch gestellt, bis dort kein Platz mehr frei ist. Dazu darf natürlich ein Gläschen *Vinho do Porto* nicht fehlen. An diesen Leckereien naschen wir bis kurz vor Mitternacht und spielen Schach, Karten- oder Computerspiele. Dabei schlage ich sogar Edgar, den Familienchampion im Schach. Um 0 Uhr lassen wir die Sektkorken knallen und gehen auf den Balkon. Dort sehen wir von weitem wie vereinzelte Feuerwerkskörper explodieren und hören wie ein Paar Autos hupen und dass Dinis bei geöffnetem Fenster auf seiner E-Gitarre spielt. Alles in allem ist es aber der ruhigste Jahreswechsel, den ich je erlebt habe.

Als ich am Neujahrsmorgen aufwache und aus dem Fenster schaue, stelle ich fest, dass es schon wieder regnet. Ich wollte eigentlich laufen gehen, entschließe mich dann aber doch, erst einmal zu frühstücken. Danach zeigt uns Tonito seine Autosammlung: Volvos, Opel und Mercedes-Modelle, die zwischen 20 und 50 Jahren auf dem Buckel haben. Trotz des Regens mache ich mit den Kindern einen Spaziergang durch das Dorf, denn etwas Bewegung und frische Luft brauche ich bei jedem Wetter.

Nach dem Mittagessen regnet es immer noch. José Guilhermino, genannt Zemino, Tonitos jüngster Sohn aus erster Ehe, besucht uns. Er will uns nach Deutschland begleiten und dort, wie sein Vater, auf dem Bauernhof arbeiten. Wir verabreden uns für die Fahrt nach Deutschland für Freitagmorgen, sechs Uhr.

Um halb vier Uhr, fragt mich Tonito: „Hast du den Mut, auch im Regen laufen zu gehen? Wenn ja, komme ich auch mit."

Ich sage ja, ziehe mich um und als wir nach draußen gehen, hat es gerade aufgehört zu regnen. Wir laufen 7 km bergauf und bergab; die Wege sind sehr nass, ansonsten ist es aber eine schöne Strecke durch ein kleines Dorf, an Wiesen mit Orangen- und Olivenbäumen entlang und durch einen Eukalyptuswald.

„Wäre doch schade gewesen, wenn wir am ersten Tag des Jahres nicht gelaufen wären", meint Tonito, als wir nach knapp 40 Minuten wieder an seinem Haus ankommen. Mir hat der Lauf auch Spaß gemacht.

Als ich nach dem Duschen nach draußen schaue, regnet es schon wieder - Tonito und ich haben die einzige trockene Dreiviertelstunde des Tages für unseren Lauf erwischt. Nach dem Abendessen spiele ich wieder Schach, zum Aufwärmen mit Salomé (ich gewinne knapp), dann gegen Oscar (wir einigen uns nach langem Ringen auf eine Remis).

Am nächsten Morgen schlafe ich bis neun Uhr - nach und nach habe ich mich an den Rhythmus der Portugiesen gewöhnt, denke ich, doch als ich in die Küche komme, bemerke ich, dass ich der erste bin, der aufgestanden ist. Ein Blick aus dem Fenster zeigt, dass niemand, der noch im Bett liegt, etwas Schönes verpasst hat. Es regnet immer noch - vielleicht noch stärker als tags zuvor.

Tonito steht auf und verkündet: „Ihr könnt gleich frühstücken; ich gehe jetzt laufen. Mir ist es egal, dass es regnet."

In der Hoffnung, dass sich das Wetter zum Nachmittag hin bessert, nehme ich mir vor später zu trainieren. Stattdessen nehme ich mir das Buch, das Tonito mir am Abend in die Hand gedrückt hat, und beginne zu lesen. Es heißt „*Nascidos para correr – Born to Run*" und berichtet von der Suche eines amerikanischen Journalisten nach einem in Mexiko lebenden Indianervolk, die einige der besten Langstreckenläufer der Erde hervorgebracht haben. Nachdem ich zwei Kapitel gelesen habe, taucht Helena auf und deckt den Tisch im Esszimmer. Ich gehe auch nach unten, denn ich denke, dass wir frühstücken wollen. Schließlich ist es ungefähr zehn Uhr. Eine Viertelstunde später kommt Dinis und ich wecke Oscar. Eine weitere Viertelstunde später kommt Salomé, um kurz vor elf Uhr kommt Tonito durchnässt, aber glücklich von seiner Laufrunde zurück: „*Fiz 12 km numa hora - foi muito bom.*"

Nach dem Duschen fragt er: „Habt ihr noch nicht gefrühstückt?"

„Nein, es wollte noch niemand und wir wollten auf dich warten", antwortet Helena, so dass wir uns um halb zwölf endlich an den Frühstückstisch setzen.

Eine halbe Stunde später erklärt uns Tonito, dass er einkaufen und noch etwas in Nelas erledigen wolle. Oscar und ich möchten ihn begleiten.

„Wir müssen jetzt aber sofort los", drängt er. „Das Finanzamt macht um halb eins zu. Ich muss noch eine Steuermarke für den Mercedes kaufen."

Wir fahren los und erreichen das Finanzamt gerade noch rechtzeitig um 12:27 Uhr - aber nur um zu erfahren, dass noch keine Steuermarken da seien und das das Finanzamt noch keine Zahlungen entgegennehmen könne. So müssen entweder Helena oder Edgar im Laufe des Monats noch einmal nach Nelas fahren, um diese bürokratische Umständlichkeit zu erledigen. Warum man überhaupt jedes Jahr persönlich zum Finanzamt fahren muss, um seine Kraftfahrzeugsteuer zu bezahlen, kann mir Tonito nicht erklären.

Danach fahren wir zu einem großen Supermarkt, wo wir portugiesische Spezialitäten (Wein, Olivenöl, Kekse, Kakao, Zahnpasta) und ein Portugal-Puzzle kaufen, die wir nach Deutschland mitnehmen wollen. Unterwegs sieht Oscar ein Schild mit der Aufschrift „*Turismo*".

„Gibt es in jeder portugiesischen Stadt ein Tourismus-Büro?" will Oscar wissen.

„Ja, aber zu dieser Jahreszeit machen nur wenige Touristen Urlaub hier", bemerke ich.

„Wahrscheinlich seid ihr zwei im Moment die einzigen Touristen in dieser Gegend", meint Tonito.

Bei diesem Wetter ist das auch kein Wunder, denn das Wasser läuft in Strömen die Straßen herunter, immer dem Rio Mondego entgegen, den wir auf der Rückfahrt wieder überqueren. Da klingelt Tonitos Handy.

„Ja, Regina, was gibt es? - Nein, das lohnt sich doch nicht. - Hast du Kaffee im Haus? - Ja, dann kommen wir lieber zu dir. - So gegen drei Uhr? - OK. - Regina möchte uns heute Nachmittag treffen."

Um kurz vor zwei sind wir wieder zurück in Carvalhal.

„Kann ich vor dem Mittagessen noch das Auto putzen?" fragt Tonito. „Wir haben doch spät gefrühstückt."

Also gibt es das Mittagessen um halb drei. Für sich und Tonito hat Helena *„Arroz do polvo"* zubereitet, für die Kinder und den Besuch aus Deutschland gibt es Spaghetti mit einer Thunfisch-Gemüsesauce. Auf den Nachtisch verzichte ich diesmal, denn wir sind ja am Nachmittag noch bei Regina eingeladen. Im Auto will Oscar wissen, ob die beiden Söhne von Regina und Tonito auch da sein werden.

„Ja, sie wohnen ja noch bei ihrer Mutter", erklärt Tonito. „In Portugal ist das meistens so, dass die Söhne so lange zu Hause wohnen, bis sie heiraten."

Wir besorgen unterwegs noch ein kleines Mitbringsel und erreichen das Haus von Tonitos Ex-Frau um etwa 16 Uhr. Auf dem Tisch stehen *„Bolo Rei"*, *„Pasteis de Natas"*, *„Pasteis de queijo fresco"* (Quarktörtchen) und ein selbstgebackener Nusskuchen. Dazu gibt es Tee und Kaffee (aber zu meinem Leidwesen leider keine Milch). Wir reden über Deutschland, Tonitos Erfahrungen und besprechen, was Zemino in den nächsten Wochen alles beachten sollte. Dann schauen wir uns noch einige Aufnahmen von Antonios Läufen der letzten Jahre auf dem Laptop an. Er hofft, sich für die Olympischen Spiele in Rio de Janeiro in zwei Jahren qualifizieren zu können. Gegen sechs Uhr abends machen wir uns auf den Heimweg.

„Wir sehen uns dann morgen früh wieder", verabschiede ich mich von Zemino.

„Até amanha, as seis. - Bis morgen um sechs."

„Meinst du nicht, dass sechs Uhr etwas zu früh ist?" frage ich Tonito. „Da ist es doch noch dunkel."

„*Talvez e um pouco exaggerado* - vielleicht ist das etwas übertrieben. Dann sagen wir lieber, wir treffen uns um acht Uhr."
Das gefällt mir schon viel besser.
Wir halten unterwegs noch bei einer Autowerkstatt an, wo Tonito noch die letzte Inspektion bezahlen will, aber die Rechnung ist noch nicht fertig.
„Dann muss er eben noch ein halbes Jahr warten, bis ich wieder in Portugal bin", sagt Tonito achselzuckend.
Als wir wieder bei Tonitos Haus angelangt sind, telefonieren wir noch ein bisschen mit Linda und Thiago über das Internet, während Tonito noch Holz für den Kaminofen hackt. Für fast alle portugiesischen Häuser auf dem Land ist dies die einzige Heizung im Haus. Danach wird wieder der Tisch gedeckt; wir wollen mit dem Abendessen aber noch auf Edgar warten, der gegen 20 Uhr zurückerwartet wird. Als er um halb neun noch nicht da ist, heißt es: „Kommt, wir fangen jetzt an zu essen."
Es gibt *Batatas assadas* (Bratkartoffeln) und *Roupa velha* (eigentlich: alte Kleidung). In diesem Falle sind es die Reste von gestern, also klein geschnittenes Gemüse, Eier und Fisch, die in heißem Olivenöl aufgewärmt werden.
Als alle am Tisch sitzen, meint Tonito: „Ich glaube, ich sollte doch noch Rührei machen."
„*Ovo mexido* - lecker!" ruft Oscar begeistert und schon stehen alle wieder auf: Tonito und Helena gehen in die Küche, Oscar und Dinis spielen noch etwas auf dem Laptop und Salomé macht Kunststücke auf dem Sofa. Nach weiteren 20 Minuten sind auch die Eier fertig und wir fangen um kurz vor 21 Uhr tatsächlich mit dem Abendessen an. In diesem Moment kommt auch Edgar nach Hause und kann sich sofort an den gedeckten Tisch setzen. Um halb zehn spielen wir noch eine Runde Kniffel, bei der Oscar knapp vor Salomé gewinnt, die sich riesig über den zweiten Platz freut. Um halb elf wird sie ins Bett gebracht, um elf Uhr scheint sie endlich zu schlafen. Die Jungen bleiben noch bis Mitternacht auf: sie spielen noch

eine Partie Poker. Das war mal wieder ein Abend mit typisch portugiesischer Zeiteinteilung.

Der nächste Morgen ist so grau wie die Morgen an den Tagen zuvor. Wir verabschieden uns und verstauen alle Koffer, Rucksäcke und Taschen im Auto.

„Hier müssen wir noch etwas Platz für Zeminos Taschen lassen", erinnert uns Tonito daran, dass noch ein weiterer Passagier mitkommen wird. Wir treffen ihn, wie gewohnt in strömendem Regen, auf dem Parkplatz eines Supermarktes in Seia. Er hat drei große Reisetaschen mitgebracht, die wir nur noch mit Mühe in den Kofferraum bekommen. Aber zum Glück hat Tonitos Mercedes zwei Rückspiegel, so dass wir die Taschen ruhig bis unter das Dach stapeln können.

Dafür gibt es ein Paar Dinge, die nicht mehr so hervorragend funktionieren: zum Beispiel das Gebläse, weswegen wir häufig die Scheiben von innen trocken wischen müssen, so lange wir auf kleineren Landstraßen unterwegs sind.

Nach etwa einer Stunde erreichen wir aber die Autobahn und kurz danach auch schon die portugiesisch-spanische Grenze bei Vilar Formoso. Es wird etwas heller und ich denke, die Sonne kommt durch, aber nach ein paar Minuten bedecken wieder dunkle Wolken den ganzen Himmel. Nach einem kurzen Tankstopp geht es weiter über Salamanca und Valladolid nach Palencia, wo wir eine kleine Mittagspause einlegen. Über Burgos kommen wir ins Baskenland, wo wir gegen 16 Uhr die spanisch-französische Grenze passieren.

„Wir brauchen jetzt gar nicht die ganze Zeit auf der Autobahn zu fahren", erklärt uns Tonito. „Von Bordeaux bis Poitiers gibt es eine gut ausgebaute Bundesstraße, so dass wir einiges an Autobahngebühren sparen können."

Als wir Bordeaux erreichen, ist es bereits dunkel und wir werden durch den Feierabendverkehr etwas gebremst. Hinter Bordeaux geht es aber wieder zügig weiter.

„Sollen wir nicht bald mal eine Pause fürs Abendessen einlegen? Wir haben auch nicht mehr so viel zu trinken", gebe ich gegen acht Uhr zu bedenken. „Am besten wäre es, wenn wir in einem Ort entlang unserer Strecke ein Schnellrestaurant oder einen Supermarkt fänden."

Es dauert bis viertel vor neun, bis wir kurz vor Angoulême den idealen Ort für unsere letzte große Pause finden: Ein Einkaufszentrum mit einem großen Auchan-Supermarkt, wo wir kurz vor Kassenschluss sechs Flaschen Wasser kaufen, mit frisch geputzten Toiletten und Bänken, wo wir die Beine ausstrecken und wo Tonito und ich die Quiche essen können, die uns Helena netterweise zubereitet und eingepackt hat. Zemino und Oscar essen belegte Brötchen und Obst. Danach finden Zemino und Tonito sogar noch ein kleines Café, wo sie einen Kaffee trinken können. Dann geht es weiter über Poitiers, Tours und Orléans nach Paris. Oscar und ich tauschen die Plätze, um ein bisschen Abwechslung bei dieser langen Autofahrt zu haben.

„Weckt ihr mich bitte, wenn wir am Eiffelturm ankommen?" hatte Oscar gefragt, bevor er es sich auf dem Beifahrersitz zum Schlafen bequem gemacht hat.

„Wenn wir den Eiffelturm sehen wollen, müssen wir mitten durch Paris fahren", bemerke ich.

„Wenn du mir hilfst, den Weg zu finden, ist das kein Problem", erwidert Tonito.

Auf dem „Boulevard Péripherique" ist der Verkehr kurz vor Mitternacht „fluide", wie uns die Verkehrsschilder mitteilen. Obwohl wir nicht sehr weit von der Innenstadt sind, erhaschen wir von hier aber nur einen kurzen Blick auf den Eiffelturm, der auch nicht angestrahlt wird und daher recht unscheinbar wirkt. Ich lasse Oscar daher lieber schlafen und wecke ihn auch nicht als wir wenig später direkt am „Stade de France" und am „Aéroport Charles de Gaulle" vorbeikommen. Tonito ist immer noch nicht müde und so versuche ich, etwas zu schlafen, während er vorbei an Cambrai und Valenciennes Belgien erreicht. Hier steuert er endlich wieder einmal einen Parkplatz an, wo wir zur Toilette gehen können.

„Jetzt brauche ich doch eine Pause. Ich schlage vor, wir schlafen alle ein oder zwei Stunden und dann kann ich weiterfahren", sagt Tonito und schließt die Augen.

„Ich habe gerade etwas geschlafen", wende ich ein. „Ich könnte jetzt fahren."

„Nein, du bist bestimmt auch müde. Besser wir machen alle eine Pause." antwortet Tonito.

Drei Minuten später meldet er sich wieder.

„Bist du sicher, dass du fahren kannst?"

„Ja."

„Na gut."

Wir wechseln die Plätze und ich übernehme das Steuer. Die Lenkung des über 20 Jahre alten Mercedes ist etwas schwammig, aber ansonsten fährt sich der Wagen ziemlich gut. Nach ein paar Minuten versuche ich, die Heizung etwas wärmer einzustellen, aber Tonito macht meine Hoffnungen sofort zunichte: „Auf der Fahrerseite ist die Heizung leider kaputt", meint er bevor er einschläft.

Auf der anderen Seite war es eben so warm, dass ich den Pullover ausziehen konnte. Im Schnitt ist es im Auto also recht angenehm temperiert.

Nach einer guten Stunde erreichen wir die belgisch-deutsche Grenze. Tonito ist wieder wach und meint: „Ich habe gut geschlafen. Lass uns noch einmal tanken und dann kann ich wieder fahren." Ich leite uns über Aachen, Düsseldorf und Oberhausen weiter und um sieben Uhr morgens kommen wir wieder an unserem Haus an. Für etwa 2100 km haben wir genau 22 Stunden gebraucht.

„Das ist ein Superschnitt", findet Tonito und wir sind alle einverstanden. Ich nehme meine Sachen aus dem Auto und gehe ins Haus. Tonito und Zemino bringen ihre Taschen zu Tonitos Wohnung.

Linda und Thiago begrüßen mich und wollen wissen wie es uns ergangen ist; ich bin aber hundemüde und lege mich sofort ins Bett. Ich schlafe drei Stunden und bin danach richtig gut erholt. Als ich ins Wohnzimmer gehe, treffe ich Lindas Onkel Almerindo, der von seiner Freundin versetzt wurde und stattdessen eine Woche mit Linda und Thiago verbracht hat. Danach gehe ich zur Haustür um die Post hereinzuholen und nach einer Woche sehe ich endlich wieder die Sonne - im Münsterland!

Nachdem ich so lange gesessen und gelegen habe, brauche ich unbedingt etwas Bewegung. Da wir so frühzeitig wieder zu Hause angekommen sind, kann ich sogar noch an einem Volkslauf teilnehmen, der um 13:00 Uhr gestartet wird. Nach sieben Kilometern merke ich, dass ich durch die Fahrt doch etwas müder bin als sonst, aber am Ende beende ich 10 km-Runde trotzdem in neuer persönlicher Bestzeit. So waren die Anstrengungen in Portugal nicht nur ein besonderes Erlebnis, sondern auch noch ein gutes Training. Linda ist erwartungsgemäß noch drei Minuten schneller als ich und kann sogar eine Siegerurkunde mit nach Hause nehmen.

Zu Hause überlegen wir, wann wir unsere nächste Reise nach Portugal unternehmen wollen.

„Lass uns nächsten Sommer wieder nach Lissabon fliegen - aber dann machen wir die Reise wieder mit der ganzen Familie, OK?", sagt Linda.

Damit bin ich sehr einverstanden.

2014 – Eine Geduldsprobe

Kurz nach meiner Rückkehr aus Portugal im Januar begannen wir, unsere Reise für den Sommer 2014 zu planen. Nachdem wir vor zwei Jahren nur einen Tag und eine Nacht in Lissabon und bei Lindas Cousine Carla verbracht hatten, wollten wir Lissabon in diesem Sommer länger besuchen und genauer kennenlernen. Im April hatte ich die Flüge nach Lissabon gebucht, es fehlte also nur noch eine geeignete Unterkunft. Carla hatte uns vor zwei Jahren gesagt, wir sollten auf jeden Fall wiederkommen und könnten auch gerne länger bleiben.

„Hast du schon bei deiner Cousine nachgefragt, wann wir kommen können?" frage ich Linda, nachdem ich die Flüge gebucht habe.

„Ich werde Carla in den nächsten Tagen anrufen", antwortet sie.

Zwei Wochen später hake ich noch einmal nach.

„Ich habe Carlas Telefonnummer verlegt; ich muss mal bei meiner Schwester Conceição nachfragen, ob sie sie hat", ist ihre ausweichende Antwort.

Im Mai frage ich Linda, ob sie ihre Schwester schon erreicht habe.

„Ich werde ihr heute Abend eine E-Mail schreiben und nach der Telefonnummer fragen."

Anfang Juni bekommen wir eine Antwort von Conceição, allerdings nur mit der Telefonnummer von Carlas Eltern.

Am Wochenende ruft Linda dort an und erfährt, dass Carla im Urlaub sei und wir sie daher nicht erreichen könnten.

„Warum gibt sie uns denn nicht die Telefonnummer von Carla, dann könnten wir selbst mit ihr reden", will ich wissen.

„Ich weiß es auch nicht", antwortet Linda. „Ich schreibe Carla eine Postkarte mit unserer Telefonnummer, dann kann sie sich melden, wenn sie wieder zu Hause ist."
Zwei Wochen später, es ist mittlerweile Mitte Juni, meldet sich Carla und Linda redet endlich mit ihr persönlich.
„Wir wollen im Juli nach Lissabon fliegen. Können wir euch in Verdizela besuchen?"
„Nein, tut mir leid. Wir sind in den nächsten Wochen gar nicht zu Hause. Meine Eltern machen von Mitte Juli bis Mitte August Urlaub in Sao Pedro do Sul. Ich soll sie hinfahren und sie erwarten, dass ich die Zeit dort mit ihnen verbringe", antwortet Carla.
„Jetzt müssen wir uns eine andere Unterkunft in Lissabon suchen, hoffentlich finden wir noch etwas", bemerke ich.
Ich bin ein bisschen unruhig, denn schließlich bleiben uns nur noch rund drei Wochen bis zu unserem Urlaubsbeginn. Am langen Wochenende setzen wir uns mit dem Laptop auf die Wohnzimmercouch und beginnen zu suchen. Wir fragen zunächst bei den Jugendherbergen von Lissabon an, müssen aber sehr schnell feststellen, dass diese für die Ferienzeit bereits ausgebucht sind. Danach schauen wir, ob es in der Gegend von Verdizela etwas Geeignetes gibt. Wir finden ein Surfer-Hostel mit Acht-Bett-Zimmern und eine Ferienwohnung in Strandnähe. Beide Unterkünfte begeistern uns aber nicht so richtig.
„Ich will euch gerne etwas mehr von Lissabon zeigen. Da wäre es doch am besten, wir hätten ein Hotel im Stadtzentrum", schlägt Linda vor. „Du hast doch erzählt, dass dein Kollege Johannes auch immer mitten in Lissabon wohnt, wenn er dort mit seiner Freundin Urlaub macht."
„Ja, das stimmt", gebe ich zu. „Wir können ja mal schauen."
Natürlich gibt es dort fast unzählige Angebote. Aber entweder sind die Hotels ziemlich teuer oder sehen etwas heruntergekommen aus.

„Habt ihr schon etwas gefunden?" fragt Oscar, als er mal ins Wohnzimmer kommt.

„Vielleicht buchen wir ein Hotel im Stadtzentrum von Lissabon", erkläre ich ihm.

„Wir wollen aber auch öfters zum Strand!" stellt er gleich klar.

„Dann sollten wir gucken, ob es ein schönes Hotel in Strand- und Stadtnähe gibt", schlage ich vor.

Nach einigen Minuten finden wir ein Hotel in Carcavelos. Es liegt nur rund 200m vom Strand entfernt und Lissabon lässt sich per Vorortzug in etwa 20 Minuten erreichen. Der Preis ist für ein 4-Sterne-Hotel ziemlich günstig und so buchen wir gleich zwei Doppelzimmer für eine Woche.

„Ist das nicht ein bisschen teuer?" fragt Linda.

„Der Preis ist doch in Ordnung. Außerdem sparen wir uns doch für eine Woche einen Mietwagen, da sind die Hotelkosten doch kaum höher", rechne ich vor.

Am nächsten Tag buche ich dann noch einen Mietwagen für die neun Tage nach unserem Hotelaufenthalt, die wir bei Lindas Eltern in Alvarenga verbringen wollen.

Am Mittwoch, dem Tag unserer Abreise, regnet es morgens in Strömen. Nach dem Frühstück hat sich das Wetter noch immer nicht gebessert. Wir verabschieden uns von meinen Eltern und von Zemino, der von seiner Wohnung aus herübergekommen ist.

„Bei dem Regen fahren wir besser mit dem Auto zum Bahnhof, sonst sind wir klatschnass, wenn wir dort ankommen", schlage ich vor.

„Ich kann euch doch fahren", bietet Zemino an.

„Ja, in Ordnung, dann kannst du danach gleich den Schlüssel behalten und nächste Woche mit dem Auto deine Freunde in Emsdetten besuchen", ist Linda gleich einverstanden.

Der Regionalexpress und der Skytrain bringen uns pünktlich zum Flughafenterminal des Düsseldorfer Flughafens und auch das Einchecken und die Sicherheitskontrolle verlaufen problemlos. Als wir an unserem Abfluggate warten, lesen wir, wie die Bild-Zeitung über den 7:1-Sieg der deutschen Nationalmannschaft bei der Fußball-WM in Brasilien am Abend zuvor berichtet.

Bevor das Boarding beginnt, hören wir noch eine Durchsage: „Durch einen Fehler in unserem Buchungssystem ist unser Flug leider überbucht. Wir suchen daher eine Person, die gegen eine Zahlung von 400 € bereit ist, über Frankfurt nach Lissabon zu fliegen."

„Sollen wir uns melden?" fragt Linda.

„Ich weiß nicht, wir wollen doch lieber zusammenbleiben oder nicht?" antworte ich.

Nach zwei Minuten meint Linda: „Ich glaube ich gehe doch zum Schalter. Du kannst mit den Kindern fliegen und ich komme ein paar Stunden später nach. Ist doch nicht so schlimm."

„Na gut, du kannst ja nachfragen, ob sie immer noch jemanden suchen."

Als wir uns am Schalter melden, erklärt die Mitarbeiterin der Fluggesellschaft: „Es hat sich schon jemand gemeldet, aber ich schreibe mir ihren Namen auch noch auf und wir melden uns, wenn wir noch jemanden brauchen."

Es wird schließlich niemand mehr benötigt, der auf einen anderen Flug ausweicht und so kommen wir doch alle gemeinsam am Lissabonner Flughafen an. Nachdem wir unser Gepäck in Empfang genommen haben, gehen wir zur Metrostation, kaufen uns vier „*viva viagem*"-Tickets für die vor uns liegende Woche und laden sie für je eine Fahrt durch das U-Bahn-Netz auf. Wir nehmen erst die „*linha vermelha*" (rote Linie) bis zur Station „Alameda", dann die „*linha verde*" (grüne Linie) bis zum Cais do Sodré. Von dort geht es weiter mit dem Vorortzug Richtung Cascais. In Carcavelos steigen wir aus und gehen zu Fuß zu unserem Hotel, das etwa einen Kilometer vom Bahnhof entfernt ist. An der Rezeption bekommen wir die Schlüssel für die Zimmer 517 und 519. Diesmal kann sich Linda nicht darüber beschweren, dass die Zimmer keine schöne Aussicht hätten, denn von unserem Balkon aus, haben wir einen traumhaften Blick auf den Strand von Carcavelos, die Costa do Estoril und die Costa da Caparica bis hinüber zum Cabo Espichel auf der anderen Seite der Tejo-Mündung, die hier rund fünf Kilometer breit ist.

Nachdem wir unsere Sachen in den Schrank geräumt haben und uns ein bisschen von der Fahrt erholt haben, wollen Linda und die Jungen natürlich noch zum Strand. Eine kleine Straße führt vom Hotel zur Avenida Marginal, der Küstenstraße von Lissabon nach Cascais. Es gibt eine Unterführung, durch die wir leicht auf die andere Seite dieser Hauptstraße gelangen. Hier gibt es eine lange Strandpromenade mit zahlreichen Cafés und Restaurants. Da die Jungen Hunger haben, gehen wir nicht weit, sondern suchen uns einen Tisch im Restaurant *„Estrela do Mar"* (Meeresstern). Wir bestellen Bier und Wasser, Würstchen mit Pommes frites für die Jungen sowie gebratenen Lachs mit Kartoffeln und Gemüse für mich und eine *„sopa alentejana"* (Alentejanische Knoblauchsuppe) für Linda. Wenn man einem Artikel der ZEIT aus dem Jahr 2012 glaubt, ist sie „der erste Gang eines portugiesischen Menüs, wärmt den Magen, und es gibt davon nur so viel, dass noch genügend Platz für Haupt- und Nachspeise bleibt." Das traditionelle Rezept enthält außer Wasser noch Knoblauch, Olivenöl, Eier, Kräuter und Weißbrot.

Lindas Appetit ist an diesem Abend nicht so groß, so dass sie schon fast satt ist, als sie die Hälfte ihrer Portion gegessen hat. Dafür nascht sie gern ein paar Pommes von unseren Kindern und etwas Fisch und Gemüse von meinem Teller. Während wir essen, beginnt im Fernsehen die Übertragung des zweiten Halbfinales der Fußball-Weltmeisterschaft zwischen Argentinien und den Niederlanden. Am Nachbartisch hat sich eine Gruppe Niederländer zusammengefunden, die noch gespannter als wir zuschauen. Als wir mit dem Essen fertig sind, ist Halbzeitpause; es steht 0:0 und wir beschließen, die zweite Halbzeit im Hotel zu schauen. Linda geht sofort aufs Zimmer, während Oscar, Thiago und ich uns einige Plätze auf den Sofas in der Lobbyaussuchen. Aber es passiert nur wenig auf dem Spielfeld, wir werden müder und müder und nach 70 Minuten (es steht noch immer 0:0) beschließe ich, auch ins Bett zu gehen. Die Kinder kommen gerne mit. Linda wundert sich, dass ich so schnell da bin.

„Das Spiel ist ziemlich langweilig und wir hatten einen anstrengenden Tag", erkläre ich ihr. „Ich gehe jetzt schlafen. Wir werden morgen erfahren, wie das Spiel ausgegangen ist." Der FOCUS schreibt am nächsten Tag, Deutschlands Final-Gegner habe nach 120 quälend langen und ereignisarmen Minuten festgestanden. Anscheinend war es eine gute Entscheidung, frühzeitig schlafen zu gehen.

Am nächsten Morgen schlafen die Kinder noch, als ich gegen Viertel vor acht Uhr aufwache. Linda und ich schnüren unsere Jogging-Schuhe und wir begeben uns auf eine Jogging-Runde.

„Wie spät ist es?" fragt Linda als wir an der Rezeption vorbei kommen.

„Genau drei Minuten nach Acht", antwortet der Rezeptionist.

Es geht wieder zur Strand-Promenade, die um diese Uhrzeit noch ziemlich verlassen ist, und dann immer am Strand entlang in Richtung Westen, der aufgehenden Sonne entgegen. Nach einiger Zeit haben wir das *„Forte Sao Juliao da Barra"* erreicht, wo die Nachbildung eines Schwanzes eines Blauwales den Beginn der Joggingstrecke von Oeiras markiert. Den nächsten Jogger mit Uhr fragen wir wieder nach der Uhrzeit.

„Oite e vinte" (Zwanzig nach acht) ist die Antwort.

Ich erfahre erst später, warum Linda heute immer so genau wissen will, wie spät es ist. Wir laufen noch ein paar Minuten weiter und kehren dann zurück. Nach etwa 40 Minuten haben wir wieder unser Hotel erreicht. Wir klopfen an die Tür des

Zimmers unserer Kinder und stellen fest, dass Thiago bereits wach ist und liest, während Oscar noch immer schläft. Wir müssen ihn allerdings wecken, denn es ist Zeit für das Frühstück.

Der Frühstücksraum befindet sich im 8. Stock des Hotels. Wir suchen uns einen Platz am Fenster, denn von hier aus ist die Aussicht auf den Strand noch faszinierender als vom Balkon unseres Zimmers. Die Auswahl am Frühstücksbuffet ist ordentlich: Es gibt verschiedene Sorten Brot und Brötchen, Konfitüre, Käse, Schinken, Rührei, Müsli und Cornflakes. Außerdem stehen im Frühstücksraum mehrere große Kaffeemaschinen, an denen sich Espresso, Cappuccino und ähnliche Spezialitäten zubereiten lassen.

Nachdem wir uns alle satt gegessen haben, packen wir unsere Strandsachen und gehen den bekannten Weg zum Strand. Hier ist es jetzt viel voller als um acht Uhr, aber wir finden noch ein Plätzchen, wo wir unsere Handtücher ausbreiten können. Auch zum Beachball-Spielen ist gerade noch Platz und da keine Wolke am Himmel ist, erwärmt sich die Luft schnell auf rund 30°C. Da tut eine Abkühlung im Wasser nach einiger Zeit richtig gut.

Gegen Mittag fragt Linda: „Wollen wir heute Nachmittag nach Cascais fahren?"

„Willst du heute schon wieder irgendwo hin fahren?" antworte ich. „Wir waren doch gestern den ganzen Tag lang unterwegs. Lass uns doch lieber den heutigen Tag hier verbringen und wir können morgen einen Ausflug machen."

„Aber für Morgen habe ich mich schon mit António Costa verabredet."

„António Costa? Der Dirigent aus Alvarenga?" frage ich nach.

„Ja, er wohnt gar nicht weit von hier entfernt und wir könnten uns morgen früh treffen", erklärt Linda.

„Na gut", lenke ich ein, „dann fahren wir eben heute Nachmittag nach Cascais."

Wir nehmen den Zug um halb drei, gehen essen und besorgen dann in einem großen Supermarkt einen Sonnenschirm, denn den hatten wir schon am Morgen vermisst. Danach spazieren wir zum kleinen „Praia da Rainha" unweit des Stadtzentrums. Hier wollen wir unsere Neuerwerbung gleich ausprobieren.

„In diesem Bereich des Strandes sind leider keine Sonnenschirme erlaubt", erklärt uns ein Rettungsschwimmer, als ich es mir gerade auf dem Handtuch bequem gemacht habe. Ich suche mir einen Platz im Schatten, wo ich keinen Sonnenschirm brauche. Unsere Söhne wollen jetzt erst einmal etwas Fußball spielen.

„Fußball-Spielen ist hier nicht gestattet", erfahren sie kurz darauf vom Rettungsschwimmer.

Also spielen sie mit Linda etwas Beach-Volleyball, denn dafür gibt es kein Verbot. Später schwimmen die drei noch etwas in der Bucht, bis wir am späten Nachmittag wieder aufbrechen. Wir wandern am Meer entlang etwa 3 km bis nach Estoril, von wo aus wir den Zug zurück in Richtung Carcavelos nehmen. Unterwegs reden wir über die Ereignisse des Tages, so dass wir nicht so genau darauf achten, wo wir sind.

„Hey, das ist doch der Bahnhof von Carcavelos" rufe ich dazwischen. „Wir müssen hier aussteigen."

Wir nehmen schnell all unsere Sachen und stürzen aus dem Zug und als sich die Türen des Zuges wieder geschlossen haben, bemerken wir, dass wir erst in Parede sind.

„Wir sind eine Station zu früh ausgestiegen", stellt Thiago fest, als er auf dem Fahrplan nachsieht.

„Und jetzt?" fragt Linda.

„Wir können entweder 20 Minuten auf den nächsten Zug warten oder nach Carcavelos laufen", antworte ich.

„Wie weit ist es denn bis zu unserem Hotel?"

„Vielleicht 20 Minuten zu Fuß."

„Dann lass uns lieber laufen."

Zum Glück sind wir alle gut trainiert und so erreichen wir unser Hotel tatsächlich nach etwa 20 Minuten Fußmarsch und haben danach sogar noch genug Energie um einige Runden Karten zu spielen.

Am nächsten Morgen gehe ich schon früh mit Linda zum Frühstück, denn sie hat sich mit Antonio Costa um neun Uhr am Schwanz des Wals in Oeiras verabredet. Jetzt verstehe ich, warum sie tags zuvor dauernd nach der Zeit gefragt hat. Sie wollte wissen, wie lange sie joggend vom Hotel zum geplanten Treffpunkt benötigt. Daher verlässt sie mich und das Hotel um 25 Minuten vor neun, um António Costa zu treffen. Ich gehe zunächst zurück zu unseren Zimmern, wecke die Kinder und gehe mit ihnen zum zweiten Mal zum Frühstücksraum. Gegen zehn Uhr treffen auch Linda und Antonio ein.

„*Olá, tudo bem?*" begrüßen wir uns.

„Seid ihr zusammen gejoggt?" will ich von den beiden wissen.

„Nein, ich jogge nicht", antwortet António. „Aber ich mache fast jeden Morgen einen Spaziergang am Meer. Heute habe ich meine Route etwas geändert, um euch zu besuchen. Ich habe in dieser Woche etwas Zeit und da würde ich euch gern etwas von der Gegend hier zeigen", schlägt er vor.

Wir sind gleich einverstanden und verabreden uns für 16 Uhr. António trifft pünktlich mit seinem silberfarbenen BMW vor dem Hotel ein und wir fahren über Estoríl, Cascais und Guincho zum *Cabo da Roca*. Unterwegs schwärmt er von den tollen Stränden und der fantastischen Wohnlage einiger Häuser, die wir sehen. Das *Cabo da Roca* hatten wir mit unseren Söhnen vor etwa acht Jahren schon einmal besucht, aber dieses Kap ist so faszinierend, dass ich gerne noch einmal hier bin. Es weht wie fast immer ein frischer Wind, bei stahlblauem Himmel haben wir eine atemberaubende Aussicht auf die Steilküste und den Atlantischen Ozean.

Thiago ist auch total begeistert und macht viele Fotos mit meiner Spiegelreflexkamera. Nach einer halben Stunde drängt Linda zum Aufbruch und wir setzen unsere Fahrt in Richtung Sintra fort.

„*Sintra e um pouco complicado para estacionar* – In Sintra ist es nicht so leicht einen Parkplatz zu finden", meint António, als wir uns dem Stadtzentrum nähern. „Ich werde euch an der nächsten Kreuzung aussteigen lassen. Von dort ist alles gut ausgeschildert: das Zentrum, die Museen, die Schlösser. Meint ihr, dass ihr euch dann allein zurechtfinden werdet?"

„Ja, natürlich", antwortet Linda.

Wir verabschieden uns und gehen zu Fuß weiter. Nach wenigen Minuten haben wir den *Paco Nacional* erreicht. Von hier aus sieht man schon das „*Castelo dos Mouros*" auf einem Hügel. Wir fragen einen Passanten, wie lange man wohl bis dahin läuft.

„*Não faz idea* – Keine Ahnung", antwortet er. „Aber es ist ziemlich weit."

Da es schon kurz nach sechs ist, überlegen wir, ob es sich noch lohnt hinauf zu wandern.

„Kommt, wir laufen einfach weiter, und dann werden wir schon sehen, wie lange wir brauchen", muntere ich meine Familie auf. Wir gehen zunächst weiter die Hauptstraße entlang, dann weiter durch einen Park und entdecken dann ein Hinweisschild „Fußweg zum Schloss". Nach rund einer halben Stunde Wanderung sind wir am Portal des Schlosses angelangt. Es ist zehn Minuten vor sieben. Am Kassenhäuschen lese ich: „Letzter Einlass um 19 Uhr". Na, da sind wir ja gerade noch rechtzeitig gekommen!

Wir kaufen die Eintrittskarten und entdecken das Schloss aus dem 10. Jahrhundert mit all seinen Mauern, Gängen und Aussichtstürmen. Da wir so spät gekommen sind, sind wir fast die einzigen Besucher und da macht uns das Herumklettern doppelt so viel Spaß.

Um 20 Uhr haben wir unsere Entdeckungstour beendet und verlassen als letzte Familie das Schlossgelände. Wir spazieren zurück in den Ortskern zum Bahnhof, von wo aus wir über Lissabon wieder zurück zu unserem Hotel fahren wollen. Zunächst müssen wir aber unsere Fahrkarten aufladen. Das ist aber leichter gesagt als getan. Ich bezahle, was der Automat

anzeigt, bin aber nicht sicher, ob wirklich alle Fahrkarten korrekt aufgeladen sind, denn wir kennen uns nach einem Tag Lissabon mit dem Automaten noch nicht so gut aus. Schließlich lässt uns ein Bahnmitarbeiter durch einen Nebeneingang auf das Gleis und wir können in den nächsten Zug einsteigen. Der Schaffner erklärt: „Es ist alles in Ordnung und falls es an der Kontrolle in Lissabon Probleme geben sollte, sprechen sie einfach einen Mitarbeiter von mir an."

Als wir am Lissabonner Bahnhof Rossío ankommen, werden wir aber anstandslos durchgelassen und schon sind wir mitten in der Stadt angekommen. Wir müssen nun entweder zwei Stationen mit der U-Bahn fahren oder etwa einen Kilometer laufen, um zum Bahnhof „*Cais do Sodré*" zu gelangen, von wo aus unser Zug nach Carcavelos abfährt. Wir entscheiden uns zu laufen. Unterwegs werden wir aber mehrmals von schönen Klängen und Düften aufgehalten: zunächst möchte Linda am liebsten einigen Straßenmusikern an der „*Praca Dom João da Camera*" zuhören; am „*Largo do Chiado*" melden sich unsere Jungen mit dem Hinweis, dass sie noch etwas essen möchten. Ich vertröste sie damit, dass wir am Bahnhof oder in Carcavelos noch etwas besorgen könnten. Dann kommen wir am „*Teatro Nacional*" vorbei, wo gerade ein Open-Air-Sinfoniekonzert mit einem Violinkonzert von Tschaikowsky beginnt. Hier möchte ich am liebsten etwas verweilen. Aber nach ein paar Minuten gehen wir auch von hier weg, denn wir wollen ja noch unser Hotel erreichen. Kurz vor dem „*Cais do Sodré*", an der *Rua Bernardo Costa*, finden wir auch noch etwas zu essen: in einer türkischen Snack-Bar kaufen wir zwei Döner-Boxen für Oscar und Thiago sowie ein Falafel-Sandwich für Linda und mich. In einem kleinen Supermarkt nebenan kaufen wir noch etwas zu trinken und so können wir uns bei der Heimfahrt im Zug nicht nur ausruhen, sondern auch noch stärken.

Nach dem Frühstück am nächsten Morgen ruft António an: „Seid ihr gestern gut nach Hause gekommen? Habt ihr gut geschlafen? Habt ihr Lust, heute Nachmittag mit mir und meiner Frau einen Bummel durch Lissabon zu machen?"
Wir bejahen alle Fragen und treffen uns am frühen Nachmittag am uns schon gut bekannten Bahnhof „*Cais do Sodré*". Von dort spazieren wir gemeinsam die frisch renovierte „*Avenida da Ribeira das Naus*" entlang zur „*Praca do Comercio*". Dort betreten wir den Triumphbogen, der den Eingang zur Rua Augusta bildet.
„Kommt, wir fahren mit dem Aufzug nach oben", schlägt er vor.
„Geht das denn?" fragt Linda
„Ja, er ist vor einigen Wochen in Betrieb genommen worden."
Wir fahren zunächst ein Stück mit dem Fahrstuhl, dann geht es noch eine schmale Wendeltreppe nach oben, bis wir uns auf der Plattform oben auf dem „*Arco da Rua Augusta*" befinden. Wir sind alle begeistert von der Aussicht und António erzählt uns zu beinahe jedem Haus, das wir von hier oben sehen, eine kleine Geschichte. Als wir alles genau betrachtet haben, gehen wir nach unten.
„Und, hat es euch gefallen?" möchte Cristina, Antónios Lebensgefährtin, Lob erheischend wissen.
„Ja, sehr", antworten wir.
„Das freut mich", erwidert sie zufrieden. „Denn es war meine Idee hierher zu kommen."
An der Rua Augusta gibt es in einem Café eine kleine Stärkung für unsere Söhne. Wir bleiben aber nur ein paar Minuten, denn António hat schon den nächsten Programmpunkt seines Stadtrundgangs ins Auge gefasst.
„Kommt, jetzt fahren wir mit dem ‚Electrico'", sagt er und geht mit uns zur *Rua da Conceicão*. „Electrico" ist die Kurzform von „*Carros electricos de Lisboa*" und ist die Bezeichnung für die Straßenbahnen in Lissabon, die dort seit 1901 verkehren.

„Als ich in Lissabon studierte, gab es noch 17 Linien", erklärt uns António auf dem Weg zur Haltestelle. "Heute sind leider nur noch fünf Linien übriggeblieben."
An der Haltestelle für den „Electrico" stehen schon ein paar Menschen, die auf die nächste Bahn warten, aber das größere Problem ist, dass die Straßenbahnen schon ziemlich voll sind, als sie an der Haltestelle ankommen. Deswegen lassen wir erst einmal zwei Bahnen durchfahren.
„Ich weiß nicht, ob es sich lohnt noch länger zu warten", sage ich etwas enttäuscht. Ich habe keine große Lust in eine Straßenbahn einzusteigen, wenn ich drinnen stehen muss und dann überhaupt nichts von den Häusern und Straßen sehen kann, durch die wir fahren.

Die nächste Bahn die kommt ist jedoch nicht ganz so voll und wir lösen sechs Tickets. Es gibt sogar noch zwei Sitzplätze für unsere Söhne und nur die Erwachsenen müssen stehen. An den nächsten beiden Haltestellen steigen dann aber einige Fahrgäste aus.

„Komm, setz' dich schnell hin", bedeutet mir Linda und so haben wir dann schließlich doch alle einen Platz, von dem aus wir etwas sehen können. Wir fahren mit der Linie 28 zunächst vorbei am *Castelo Sao Jorge*, dann durch den Stadtteil *Graca* bis zur Endstation *Martim Moniz*. Unterwegs rumpelt die Bahn über die alten Gleise und manche Straßen sind so eng, dass die Kinder die Häuserwände berühren können, wenn sie die Arme aus dem Fenster strecken.

Von der *Rua Martim Moniz* spazieren wir zum *Rossío* und überlegen, was wir noch machen wollen.

„Ein Nachmittag ist viel zu kurz, um einen wirklichen Eindruck von der Schönheit der Stadt zu bekommen", meint António und würde uns am liebsten noch einige Kirchen, Museen und andere Sehenswürdigkeiten zeigen.

„Also ich würde mich gerne noch etwas in den Geschäften umsehen", sagt Linda.

„Wir wollen uns ausruhen und etwas essen", wenden Oscar und Thiago ein.

Wir entscheiden uns schließlich zunächst dafür, einem Einkaufszentrum an der *Rua Aurea* einen Besuch abzustatten. Linda und Cristina zieht es in die Mode- und Parfumboutiquen, während Oscar, Thiago, António und ich ein Musik- und Elektronikgeschäft durchstöbern. Nach einer halben Stunde treffen wir uns wieder und spazieren zur „*Igreja São Roque*", einer Jesuitenkirche aus dem 16. Jahrhundert. Von außen ist sie ziemlich unscheinbar, von innen ist sie jedoch über und über mit Gold und Edelsteinen verziert. Unsere Söhne sind sehr beeindruckt von dieser Pracht, ich als norddeutscher Protestant bin ein bisschen zurückhaltender.

Direkt hinter der Kirche befindet sich der „*Elevador da Glória*" sowie ein kleiner Park, von dem aus man einen weiteren schönen Blick auf die Unterstadt („*Baixa*") von Lissabon und das dahinter liegende „*Castelo de São Jorge*" hat.

„Jetzt haben wir genug gesehen", meint Oscar. „Lasst uns jetzt endlich ausruhen und etwas essen gehen."

„Für das Abendessen ist es noch etwas zu früh, aber wir können irgendwo eine Kleinigkeit zu uns nehmen", bemerkt Linda.

„Also ich würde gerne ins Café Brasileira gehen", schlage ich vor. „Das legt doch sowieso auf unserem Weg."

Um diese Zeit ist es dort ziemlich voll, aber wir finden noch einen Tisch auf der Terrasse, suchen ein paar Stühle von den Nachbartischen zusammen und finden so zu sechst noch gerade Platz.

„Eigentlich wollte ich hier im Café Brasileira ja einen Kaffee trinken, aber es ist so warm, da möchte ich jetzt doch lieber etwas Kühles", sage ich und bestelle ein Super Bock. Linda entscheidet sich für einen *Galão* und Thiago nimmt ein Wasser. Dazu sucht er sich ein Muffin von der Kuchentheke aus; ich nehme lieber etwas Herzhaftes: zwei *Rissois* (gefüllt mit Krabben bzw. Käse) passen vortrefflich zum Bier.

„Was möchtest du, António?" frage ich unseren Stadtführer.

„Gar nichts, vielen Dank", antwortet er. „Wir essen gleich etwas zu Hause."

„Und ich hole mir ein leckeres Eis von der italienischen Eisdiele, an der wir vorhin vorbeigekommen sind", wirft Cristina ein.

„Oscar, möchtest du nicht auch mitkommen?"

„Ja, OK", antwortet er.

Es dauert rund eine Viertelstunde bis die beiden wieder zurück sind. Die Eiscafé-Dichte in portugiesischen Städten ist lange nicht so hoch wie in Deutschland und dementsprechend groß ist der Andrang in den Cafés.

Als wir uns alle gestärkt haben, spazieren wir wieder zurück zum Bahnhof „*Cais do Sodré*", verabschieden uns von António und Cristina, die uns für die nächste Woche zum Abendessen einladen und fahren zurück nach Carcavelos.

Wir machen nur einen kurzen Abstecher zum Hotel, denn heute Abend findet bei der Fußball-WM das Spiel um Platz 3 zwischen Brasilien und den Niederlanden statt und das wollen wir Männer nicht verpassen. Wir machen uns daher schon bald auf den Weg zu dem Restaurant an der Strandpromenade, wo wir schon am ersten Abend gegessen haben. Wir suchen uns einen Tisch aus, von dem aus wir einen guten Blick auf einen der großen Fernseher haben, auf denen das Spiel gezeigt wird. Ich bestelle ein großes Bier, eine große Portion Pommes frites mit Salat, die Kinder suchen sich den Fleischspieß (*„Espetada do carne"*) von der Speisekarte aus. Da außer Fleisch auch noch Zwiebeln und Paprika aufgespießt und gegrillt wurden, bekomme ich auch noch etwas Gemüse ab. Linda hat nicht so großes Interesse am Fußball und nutzt stattdessen lieber die Zeit für eine Jogging-Runde am Strand. Als sie diese beendet hat, steht es bereits 2:0 für die Niederlande und wir sind alle enttäuscht, dass es die Brasilianer wieder nicht geschafft haben, ein gutes Spiel abzuliefern.

„Das liegt nur daran, dass Neymar nicht dabei war", sind sich Oscar und Thiago diesmal ausnahmsweise einmal einig.

Kurz vor Schluss fällt noch das 0:3 und wir gehen satt aber wenig begeistert vom Fußballspiel zum Hotel.

Der nächste Tag bietet das übliche Familienprogramm: Wir frühstücken, ich gehe einkaufen, wir spielen Karten und verbringen einige Stunden am Strand. Wir bleiben aber nicht so lange, denn heue Abend steigt das Finale der Fußball-WM, bei dem Deutschland gegen Argentinien spielt.

Wir hatten uns überlegt, in dem kleinen Einkaufszentrum des Ortes, das sich nur wenige 100 m von unserem Hotel entfernt befindet, etwas zu essen und dann im Hotel das Spiel anzuschauen. Als wir im Einkaufszentrum eintreffen, sehen wir, dass im Innenhof, wo sich auch einige kleinere Restaurants befinden, eine große Leinwand aufgebaut worden ist, auf der das Spiel gezeigt wird. Wir bestellen in zwei Restaurants etwas zu essen für uns und machen es uns an einem der Tische bequem.

Diesmal gibt es endlich etwas zu jubeln, auch wenn wir bis zur 113. Minute warten müssen, bis endlich das entscheidende Tor durch Mario Götze fällt. Als wir nach dem Spiel zurück zum Hotel gehen, ist es irgendwie komisch, dass niemand auf den Straßen feiert. Wie in Deutschland gefeiert wird, sehen wir erst in den Fernsehnachrichten, die wir am späten Abend noch im Hotelzimmer verfolgen.

Auch an den nächsten beiden Tagen verbringen wir den Großteil des Tages bei bestem Wetter am Strand. Kurz nachdem wir uns am Montag einen schönen Platz für unsere Sachen gesucht haben, taucht eine Gruppe von etwa 25 Jungen und Mädchen auf. Sie sind etwa fünf bis neun Jahre alt und tragen alle orangefarbene T-Shirts und Kappen. Zwei Betreuerinnen bedeuten ihnen, sich in einem großen Kreis aufzustellen. Dann breiten alle ihre Handtücher aus und setzen sich drauf. Da es heute etwas windiger ist, dauert das mit dem Ausbreiten des Badetuches bei dem einen oder der anderen etwas länger. Schließlich sitzen aber alle. Jetzt ziehen alle ihre T-Shirts aus und cremen sich mit Sonnenmilch ein. Ein paar Minuten später stehen alle wieder auf und marschieren wie eine Gänsefamilie in Richtung Wasser. Eine der Betreuerinnen kommt auf uns zu und fragt: „Könnten sie ein wenig auf unsere Sachen aufpassen, während wir im Wasser sind? Vor einer Woche wurden die Handtücher nämlich schon einmal weggeräumt."

Wir sind natürlich gerne dazu bereit und unsere Jungen sind sogar so nett, einige vom Wind verwehte Badetücher wieder ordentlich hinzulegen und mit Rucksäcken und Badeschlappen zu beschweren, damit sie an Ort und Stelle liegen bleiben. Als die Gruppe wieder zurück ist, setzen sich alle Kinder wieder auf ihre Tücher und auf ein entsprechendes Kommando der

Gruppenleiterin packen alle ihre mitgebrachten Brötchen und Trinkflaschen aus und stärken sich. Danach dürfen alle im Sand Fußball spielen oder eine kleine Sandburg bauen.

Ich bin neugierig und frage eine der Erwachsenen, was für eine Kindergruppe sie betreut: „E uma colónia de férias?- Ist das eine Ferienlagergruppe?"

„Nein, wir kommen aus Bobadela und machen mit den Jungen und Mädchen ein Sommerferienprogramm. Die Eltern bringen die Kinder morgens zur Schule und dann spielen oder basteln wir mit ihnen. Manchmal machen wir Ausflüge zum Zoo, oder wie heute zum Strand, und abends holen die Eltern die Kinder dann wieder ab", antwortet sie und macht sich mit ihrer Gruppe wieder auf den Heimweg.

Wir bleiben noch etwas und gehen dann zum Hotel zurück.

„Soll ich im Hotel fragen, ob wir einen Topf und heißes Wasser bekommen können? Ich könnte dann ein paar Nudeln für euch kochen." fragt Linda.

„Nein, nein, nicht nötig", erwidern Oscar und Thiago.

Stattdessen versorgen wir uns mit Obst, Brötchen und Käse aus dem Supermarkt.

„Wollt ihr heute noch einmal einen Ausflug nach Lissabon machen?" erkundige ich mich bei meiner Familie am letzten Tag unseres Lissabon-Aufenthalts. Aber die Kinder winken ab und so verbringen wir auch diesen Tag am Pool und am Strand. Um das Essen brauchen wir uns heute aber nicht zu kümmern, denn António und Cristina hatten uns für diesen Abend zum Essen eingeladen. Pünktlich um 19 Uhr kommt António wieder mit dem Auto zum Hotel und holt uns ab.

„Bevor wir zu meiner Wohnung fahren, zeige ich euch noch ein paar schöne Ecken von Oeiras. Als erstes kommen wir zum Bahnhof von Oeiras.

„Von hier fährt eine automatische Bahn in nur vier Minuten zum ‚*oeirasparque*‘, einem riesigen Shopping-Center, das 1998 eröffnet wurde", erklärt uns António stolz.

Dann geht die Fahrt noch durch einige besonders schöne Kreisverkehre, die mit großen Springbrunnen ausgestattet sind und vorbei an einem großen Park in Richtung Paco de Arcos.
„Unser Haus steht genau auf der Stadtgrenze zwischen Oeiras und Paco de Arcos", bemerkt António, als wir auf den Parkplatz vor dem Hochhaus einbiegen, in dem sich seine Wohnung befindet. Wir fahren mit dem Aufzug in den achten Stock und treten in die Wohnung ein, in der uns Cristina begrüßt. Als erstes machen wir eine kleine Wohnungsbesichtigung. Alle Räume sind mit weichen Teppichen ausgelegt und geschmackvoll dekoriert. An den Wänden hängen große Spiegel oder Poster von Konzerten, bei denen António als Dirigent tätig war. Die Kinder sind aber besonders fasziniert vom tollen Ausblick, den man von hier oben hat. In westlicher Richtung reicht der Blick bis nach Carcavelos, wo wir die letzte Woche verbracht haben, in Richtung Osten sieht man die Brücke des 25. April, den *Cristo Rei* und mit dem Fernglas kann man sogar den *Torre de Belém* erkennen.

Mittlerweile ist der Tisch gedeckt und das Essen fertig, so dass wir uns an einen großen runden Tisch setzen, der vollbeladen mit Tellern und Schüsseln ist. Damit unsere Kinder sich richtig satt essen können, hat Cristina einen riesigen Berg Fischstäbchen gebraten. Für die Erwachsenen gibt es gedämpften Kabeljau. Dazu essen wir Reis, Kartoffeln, Salat und Rohkost (für unsere Jungen). António hat einen leckeren Weißwein aus dem *Minho* geöffnet, der uns vorzüglich mundet. Schon bald ergibt sich am Tisch eine lebhafte Diskussion über das Abschneiden der Deutschen und Portugiesen bei der Fußball-WM und die Bedeutung des Fußballs in beiden Ländern.

„Mir ist Deutschland da viel sympathischer als Portugal", erklärt António. „In Deutschland sind die Menschen fußballbegeistert, aber es gibt dort auch noch Bach, Beethoven und Brahms. In Portugal interessieren sich die Leute nur für Fußball. Es gibt hier drei Tageszeitungen, die fast nur über Fußball schreiben. Und als die portugiesische Fußball-Nationalmannschaft nach Brasilien aufbrach, wurde den ganzen Tag live darüber im Fernsehen berichtet. Das ist doch völlig übertrieben!" schimpft er.

Als wir zum Nachtisch eine gekühlte Melone verspeisen ist es draußen bereits dunkel geworden. Jetzt sieht man die beleuchtete Küstenstraße, die nach Lissabon führt und die Brücke über den Tejo noch besser und unsere Kinder wollen unbedingt noch ein paar Erinnerungsfotos mit meiner Kamera machen. Dann machen wir uns wieder auf den Heimweg. Als wir uns von Cristina verabschieden, fällt Lindas Blick auf zwei Porzellan-Platten, die Stadtansichten von Lissabon und Porto zeigen und die im Flur des Eingangsbereichs an der Wand hängen.

„Die sehen aber toll aus", schwärmt Linda. „Findest du nicht auch, Ben?" fragt sie mich.

„Ja, sehr schön", stimme ich ihr zu.

„Wir müssen mal sehen, ob wir die nicht auch in einem Geschäft finden", meint sie.

„Ja, aber denke daran, dass wir mit dem Flugzeug zurückfliegen und wir alles in unseren Koffern transportieren müssen", gebe ich zu bedenken.

„Braucht ihr morgen noch meine Hilfe?" fragt António, als er uns am Hotel abgesetzt hat.

„Nein, vielen Dank", antworte ich. „Wir können morgen mit dem Zug und der U-Bahn zum Flughafen fahren. Das hat auf dem Hinweg auch sehr gut geklappt."

Und so ist es dann auch. Der Zug bringt uns wieder zum „*Cais do Sodré*", danach bringt uns die U-Bahn pünktlich um 12 Uhr zum „*Aéroporto de Lisboa*". Dort suchen wir allerdings vergebens nach dem Büro unseres Autovermieters „interrent". Ich erkundige mich bei der Information und erfahre, dass sich der Mitarbeiter in der Nähe des Zeitschriftenkiosks aufhalte. Dort treffen wir ihn auch tatsächlich an. Ich zeige ihm unsere Buchungsnummer und er findet uns auch auf seiner Liste.

„Es wird leider etwa eine halbe Stunde dauern, bis sie mit unserem Shuttle-Bus abgeholt werden", vertröstet er mich allerdings etwas. „Zurzeit haben wir eine sehr große Nachfrage."

Als ich mit dieser Information zu meiner Familie zurückkehre, ist Linda nicht besonders begeistert: „Jetzt müssen wir hier noch so lange warten. Es gibt noch nicht einmal eine Bank, auf die wir uns setzen könnten. Die Kinder machen ihre Sachen ganz dreckig, wenn sie auf dem Boden hocken."

„Das ist doch nicht so schlimm ein bisschen zu warten", versuche ich, sie zu beruhigen. „Schlimm wäre es wenn sie kein Auto für uns hätten."

Das hätte ich lieber nicht so laut sagen sollen. Nach etwa 20 Minuten kommt der Mitarbeiter der Autoverleihfirma auf mich zu und sagt: „Wir haben noch einen Platz im Shuttle-Bus frei. Sie können schon mitfahren und den Papierkram erledigen; ihre Familie kann dann ja mit dem nächsten Bus nachkommen."

Ich bin einverstanden, steige ein und nach nur fünf Minuten Fahrzeit kommen wir an einer großen Halle mit der Aufschrift „interrent" an. Am Schalter lese ich den Slogan des Autovermieters: „Smart Service – Easy Return". Das hört sich ja gut an. Ich sehe jedoch eine Schlange von etwa 10 Personen am Schalter, während sich in der großen Halle aber nur vier Autos befinden, was mich sofort sehr skeptisch macht.

Als Linda und die Kinder etwa eine Viertelstunde später ankommen, hat sich an der Lage kaum etwas geändert. Ich stehe noch immer an ungefähr der gleichen Stelle der Warteschlange und es sind nur noch drei Autos vorhanden. Langsam komme ich in der Schlange voran und als immer noch drei oder vier Familien vor mir stehen, sind alle Autos des Vermieters weg.

„Was passiert jetzt? Haben Sie für uns keine Autos mehr?" wollen die Kunden, die vor mir stehen, wissen.

„Es tut uns sehr leid. Aber im Moment sind keine Wagen da", antwortet der Mitarbeiter.

„Aber wir haben doch reserviert", protestiert eine niederländische Familie.

„Im Moment ist Hochsaison", entschuldigt sich einer der Mitarbeiter. „Da kann so etwas schon einmal passieren."

„Ich glaube, da steckt eine Methode dahinter", meint ein Franzose, der mit mir wartet. „Die Autoverleihfirma hofft, dass einige Mieter ihre Wagen früher zurückbringen, als vereinbart. Aber wenn das nicht passiert, gibt es ein Problem.

„Wie lange dauert es denn noch, bis wieder Mietwagen hier eintreffen?" will ich nach zwei Stunden Wartezeit wissen.

„Das kann ich leider nicht sagen", sagt ein anderer Mitarbeiter, der seinen Kollegen in der Zwischenzeit abgelöst hat.

Mittlerweile haben eine ältere portugiesische Frau, die mit zwei Enkelkindern unterwegs ist, und ein Brasilianer entnervt aufgegeben und versuchen auf andere Weise an ihr Reiseziel zu gelangen. Dafür ist die Warteschlange hinter mir beträchtlich angewachsen.

Auch bin mit den Nerven mittlerweile ziemlich am Ende, denn mittlerweile ist es kurz vor drei Uhr und wir wollen heute noch nach Alvarenga, das etwa viereinhalb Autostunden entfernt liegt erreichen.

„Ich werde nie wieder in Portugal Urlaub machen, wenn die Firmen hier nicht in der Lage sind, eine Autovermietung ordentlich zu organisieren!" schimpfe ich und muss mich erst einmal im Wartebereich hinsetzen und mit Keksen und Jogurt stärken. Linda hat in der Zwischenzeit meinen Platz in der Warteschlange eingenommen.

Als ich die Hoffnung schon fast aufgegeben habe, dass wir heute noch einen Wagen bekommen, tauchen nach und nach doch wieder Autos auf, die geputzt, betankt und neu vermietet werden. Um 16:15 Uhr, vier Stunden und fünfzehn Minuten später als vereinbart, sitzen wir schließlich in einem Toyota Yaris, der zwar ein paar Kratzer hat, aber sonst in einwandfreiem Zustand ist. Wir fahren sofort auf die Autobahn und düsen auf der A1 in Richtung Norden. Eine eigentlich vorgesehene Pause lassen wir ausfallen und nach drei Stunden Fahrt ohne Zwischenfälle haben wir schon Arouca erreicht.

„Am besten wir machen unsere Pause bei *pingo doce*", schlägt Linda vor. „Da können wir uns alle etwas die Beine vertreten und wir können ein paar Dinge für die nächsten Tage in Alvarenga einkaufen."

Wir besorgen also Butter, Nutella, Joghurt, Bananen, eine Melone, Kekse und Spaghetti, die wir nicht im Haus meiner Schwiegereltern in Alvarenga vermuten.

Nach einer halben Stunde Pause machen wir uns wieder auf den Weg. Als wir um kurz nach acht Uhr durch das Dorf fahren, klingelt Lindas Handy.

„Ja, hallo … wir sind schon in Alvarenga … in fünf Minuten sind wir da. Das war Tante Manuela", erklärt Linda. „Sie wartet bei meinen Eltern auf uns."

Fünf Minuten später parke ich unseren Wagen neben dem Haus meiner Schwiegereltern. Wir begrüßen Arménio, Laurinda, Manuela und deren Enkeltöchter Lúcia und Beatrice, die inzwischen 16 und 14 Jahre alt sind, aber kaum größer sind als Thiago. Zu Oscar, der in den letzten 12 Monaten einen ordentlichen Schuss gemacht hat, müssen sie aufschauen und Oscar muss sich bei der Begrüßung auf portugiesische Art etwas bücken.

Wir verabreden uns mit Manuela für den nächsten Tag und während ich die Sachen aus dem Auto auslade, kocht Linda endlich Nudeln für die ganze Familie.

Am nächsten Tag mache ich mit meinem Schwiegervater eine Spazierfahrt mit dem Auto. Er will in Alvarenga ein paar Dinge einkaufen und das Mittagessen in einem kleinen Restaurant im Dorf abholen. Bis das Essen fertig ist, haben wir noch Zeit zu einer kleinen Kapelle, die auf einem Hügel steht, zu fahren, von der aus wir eine tolle Aussicht auf das ganze Tal haben. Man sieht fast nur grüne Felder, einige Wiesen und Waldgebiete, nur hin und wieder unterbrochen von einer kleinen Ansammlung brauner Dächer. Zur Mittagszeit sind wir rechtzeitig zurück und während sich Arménio und Laurinda den Eintopf aus dem Restaurant schmecken lassen, spazieren Linda, Oscar, Thiago und ich den kleinen Weg zum Ferienhaus von Tante Manuela und Onkel Joaquím.

Joaquím ist mal wieder damit beschäftigt, an seinem Ferienhaus zu arbeiten. Im Moment ist er gerade dabei, eine neue Garage zu verputzen. „Manuela ist in der Küche; ich mache dieses Stückchen noch zu Ende", teilt er uns mit. „Dann komme ich zu euch."

Manuela hat bereits den Tisch in der Wohnküche gedeckt und fragt uns, was wir trinken möchten. Wir halten zum Mittagessen Wasser für wohl am angebrachtesten. Zum Essen hat sie Fischfilet und *„salada russa"* vorbereitet. Der Salat besteht aus Kartoffeln, Möhren, Erbsen, gekochten Eiern, Thunfisch und etwas Mayonnaise. Zum Glück weiß sie, dass unsere Kinder keinen Salat mögen. Daher hat sie für die beiden noch ein paar Kartoffeln zurückbehalten, die diese mit Butter und Salz verspeisen.

Nach dem Essen gehen wir etwas im Garten spazieren und entdecken in etwa sieben Meter Höhe ein Baumhaus, das sich unsere Söhne natürlich gleich anschauen wollen. Erstaunlicherweise ist auch Joaquím mit seinen 78 Jahren noch beweglich genug, um den Jungen hinterher zu klettern. Ich mache es mir derweil in der Hängematte darunter bequem. Allzulange können wir heute jedoch nicht bleiben, denn Onkel und Tante wollen mit ihren Enkeltöchtern heute noch nach Matosinhos zurück. So verabschieden wir uns kurze Zeit später und verbringen den Rest des Nachmittags mit einer Runde Rommé.

„Wollen wir heute einen Ausflug nach Noninha machen?" fragt Linda ihre Eltern nach dem Frühstück am nächsten Tag.
„Ja, das wäre schön", antwortet ihr Vater. „Mein Onkel und seine Familie sind nicht mehr so mobil und da freuen sie sich immer sehr über Besuch."
Bis zum Mittagessen haben wir noch ein paar Stunden Zeit, die wir für einen kleinen Einkaufsbummel in Alvarenga nutzen.
Nachdem wir ein paar Lebensmittel im Supermarkt eingekauft haben, sagt Linda: „Ben, du weißt doch, dass meine Eltern 50 Jahre verheiratet sind und da habe ich mit Paula und Isabel überlegt, wir könnten ihnen ein gemeinsames Geschenk zu Goldenen Hochzeit machen."
„Wie wäre es mit einem neuen Herd?" schlage ich vor, denn das Modell, das in der Küche steht, ist bereits deutlich in die Jahre gekommen und der Backofen funktioniert schon seit Jahren nicht mehr.
„Wir können ja einmal schauen, was ein Herd kostet."
Im Laden finden wir ein ansprechendes Modell, das 280 Euro kosten soll.
„Wir wollten jeweils 100 Euro geben", sagt Linda.
„Dann kaufen wir noch diese Pfanne und ein paar Streichhölzer, dann sind wir bei genau 300 Euro", rechnet Thiago zusammen.
Nach kurzer Bedenkzeit ist Linda zufrieden mit dieser Idee und wir verabreden, dass der Herd gegen 12 Uhr mittags geliefert wird. Als der Lieferwagen des Ladens bei meinen Schwiegereltern in Vila Galega eintrifft, sind diese bass erstaunt. Mit diesem Geschenk hatten sie nicht gerechnet. Linda hatte befürchtet, dass ihre Eltern zunächst einmal gar keinen neuen Herd würden haben wollen, doch Lindas Mutter ist gleich begeistert.
„So einen schönen Herd haben wir hier noch nie gehabt", sagt sie ganz enthusiastisch.

Unmittelbar nach dem Mittagessen fahren wir dann nach Noninha. Noninha ist noch kleiner und abgelegener als Vila Galega. Das Dorf besteht aus nur einer Straße mit etwa 10 Häusern, die allesamt aus unverputztem Naturstein bestehen.
Auf dem Weg zum Haus unserer Verwandten erzählt Arménio: „Hier habe ich in den Schulferien viel Zeit verbracht. Meine Eltern waren arbeiten, und da war ich hier bei meinen Großeltern."
„Hoffentlich macht dein Onkel jetzt nicht gerade einen Mittagsschlaf", meint Laurinda, als wir uns dem Haus nähern.
Wir klingeln und stellen fest, dass alle wach sind. Onkel Jorge, Tante Isaura und ihr Sohn Arbílio sitzen in der Küche, als hätten sie nur auf uns gewartet.
„Arménio, Laurinda, das ist ja schön, dass ihr kommt", ruft die Tante ganz aufgeregt.
„Ja, und Linda und ihre Familie sind auch mitgekommen", antwortet Arménio.
Arménios Onkel ist 92 Jahre alt, fast blind und sitzt in Hemd und Strickjacke in einem bequemen Stuhl direkt am Fenster. Seine Frau, die uns die Tür geöffnet hat, ist für ihre 85 Jahre noch recht rüstig und sucht weitere Stühle aus dem Haus zusammen, damit wir alle gemeinsam am Küchentisch sitzen können. Arbílio, ihr Sohn, ist seit rund 10 Jahren wegen einer Muskelschwächekrankheit an den Rollstuhl gefesselt.
„Oh, ihr habt Kuchen mitgebracht", bemerkt er, „dann können wir doch eine Tasse Kaffee dazu trinken."
„Leider ist unsere Nachbarin, die uns im Haushalt hilft, im Moment nicht da", ergänzt Tante Isaura.
„Das kann ich doch übernehmen", bietet sich Linda an. „Ihr müsst mir nur zeigen, wie die Maschine funktioniert.
„Das ist ganz einfach", entgegnet Arbílio und erklärt Linda Schritt für Schritt was zu tun ist.
„Damit der Kaffee richtig gut schmeckt, müssen aber die Tassen vorgewärmt sein", ergänzt er danach und bittet seine Mut-

ter, sieben Espresso-Tassen in die Mikrowelle zu stellen und diese einzuschalten. Danach wird der Kaffee Tasse für Tasse mit der Espresso-Maschine aufgebrüht und an die Anwesenden verteilt. Dazu gibt es Zucker und ich habe Glück, dass im Kühlschrank etwas Milch steht, denn ansonsten wäre mir der Kaffee viel zu stark und zu bitter. Dazu essen wir den mitgebrachten Kuchen und einige Kekse, die Arménios Tante aus dem Schrank geholt hat.

Nach einer Weile erfahre ich, dass Arbílio trotz der Tatsache, dass er im Rollstuhl sitzt, noch in der Lage ist, seinen eigenen Likör herzustellen. Den müssen wir natürlich auch unbedingt probieren. Da hilft es auch nicht, dass ich einwende, ich müsse ja noch mit dem Auto fahren. Ein Gläschen zum Probieren würde doch nicht schaden und so lasse ich mich überreden, vom selbstgemachten Mandarinenlikör zu kosten.

„Aber der Kaffeelikör ist auch sehr gut", ist Arbílio jetzt nicht mehr zu bremsen. „Und hier in diesem Fässchen ist noch ein ganz hervorragender Honiglikör, mit Honig hier aus Alvarenga" (was so viel bedeutet wie: reiner und gesünder könnte er nicht sein), preist er noch ein weiteres Eigenprodukt an. Linda lässt sich noch jeweils ein kleines Glas einschenken und ich muss natürlich wenigstens einmal probieren, um die Gastgeber zufriedenzustellen.

Unsere Jungen sind mittlerweile nach draußen auf die Terrasse gegangen und spielen ein bisschen mit dem Hund der Familie. Zwischendurch kommen sie immer mal wieder herein um nachzufragen, wann wir wieder nach Vila Galega fahren. Schließlich schlägt Linda vor, dass ich schon einmal mit den Kindern vorfahre; sie käme dann etwas später mit ihren Eltern nach. Ich fahre also mit den Kindern los, wir spielen zusammen Karten und nach etwa zwei Stunden kommen auch Linda, Laurinda und Arménio zurück. Gerade als sie eintreffen, fängt es an zu tröpfeln, genauso wie es der Wetterbericht ein paar Tage zuvor bereits vorhergesagt hatte.

Als ich am nächsten Tag aufwache, stelle ich fest, dass es sich richtig eingeregnet hat. Zum Glück hatten wir ohnehin vor, nach Arouca zu fahren, um Lindas Schwester Conceicão zu treffen, die jetzt mit ihrem Mann in *Vila Nova de Gaia* wohnt, am Wochenende aber häufig nach Arouca zu Besuch kommt. Die Frage ist nur, ob wir dort auch noch einmal übernachten wollen. Wir packen vorsichtshalber Bettwäsche, Schlafanzüge und Zahnbürsten ein, bevor wir losfahren.

In Arouca wollen wir alle endlich zum Friseur gehen. Ich fahre den Wagen bis zum Barbier der Stadt und steige mit Oscar und Thiago aus.

„Du kannst den Wagen nehmen und zu deinem Friseur fahren" sage ich und überreiche meiner Frau den Autoschlüssel.
„Wir kommen dann zu Fuß zum Haus deiner Eltern."

Mit einem Kuss verabschieden wir uns voneinander und ich betrete den Salon. Hier sitzen einige Männer auf den Kundenstühlen, die links und rechts an der Wand stehen. Einer der beiden Friseursessel ist aber noch frei. Ich wundere mich ein bisschen, nehme aber die Einladung, mich sofort auf den Sessel zu setzen, gern an und der Barbier beginnt mit seiner Arbeit. Nach wenigen Minuten ist der Kollege auf der anderen Seite auch fertig und Oscar ist als nächster dran. Nachdem meine Harre geschnitten, gewaschen und geföhnt worden sind, ist Thiago als letzter an der Reihe. Nach einer guten Dreiviertelstunde sind wir alle drei fertig und alle sind bestens zufrieden mit dem hervorragenden Service und der Frisur. Die Männer, die auf den Stühlen saßen als wir kamen, sitzen immer noch dort und es stellt sich heraus, dass sie nur gekommen sind, um Zeitung zu lesen und sich ein wenig zu unterhalten.

Mittlerweile hat es auch aufgehört zu regnen und die Sonne scheint zaghaft durch einige Wolkenlücken. So gehen wir trockenen Fußes zu einem Friseursalon, bei dem sich Linda vor einigen Jahren einmal frisieren ließ. Dort treffen wir sie allerdings nicht. Also spazieren wir zu dritt durch den Ort und erreichen nach etwa einer Viertelstunde das Haus meiner Schwiegereltern. Dort steht zwar unser Auto, aber wir treffen niemanden an.

Nach einigen Minuten kommt allerdings Conceicão, die weiß, dass Linda zu einem anderen Friseur gegangen ist. Da wir nichts anderes zu tun haben, beschließen wir, sie dort abzuholen. Als wir eintreffen, ist sie gerade fertig und so können wir alle frisch gestylt den Heimweg antreten. Mittlerweile ist es kurz vor zwölf und wir machen uns auf den Weg, das Mittagessen, dass Linda mit ihren Eltern in einem nahe gelegenen Restaurant bestellt hatte, abzuholen. Es ist unser Hochzeitstag und wir wollen die Familie zum Essen einladen.

„Wir hätten doch auch hier im Restaurant essen können", wende ich ein, als wir auf die Schüsseln und Teller warten.

„Ja", stimmt Linda zu. „Aber mein Vater isst einfach lieber zu Hause. Da hat er seine gewohnte Umgebung und kann seinen eigenen Wein trinken."

Wir nehmen das Fleisch, Bacalhau, Reis, Kartoffeln und Salat in Empfang, bringen es nach Hause und stellen alles auf den bereits gedeckten Tisch. Linda hat so reichlich bestellt, dass wir es nicht annähernd schaffen, alles aufzuessen, aber das ist nicht so schlimm. Die Reste werden zugedeckt oder in kleine Schüsseln umgefüllt und so braucht Laurinda an den beiden folgenden Tagen nicht zu kochen. Nach dem Mittagessen helfen wir Arménio bei der Pflaumenernte und gehen dann wieder ins Ortszentrum und kaufen einen Fußball. Das soll unser Willkommensgeschenk für Duarte sein, der mit seiner Mutter für ein paar Tage nach Alvarenga kommen will, um Oscar und Thiago zu treffen. Nachdem wir den Ball gekauft haben, wollen Oscar und Thiago diesen unbedingt sofort ausprobieren. Zum Glück gibt es ganz in der Nähe einen kleinen Bolzplatz, der vor einigen Jahren einen Kunstrasen bekommen hat. Hier können die Jungen wunderbar spielen, obwohl es am Morgen noch heftig geregnet hat.

Nach einer Stunde gehe ich mit Linda ins Café, um einen Kaffee zu trinken und ein Stückchen Kuchen zu essen. Arménio und Laurinda kommen wenig später mit Duarte und Fatima nach. Nachdem sich auch Duarte von der Qualität des Balles überzeugt hat, spazieren wir wieder zurück zum Haus und entschließen uns dann, gleich wieder nach Alvarenga zurückzukehren Auf dem Weg nach Alvarenga halten wir noch kurz bei einer Bäckerei, wo ich ein kleines Stück frische Hefe einkaufe, die ich zum Brotbacken verwenden möchte.

Am Sonntag besuchen wir morgens noch einmal Tante Elsa und Onkel Serafim, der uns einlädt, nach dem Mittagessen noch auf eine Tasse Kaffee vorbeizukommen.

„Wir wollen heute Nachmittag mit den Kindern noch einen Ausflug machen", antwortet Linda. „Ich weiß nicht genau, ob wir es heute noch schaffen zu euch zu kommen."

Zum Mittagessen gibt es gegrillte Sardinen, da kommt auch Almerindo gerne zum Essen vorbei.

„Und was machst du heute Nachmittag?" fragt Arménio seinen Bruder beim Essen.

„Ich fahre nachher mit meiner Freundin zum Tanzen nach São Pedro", antwortet Almerindo. „Dort spielt eine Musikgruppe aus Cinfães".

„Oh, das ist bestimmt schön", mischt sich Linda ein. „Sollen wir nicht auch dorthin fahren, Ben?" fragt sie mich.

„Von mir aus", gebe ich ein wenig skeptisch zurück, denn ich habe eine solche Tanzveranstaltung noch nicht miterlebt.

„Wie spät fährst du nach São Pedro?" will Linda von ihrem Onkel wissen.

„So gegen drei Uhr", antwortet er.

Es ist mittlerweile zwei Uhr und Linda meint, dass wir den Besuch bei Serafim und Elsa ausfallen lassen sollten.

„Soll ich eben zu Ihnen gehen, um abzusagen?" biete ich an.

„Nein, das musst du nicht", sagt Linda. „Wir können auch anrufen."
„Nein, nein, ich gehe schon", insistiere ich. „Ein kleiner Spaziergang nach dem Essen tut mir ganz gut."
Ich laufe also den kleinen Weg zu Serafims Haus, das etwa 400 Meter vom Haus meiner Schwiegereltern entfernt steht.
„Serafim, ich bin nur gekommen, um euch zu sagen, dass wir doch nicht zum Kaffee trinken kommen können" beginne ich. „Wir wollen gleich noch nach São Pedro."
„Ah, da ist doch heute ein Tanz, nicht wahr", erklärt er. „Aber dann kommt doch auf dem Weg dorthin bei uns vorbei. *E só um instantinho.* - Es dauert doch nur einen kleinen Moment."
„Also, ich verspreche nichts, aber vielleicht machen wir es so", antworte ich und mache mich wieder auf den Rückweg.
„Serafim besteht darauf, dass wir noch zu ihm kommen", erkläre ich meiner Familie, als ich ein paar Minuten später wieder bei ihnen bin.
„Also gut", meint Linda, „dann packen wir eben alles ein und besuchen sie für ein paar Minuten."
Eine Viertelstunde später gehe ich mit Linda zurück zu Onkel Serafim. Er freut sich und macht gleich drei Tassen Espresso für sich, Linda und mich. Als wir erzählen, dass wir zu der Tanzveranstaltung fahren, meint er: „Das ist natürlich etwas für Almerindo und seine Freundin."
Nach ein paar Minuten taucht auch Fátima auf und beteiligt sich an unserem Gespräch.
„Willst du nicht auch mitkommen?" fragt Linda, aber sie lehnt dankend ab. So machen wir uns mit einer halben Stunde Verspätung endlich auf den Weg. Nach etwa 20 Minuten Fahrtzeit sind wir oben auf dem Berg angekommen. Heute ist es nicht so voll wie am Feiertag „São Pedro" im Juni, aber es stehen doch ein paar Autos auf dem Parkplatz und es gibt auch ein paar Verkaufsstände, wo wir ein paar kleine Geschenke für unsere Freunde in München besorgen.

Direkt vor der Kapelle hat die Kapelle bereits begonnen, zum Tanz aufzuspielen und etwa 30 oder 40 Personen bewegen sich im Rhythmus der Musik. Almerindo und seine Freundin Augusta sind auch mit dabei. Ich schlage Linda vor, dass wir zunächst etwas spazieren gehen und die schöne Aussicht genießen sollten. So sind wir eine halbe Stunde unterwegs und machen einige spektakuläre Bilder der nordportugiesischen Mittelgebirgslandschaft und Linda hat auch einige Gelegenheiten, sich zwischen den Felsen in Pose zu werfen.

Als wir endlich wieder zur Kapelle zurückkehren, sind Musiker und Tänzer noch immer mit Eifer bei der Sache und wir mischen uns ebenfalls unter die Tanzpaare. Zum Glück haben wir noch einige Schritte aus unseren Tanzkursen, die wir vor etwa 20 Jahren in Nordhorn absolviert haben, behalten und haben auch unseren Spaß. Zwischendurch bittet Almerindo seine Nichte um einen Tanz und ich habe das Vergnügen mit Augusta. Als wir eine kleine Pause machen, treffen wir auch Serafím und Elsa, die ebenfalls heraufgekommen sind, aber keine Lust zum Tanzen haben.

Nach einer Weile kündigt die Kapelle an, dass sie das letzte Lied spielen würden und ich sage zu Linda: „Danach sollten wir uns auch auf den Weg machen, damit wir rechtzeitig zum Abendessen zurück sind."

„OK", meint Linda, die mittlerweile noch von einem anderen Mann zum Tanzen aufgefordert wurde. Als das Stück zu Ende ist, applaudieren alle kräftig und die Kapelle ist gern zu einer Zugabe bereit. Dieses Prozedere wiederholt sich noch einige Male und nach der vierten Zugabe packen die Musiker endlich ihre Instrumente ein und die Gäste strömen nach und nach zu ihren Autos.

Bevor wir fahren, will uns Almerindo unbedingt noch einmal demonstrieren, wie gut er auf den Felsen dieses Hochplateaus klettern kann. Wie eine Bergziege ist er in wenigen Sekunden oben auf dem etwa vier Meter hohen Felsbrocken angelangt

und winkt stolz von oben. Mit seinen 62 Jahren ist er wirklich noch erstaunlich gelenkig. Jetzt will Oscar natürlich auch zeigen, was er kann und klettert hinterher. Duarte und Thiago kommen immerhin auf die zweithöchste Erhebung dieser Felsgruppe. Als alle wieder heil unten angekommen sind, machen wir uns endlich auf den Rückweg. Pünktlich um sieben Uhr sind wir wieder bei meinen Schwiegereltern. Leider stellen wir jedoch fest, dass der Fußball, den die Jungen zum Spielen mitgenommen hatten, nicht da ist.
„Ich weiß, wo er liegt", meint Oscar sofort. „Wir haben ihn zu den Felsen mitgenommen und ihn dann dort liegen gelassen."
„Der neue Ball? Dann müssen wir wohl noch einmal zurückfahren und ihn holen", entgegne ich etwas verärgert.
„Ich komme mit. Ich weiß auch noch genau, wo wir den Ball liegengelassen haben."
Da ich die Strecke nach São Pedro do Campo mittlerweile gut kenne und um diese Uhrzeit auch fast keine andern Autos mehr unterwegs sind, fahre ich den Weg etwas sportlicher als zuvor und nach genau 27 Minuten sind wir wieder zurück in Vila Galega – diesmal mit Fußball. Obwohl es inzwischen schon kurz nach halb acht ist, haben die anderen noch nicht mit dem Essen angefangen und so habe ich noch Zeit, einen Hefeteig vorzubereiten, denn Fátima hatte sich gewünscht, dass ich noch Brötchen backen sollte. Ich mache eine große Portion Teig – aus der einen Hälfte mache ich später Brötchen, den Rest nehme ich als Grundlage für einen Pflaumenkuchen.
Nach dem Abendessen wollen die Kinder unbedingt noch Billardspielen gehen. Sie haben herausgefunden, dass es in ungefähr zwei Kilometer Entfernung ein Café gibt, wo man spielen kann. So machen sich die drei mit Fahrrädern, die sie von Onkel Almerindo ausgeliehen haben, auf den Weg. Wir verabreden, dass sie bis zehn Uhr spielen dürfen. Wir brauchen einige Zeit, um die Küche aufzuräumen und zu backen,

so dass wir erst um kurz vor zehn dazu kommen, den Jungen entgegen zu gehen. Kurz nachdem wir die Straße erreicht haben, kommen uns die Jungen auch schon auf ihren Rädern entgegen und wir kehren auch wieder schnell zurück. Als wir fast wieder zurück am Haus sind, überholt uns ein weißer Kleinwagen und parkt am Wegrand. Der Mann der aus dem Auto aussteigt ist zu unserer Überraschung unser Freund António Costa. Er sagt er wolle das Konzert vorbereiten, dass Anfang September am *Rio Paiva* stattfinden soll.

„Ich verbringe die nächsten Tage in Alvarenga. Wenn ihr wollt, zeige ich euch den Ort im Laufe der Woche", bietet er uns an.

Nach ein paar Minuten *„small talk"* verabschieden wir uns ohne uns konkret zu verabreden.

Da sich das Wetter am nächsten Tag wieder von seiner besten Seite zeigt, beschließen wir, nach dem Frühstück einen Ausflug zum Rio Paiva zu machen. Diesmal kommen nicht nur Fátima und Duarte sondern auch Lindas Mutter Laurinda mit. Sie muss allerdings erst dafür sorgen, dass ihr Mann für die Mittagszeit gut mit Essen versorgt ist. Dann packen wir die Sachen für unseren Ausflug ein: eine große Plastikplane, einen Teppich, der uns als Picknickdecke dient, verschiedene Sorten Obst, belegte Brötchen, eine Tüte *„rosquilhas"* (süße Kekse, die wir am Vortag auf São Pedro erstanden haben), eine Packung Butterkekse, zwei große Flaschen Wasser und zwei Flaschen Bier. Damit wir auch wirklich nicht verhungern, wollen die portugiesischen Frauen unterwegs in einem Supermarkt in Cabril noch ein paar Dinge einkaufen, aber wir kommen gerade während der Mittagspause vorbei und so müssen wir den Einkauf auf den Abend verschieben.

Wir verbringen einen schönen Nachmittag am Fluss, den wir zwei Jahre zuvor fast an jedem Tag unseres Aufenthalts besucht hatten. Diesmal wird unsere Freude etwas dadurch getrübt, dass umfangreiche Bauarbeiten getätigt werden. Ein neuer Parkplatz und eine neue Brücke über einen Nebenfluss des *Rio Paiva* sind fast fertig, ein neues Gebäude, wo ein Café, Umkleideräume und Toiletten untergebracht werden sollen, allerdings noch nicht. Auch bei den Außenanlagen fehlt noch fast alles. Wir finden gerade noch ein kleines Stückchen Rasen, auf dem wir unseren Teppich ausbreiten können. Hier verbringen Laurinda und Fátima den ganzen Nachmittag und unterhalten sich fast pausenlos. Währenddessen vergnügen sich Linda, die Jungen und ich die meiste Zeit im Wasser. Es gibt einen kleinen Schwimmsteg aus Plastik, der sich vorzüglich als Liegeplatz und als Absprungplatz für die Jungen eignet. Erst gegen halb sechs Uhr treten wir wieder den Heimweg an, auf dem wir dann unsere Einkäufe erledigen. An der Kasse des kleinen Supermarktes werden wir überraschenderweise auf Deutsch angesprochen, wohl weil ich mich im Laden mit meinen Söhnen gelegentlich auf Deutsch unterhalten hatte. Die Ladenbesitzerin erzählt uns, dass sie 20 Jahre in der Schweiz gelebt habe - dort hat sie natürlich hervorragend Deutsch gelernt.

Am nächsten Tag geht es wieder zum Rio Paiva. Diesmal suchen wir uns jedoch eine andere Stelle aus, da wir nicht wieder neben einer Baustelle baden wollen. Hier kann man jedoch nicht ganz so gut schwimmen wie an dem Flussabschnitt, den wir tags zuvor besucht hatten. Dafür treffen wir am Ufer eine Familie aus Alvarenga, die in den 70er und 80er Jahren in Deutschland gelebt hatten und Linda geholfen hatten, ihre Briefe an ihre Patentante ins Deutsche zu übersetzen.

Am Abend wünschen sich unsere Söhne und Fátima, dass ich einmal *Crêpes* mache, bevor wir wieder nach Hause fahren. Mittlerweile gibt es in der Küche meiner Schwiegermutter alle Küchenutensilien, um den Teig zu bereiten und da wir meinen Schwiegereltern nicht nur einen neuen Herd sondern auch eine neue Pfanne geschenkt haben, gelingt das Backen der *Crêpes* diesmal auch problemlos.

Abends fahren die Kinder noch einmal zum Café, um Billard zu spielen. Diesmal gehen wir zeitiger los um sie abzuholen. Fátima hat ihre Hündin dabei, die aber nicht so gut auf sie hört, wie sie denkt. Immer wieder läuft sie mitten auf der Straße und auch wenn nur alle paar Minuten ein Auto vorbeikommt, muss sie doch ein paar Mal Kopf und Kragen riskieren, um den Hund vor dem Überfahren werden zu retten. Kurz vor dem Billardcafé kommen wir an einem großen Haus vorbei, welches von einem stattlichen Schäferhund bewacht wird. Da das Haus nicht richtig eingezäunt ist, begleitet uns der Hund ein Stück. Immer wieder beschnuppert er Fátimas Hündin, die das aber nicht so gerne hat.

Als wir das Café erreichen, spielen unsere Jungen gerade die letzte Partie des Abends. Sie bringen die Kugeln zurück zum Café-Besitzer, bezahlen und machen sich mit ihren Rädern wieder auf den Heimweg. Linda, Laurinda, Fátima und ich laufen mit der Hündin wieder zurück und werden nach wenigen Metern wieder von dem großen Schäferhund erwartet. Er geht mit uns wieder zurück zu seinem Haus und will uns am liebsten noch weiter Gesellschaft leisten, aber Fátima redet energisch auf ihn ein und so trollt er sich schließlich wieder in den heimischen Garten und wir können ohne größere Probleme wieder zurück nach Vila Galega laufen.

Am letzten Tag unseres Aufenthalts in Lindas Heimatdorf gehe ich noch einmal mit Linda Joggen, gehe mit Thiago und seinem Opa durch den Eukalyptuswald spazieren und wir besuchen noch einmal Tante Elsa.

„Wir haben uns überlegt, einen Tag früher nach Lissabon zu fahren, um nicht morgens um vier Uhr aufstehen zu müssen und um auf der Rückfahrt nach Lissabon noch Zeit für eine kleine Besichtigung zu haben", erklärt Linda ihrer Tante. „Jetzt möchten wir gern noch ein Hotelzimmer reservieren, wo wir die letzte Nacht vor dem Rückflug verbringen können."

Wir hatten schon mit António Costa über dieses Thema gesprochen, der uns ein Hotel in der Nähe der *Praca de Espanha* empfohlen hatte. Ich recherchiere ein bisschen im Internet und finde ein kleines Hotel unweit des *Campo Pequeno*, das dort erst vor einigen Wochen eröffnet hat. Es hat sehr gute Kritiken bekommen und ist erstaunlich günstig. Mit einem Mausklick nehme ich die Reservierung vor und hoffe, dass das Hotel hält, was die Beschreibung verspricht.

Für den Abend vor unserer Abreise hatte uns Almerindo zum Essen zu sich nach Hause eingeladen. Es ist aber für die Jahreszeit immer noch relativ kühl und da wir nicht beim Essen auf der Terrasse seines Hauses frieren wollen, beschließt die Familie das Essen in die Küche von Lindas Eltern zu verlegen. Almerindo bringt aber Wein und Schnitzel mit, die in der Kaminglut gegrillt werden. Dazu gibt es Kartoffeln, grüne Bohnen und Salat, so dass ich als Vegetarier auch nicht hungern muss.

Als Nachtisch hat Fátima zwei große Platten *Aletria* gemacht. Das ist eine portugiesische Spezialität, die ein bisschen süßem Milchreis ähnelt, aber mit langen Fadennudeln gemacht wird. Dazu wird ein halber Liter Milch in einen Topf gegeben und unter ständigem Rühren zum Kochen gebracht. Etwa 75 Gramm Zucker und ein halber Teelöffel Salz werden hinzugefügt. In einem extra Gefäß muss man dann 3 Eigelbe mit weiteren 75 Gramm Zucker und einem Teelöffel Vanillezucker schaumig schlagen und etwas von der erwärmten Milch dazu gießen. Dann werden 200 Gramm Nudeln in der heißen Milch unter ständigem Rühren weich gekocht. Wenn dies nach etwa fünf Minuten der Fall ist, muss man den Topf von der Kochstelle nehmen, 50 Gramm Butter und etwas abgeriebene Zitronenschale unterrühren. Anschließend kann man langsam die Eigelbe zu den Nudeln gießen und alles nochmals leicht köcheln lassen. Zum Schluss werden die fertigen süßen Fadennudeln mit Zimtpulver bestreut. Man kann diesen Nachtisch wie Milchreis warm oder kalt essen.

Als wir den Nachtisch probiert haben, sind wir alle total satt. Fátima und Duarte packen ihre Sachen ins Auto und machen sich wieder auf den Weg nach Porto.

Wir machen das Gleiche am nächsten Morgen, verabschieden uns ausgiebig und fahren wieder Richtung Süden. Als wir Arouca erreicht haben, frage ich: „Sollen wir durch das Zentrum oder am Stadion vorbeifahren?"

„Fahr doch am Stadion vorbei, Papa", meint Oscar. „Da gucken wir mal wie es dort aussieht."

Oscar ist besonders gespannt darauf, das Stadion zu sehen, denn der FC Arouca ist vor einem Jahr in zu ersten Mal in der Vereinsgeschichte in die erste portugiesische Liga aufgestiegen und hat es geschafft, mit 31 Punkten und Platz 12 die Liga zu halten. Jetzt wollen wir herausfinden, ob sich das Stadion seit unserem letzten Besuch verändert hat.

Als wir am Stadion vorbeifahren, sehen wir, dass auf dem Parkplatz der Mannschaftsbus und einige PKWs geparkt stehen. Wir parken ebenfalls und gehen zum Stadion. Einer der Eingänge ist geöffnet und als wir die Tribüne betreten, sehen wir, dass die erste Mannschaft gerade trainiert. Wir schauen eine Weile zu und fahren dann weiter in Richtung Autobahn.

Nach knapp drei Stunden Fahrt erreichen wir Óbidos. Diesmal haben wir endlich Zeit, mir den Jungs eine Stadtbesichtigung zu machen. Wir parken auf einem großen Parkplatz außerhalb des Zentrums und haben nach wenigen Minuten die berühmte Stadtmauer erreicht. Wir steigen eine kleine Treppe nach oben und spazieren auf der Mauer weiter. Unterhalb von uns befindet sich die Innenstadt von Óbidos, auf der anderen Seite blicken wir auf ehemalige *Lagoa do Óbidos*.

Nachdem wir Óbidos etwa zur Hälfte umrundet haben, müssen wir von der Mauer herabsteigen, denn an dieser Stelle befindet sich die ehemalige *Igreja de São Tiago*, die 2012 in eine Buchhandlung umgewandelt wurde. Hier stöbern wir ein paar Minuten, dann schauen wir uns noch den Eingang der Pousada nebenan an und machen uns dann wieder auf den Rückweg. Diesmal nehmen wir die *Rua Direita*, an der sich nur Cafés, Restaurants und Souvenirläden befinden. Überall wird „*ginginha*" (ein sehr süßer Kirschlikör) angeboten, aber da ich noch Auto fahren muss und mich auch niemand aus der portugiesischen Verwandtschaft drängt, probiere ich ihn nicht. Wir kaufen noch ein paar Souvenirs: eine Tasse für meine Mutter und eine kleine Tonpfeife in Form einer Nachtigall, die ziemlich laut werden kann, wenn man sie mit etwas Wasser befüllt, für meinen Vater. Für uns erstehen wir ein Exemplar der wunderschönen Servierplatte mit einer Stadtansicht von Porto, die wir bei unserem Freund António Costa gesehen hatten, und einen hübschen Serviettenhalter.

Den übrigen Einkauf erledigen wir im örtlichen Pingo Doce, wo sich jeder etwas Reiseproviant aussuchen kann. Thiago möchte unbedingt drei Tüten Nüsse mitnehmen, was ich etwas übertrieben finde. Aber nach einigem Quengeln bekommt er doch seinen Willen. Linda ist jetzt sauer, weil es wieder einmal Streit um Kleinigkeiten gegeben hat und will am liebsten sofort weiterfahren. Ich kann sie dann aber doch noch dazu überreden, mit mir einen *galão* und ein Stückchen Kuchen in dem kleinen Café an der Supermarkt-Kasse zu bestellen.

Nach dieser Pause sind wir gut gerüstet für die letzte Etappe unserer Fahrt nach Lisboa, das wir gegen 17 Uhr erreichen. Wir parken unseren Wagen in einer kleinen Seitenstraße der *Avenida da República* und gehen zu der im Internet angegebenen Adresse. Hier steht ein vierstöckiges Wohnhaus aus der *Belle Époque*, an dessen Tür sich das Hinwweisschild des Hotels, in dem ich ein Zimmer für uns reserviert hatte, befindet. Wir steigen in den zweiten Stock und melden uns an der Rezeption, wo unsere Personalien von einem jungen Mann aufgenommen werden. Wir müssen noch ein paar Minuten warten, bis der Zimmerservice mit der Arbeit fertig ist. Dann dürfen wir endlich das Zimmer betreten und sind sofort begeistert.

Das Zimmer ist sehr geräumig mit einer hohen Stuckdecke, verfügt über ein riesiges Doppelbett und zwei Einzelbetten, einen Kleiderschrank, ein Waschbecken und einen nagelneuen Flachbild-Fernseher. An den Wänden hängen weiße Bilderrahmen. Es ist eine tolle Kombination der Jugendstil-Architektur und modernem Komfort. Nachdem wir geduscht haben, zieht sich Linda ein weißes Sommerkleid und schicke Satin- Handschuhe an und ich mache schöne Fotos von ihr auf dem Bett und auf dem kleinen Balkon. Diesmal haben wir besonders viel Spaß am Foto-Shooting.

Danach spazieren wir alle zum *Campo Pequeno*. Hier steht eine große Stierkampfarena, unter die 2006 ein Einkaufszentrum mit 60 Geschäften, 8 Kinosälen und einem großen Gastronomiebereich gebaut wurde. Bei den Restaurants ist noch nicht allzu viel los und so bummeln wir erst einmal durch die Geschäfte: Ich stöbere ein wenig in einem Buchladen, Linda sucht sich eine schöne Kette mit passendem Armband aus und die Jungen erkunden, welche Filme zurzeit im portugiesischen Kino laufen. Danach gehen wir zurück zum Gastronomiebereich.

Mittlerweile haben sich bei fast allen Restaurants lange Schlangen gebildet. Oscar und Thiago stellen sich in die Schlange vor einem Kebab-Restaurant; Linda und ich gehen zu einem Restaurant mit portugiesisch-brasilianische Küche. Wir bestellen Bacalhau mit Reis und schwarzen Bohnen sowie Salat und ein kühles Bier. Wir ergattern noch zwei Plätze in der Mitte des *„food courts"* und genießen das Essen. Unsere Kinder haben mittlerweile auch etwas erstanden, wollen sich aber nicht zu uns setzen, weil ihnen die Luft zu schlecht ist. Sie wollen sich oben im Park auf eine Bank setzen und wir verabreden, uns nachdem Essen dort zu treffen.

Als wir oben eintreffen, hören wir, wie eine Gruppe von Menschen laute Schlachtrufe skandiert. Wir gehen etwas näher heran und stellen fest, dass es sich um eine Demonstration gegen die Stierkampfvorführung handelt, die heute Abend in der Arena stattfinden soll. Wir schauen noch ein paar Minuten zu und kehren dann in unser Hotel zurück, wo wir den Komfort der kuscheligen Betten genießen.

Umso schwerer fällt es uns am nächsten Morgen aufzustehen, als sich Oscars Smartphone um 7 Uhr meldet.

„Oscar, Thiago, aufstehen", mahnt Linda ihre Söhne. „Wir müssen zum Flughafen!"

„Es ist aber so gemütlich in diesem Bett", antwortet Oscar und dreht sich noch einmal auf die andere Seite.

„Können wir hier noch frühstücken?" fragt Thiago.

„Nein", erkläre ich, „dafür haben wir heute leider keine Zeit. Wir müssen unsere Sachen einpacken und dann fahren wir zum Flughafen."
Nachdem wir alles in die Koffer gequetscht haben, spurten wir in den Frühstücksraum, wo das Hotel für uns ein paar Scheiben Brot, Käse, Wurst und Butter bereitgestellt hat. Wir frühstücken im Stehen und wenige Minuten später sind wir auch schon unterwegs zum Flughafen.
„Es war doch eine gute Idee, hier noch einmal zu übernachten", gratuliere ich mir selbst, als wir ohne große Mühe durch den noch ruhigen, frühmorgendlichen Verkehr in Lissabon fahren.
Ich setzte Linda, Oscar und Thiago am Terminal ab und sage ihnen: „Geht doch schon mal zum Check-in und gebt dort die Koffer ab." Ich fahre mit dem Mietwagen zur Autovermietung. Zum Glück stimmt der zweite Teil des Werbespruchs der Verleihfirma („Easy Return") wirklich und 10 Minuten nachdem ich das Büro des Autoverleihers erreicht habe, bin ich in einem Minibus auch schon wieder auf dem Weg zurück zum Flughafen. Als ich das Terminal betrete, kommt mir meine Familie gerade entgegen.
„Und, hat alles gut geklappt?", will ich wissen.
„Ja, wir haben den Check-in-Schalter schnell gefunden", antwortet Oscar. „Thiago und Mama waren zwar erst skeptisch, aber das war nicht nötig."
„Und es war kein Problem, dass ich nicht dabei war?", hake ich nach.
„Die Frau am Schalter hat nach dir gefragt", erklärt Linda, „aber dann war sie damit zufrieden, deinen Pass zu sehen."
„Gut, dann können wir jetzt zum Abfluggate gehen", schlage ich vor. Nachdem unsere Rucksäcke bei der Sicherheitskontrolle durchleuchtet worden sind, muss Thiago seinen Rucksack einmal öffnen. Irgendwie kommt dem Sicherheitspersonal sein Rucksack verdächtig vor.

„Was hast du denn da eingepackt?" will der Sicherheits-Mann wissen.

„Fünf Dosen ,*cola cao*'", antwortet Thiago. "Das schmeckt viel besser als das Kakaopulver in Deutschland."

„Ich mag das auch sehr gern", erwidert der Kontrolleur lächelnd und lässt uns passieren.

Zweieinhalb Stunden später landen wir in München, wo wir noch zwei Nächte verbringen, denn wir sind zur Geburtstagsparty eines Schulfreundes, der 1990 mit auf meiner ersten Portugal-Reise dabei war, eingeladen. Von dort bringt uns ein ICE wieder wohlbehalten ins heimatliche Münsterland.

Dank unserer Einkäufe in Portugal und den Geschenken unserer Verwandten sind wir mit Wein, Olivenöl, Bacalhau und Kakaopulver für die nächsten Monate versorgt und können so immer einmal wieder portugiesische Spezialitäten genießen, damit uns die Zeit bis zur nächsten Portugal-Reise nicht zu lang wird.

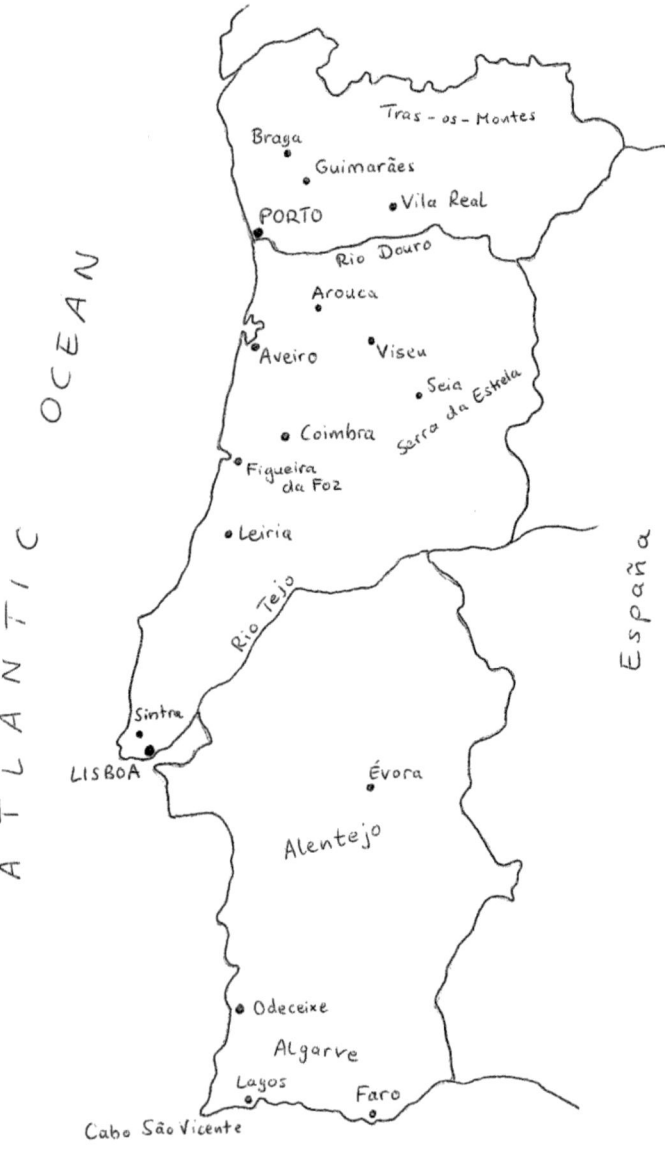